Graded French Reader

Première étape

Graded French Reader

Première étape

Sixth Edition

MARIANNE SEIDLER GOLDING

Southern Oregon University

CAMILLE BAUER

Brown University

HOUGHTON MIFFLIN COMPANY

Boston New York

Publisher: Roland Hernández
Executive Marketing Director: Eileen Bernadette Moran
Marketing Assistant: Lorreen Pelletier
Development Editor: Florence Kilgo
Editorial Assistant: Erin Beasley
Senior Project Editor: Christina Horn
Editorial Assistant: Carrie Parker
Art and Design Manager: Gary Crespo
Cover Design Director: Tony Saizon
Composition Buyer: Chuck Dutton

Cover image: Paul Cézanne, *Houses in Provence.* Collection of Mr. and Mrs. Paul Mellon. Image © 2006 by Board of Trustees, National Gallery of Art, Washington.

Text credits: Part Three from Maryse Condé, *Le Cœur à rire et à pleurer*. Copyright © 1999 Editions Robert Laffont. Reprinted with permission.

Printed in the U.S.A.

Library of Congress Control Number: 2006935033

ISBN 13: 978-0-618-57474-2
ISBN 10: 0-618-57474-3

1 2 3 4 5 6 7 8 9-MP-10 09 08 07 06

Contents

Preface

Graded French Reader, Première étape, Sixth Edition, offers students a solid methodology and an enjoyable experience for learning the French language. It is recommended for the fourth or fifth semester of French at the university level. Due to its content and format, it is the perfect tool to transition from second- to third-year French classes. Simplified selections from different periods of French literature provide successful reading experiences, while the varied learning activities promote communicative skills and reinforce basic structures and vocabulary.

In the Sixth Edition, two new readings replace two readings from the Fifth Edition: a contemporary selection, *Le Cœur à rire et à pleurer,* by Maryse Condé, a writer originally from Guadeloupe, and *Le Horla,* by Guy de Maupassant. This edition also offers more Communicative Activities, and, for some readings, more Oral Practice exercises.

Online Study Center
Improve Your Grade

The Online Study Center icon in the text directs the students to the **ONLINE STUDY CENTER,** new to this edition. The Web Search Activities and Web Links offered in the ONLINE STUDY CENTER for each of the reading selections provide the students with further practice, thus allowing them to supplement and enhance their comprehension and communicative skills. Access the ONLINE STUDY CENTER for this text by visiting **college.hmco.com/pic/gradedfrenchreaderone6e.**

Organization

The text is divided into four parts. Part One contains a single story by Alexandre Dumas, *Dantès,* written almost entirely in the present tense. This selection has been edited and simplified to minimize linguistic problems, yet it still retains both the flavor and authenticity of the original work.

Part Two presents *L'Anglais tel qu'on le parle* by Tristan Bernard. This one-act play is designed to introduce students to everyday conversational French without presenting complex grammatical structures.

Part Three consists of another single selection, Maryse Condé's *Le Cœur à rire et à pleurer: contes vrais de mon enfance,* which is adapted from the original text and further expands the study of structures and vocabulary usage.

Part Four contains three selections: *Le Horla* by Guy de Maupassant, *La Belle et la Bête* by Madame Leprince de Beaumont, and *Le Chat botté* by Charles Perrault. All are reprinted in their original version with very minor modifications. In these works, grammatical structures presented in previous selections are reviewed, and the **passé simple** is introduced.

Exercises

The exercise section that accompanies each reading selection is an important feature of the *Première étape*. Each exercise section begins with reading comprehension exercises. These in turn are followed by vocabulary-building exercises, which require students to creatively use all of the important words and expressions that have been presented in the selection.

Graded French Reader, Première étape, is unique because, in addition to structural exercises, brief grammatical explanations review the basic structures that appear in each reading selection, and are followed by a practice activity. The book also contains two other important features: the **Communicative Activity** and the **Review Exercise.** Communicative Activities, more frequent in this edition than in the last, contain topics that students can discuss in small groups, permitting them to develop oral skills as well as confidence in speaking French. **Oral Practice** exercises will also give added opportunities for oral expression. The Review Exercise, a cumulative exercise at the end of each part, enables students to use the vocabulary and grammar previously learned in that part.

Acknowledgments

I would like to thank the following colleagues, who reviewed the manuscript for this edition: Theresa Antes, University of Florida; Scott Bernhard, North Seattle Community College; Janice Duncan, Ouachita Baptist University; Brenda Dyer, Drexel University; Hen Gant Guillory, St. Edward's University; Jody Hoy, Irvine Valley College; P. J. Lapaire, University of North Carolina, Wilmington; Keith Lindley, University of North Alabama; Christian Martin, Stonehill College; Jean-Marie Salien, Fort Hays State University; Danièle Slusser, University of Redlands; and Allen Wood, Purdue University.

I would also like to express my gratitude to Florence Kilgo for her guidance, experience, and humor. Her suggestions were invaluable to the revision of the *Graded French Reader*. Finally, I would like to acknowledge my students for their insights, honest criticism, and patience with this project.

Marianne Seidler Golding

Graded French Reader

Première étape

Part One

Part One contains one selection, *Dantès*. It is an episode taken from the world-famous adventure classic *Le Comte de Monte-Cristo*, by Alexandre Dumas (1802–1870). Its universal appeal derives from the suspense of the narrative and the portrayal of imaginative and vibrant heroes. *Dantès* is the story of an innocent sea captain, thrown into the infamous prison of the Château d'If, off the harbor of Marseille. It describes the young man's despair turning into hope when he meets another prisoner who is trying to escape by digging a tunnel.

Many difficult words have been eliminated from the story and a great majority of the verbs appear in the present tense. New words and expressions appear as footnotes at the bottom of the page where they first occur. All new words and expressions appear in the story at least twice.

Study Guide

The following suggestions will help you in your reading of the selections and in preparing for class activities.

1. Glance over the vocabulary exercises before reading the story. The main purpose of the vocabulary section is to drill and reinforce new words and idiomatic expressions that may present difficulties. It will also help you to understand the meaning of a new word because it often appears in a cluster of other words to which it is thematically related, thus making it possible to do some intelligent guessing.
2. Be sure to review the following grammar points at the end of the selection: articles (definite and indefinite); the use and position of pronouns

and adverbs; the present tense, the immediate past, the immediate future, the future, the **passé composé,** and the subjunctive.

Exercises reinforcing these grammar points appear at the end of the selection. Irregular verb forms will be included in the end vocabulary.

3. Try to guess the general meaning of each sentence before you verify your understanding by means of the footnotes and vocabulary. Read the story a second time with the aid of the footnotes when necessary. Try to recall the main ideas in the selection.

4. The *Communicative Activities* will promote oral self-expression. In preparing for class discussion either in groups or individually, it will help to: a) write down your thoughts on the topic you have chosen for discussion; and b) practice aloud several times in order to improve your oral skills. If you own a cassette recorder, it would be an excellent idea to tape your oral presentation. In listening to yourself, you will be able to evaluate both the improvement of your spoken French, and your effectiveness in getting a message across.

Dantès

ALEXANDRE DUMAS

1. M. L'inspecteur fait ses visites

Le 30 juillet 1816, M. l'inspecteur général des prisons de Sa Majesté Louis XVIII[1] visite, l'une après l'autre, les chambres du Château d'If.[2] Il demande aux prisonniers si la nourriture[3] est bonne, et s'il y a quelque chose qu'ils désirent.

L'un après l'autre, les prisonniers lui répondent que la nourriture est détestable et qu'ils désirent leur liberté.

L'inspecteur général leur demande s'ils n'ont pas autre chose à lui dire.

Ils ne répondent pas. Quand on est prisonnier, peut-on désirer autre chose que la liberté?

L'inspecteur se tourne et dit au gouverneur de la prison qui l'accompagne: —Je ne sais pas pourquoi je fais ces visites, ni pourquoi je demande aux prisonniers s'il y a quelque chose qu'ils désirent. C'est toujours la même chose. La nourriture est toujours détestable, et les prisonniers sont toujours innocents. Ce qu'ils désirent, c'est toujours la liberté. En avez-vous d'autres?

—Oui, nous avons des prisonniers qui sont dangereux ou fous,[4] que nous gardons dans les cachots.[5]

—Eh bien, descendons dans les cachots.

—Mais on ne descend pas dans les cachots du Château d'If sans gardiens. Ces prisonniers-là sont très dangereux.

—Eh bien, prenez des gardiens.

—Comme vous voulez, dit le gouveneur.

2. Les Cachots

Au bout de[6] quelques moments, deux gardiens arrivent, tenant des torches. Ils commencent à descendre un escalier humide et sans lumière. Une odeur désagréable fait hésiter l'inspecteur. C'est comme une odeur de mort.

—Oh! dit-il, qui peut vivre là?

—Un prisonnier des plus dangereux, Edmond Dantès. C'est un homme capable de tout. Il a voulu tuer le porte-clefs[7] qui lui apporte sa nourriture.

---

[1]**Louis XVIII,** brother of Louis XVI, king of France from 1814 to 1824. [2]**château** castle. The Château d'If was built on the little island of If, two kilometers from Marseille, and served as a state prison. [3]**nourriture** food. [4]**fou (fol, folle)** mad, insane. [5]**cachot** dungeon, dark cell. [6]**bout** end; **au bout de** after. [7]**porte-clefs** turnkey, jailer.

—Il a voulu tuer le porte-clefs?

—Oui, monsieur, celui qui nous accompagne. Le désespoir a rendu[8] ce prisonnier presque fou. Voilà[9] pourquoi on le garde dans ce cachot.

—Il est préférable d'être complètement fou… on ne souffre plus… on ne désire plus la mort.

—Sans doute,[10] dit le gouverneur. Nous avons dans un autre cachot, dans lequel on descend par un autre escalier, un vieil[11] abbé,[12] un Italien. L'abbé est ici depuis[13] 1811. En 1813, le désespoir l'a rendu complètement fou. À présent, il désire vivre, il prend sa nourriture, il est content. Lequel de ces prisonniers voulez-vous voir?

—Tous les deux. Commençons par Dantès.

—Très bien, répond le gouverneur, et il fait signe au porte-clefs d'ouvrir la porte du cachot.

3. Le Prisonnier dangereux…

La porte massive s'ouvre lentement.

À la lumière des torches, on voit dans un coin[14] du cachot une forme indistincte. La forme fait un mouvement, se tournant vers la lumière. C'est un homme. C'est Dantès.

Il s'approche lentement du gouverneur. Quand il voit l'inspecteur, accompagné par deux gardiens, et auquel le gouverneur parle avec respect, il n'hésite plus. Cet homme doit être une autorité supérieure… on peut l'implorer… on peut lui parler de ses injustices… Avec une éloquence touchante, il implore son visiteur d'avoir pitié de lui.

—Que demandez-vous? dit l'inspecteur.

—Je demande quel crime j'ai commis.[15] Je demande qu'on me donne des juges. Je demande qu'on me tue, si je ne suis pas innocent. Mais, si je suis innocent, je demande ma liberté.

—Votre nourriture est-elle bonne?

—Oui, je le crois… je n'en sais rien… cela n'a pas d'importance. Un homme innocent meurt[16] dans un cachot, victime d'une injustice… Voilà ce qui est important… à moi, prisonnier… à tous les juges qui rendent la justice… au roi[17] qui nous gouverne…

---

[8]**rendre** to render, make. [9]**voilà** there is (are), here = that is. [10]**doute** doubt; **sans doute** no doubt; here = probably. [11]**vieil (vieux, vieille)** old. [12]**abbé** priest. [13]**depuis** since, for; **l'abbé est ici depuis 1811** the priest has been here since 1811. [14]**coin** corner. [15]**commis** (*p.p.* **commettre**) committed. [16]**meurt** (*pres. ind.* **mourir**) dies. [17]**roi** king.

—Vous êtes très humble, à présent, dit le gouverneur. Vous n'êtes pas toujours comme cela. Vous n'avez pas parlé de cette manière le jour où vous avez voulu tuer votre porte-clefs…

—Oui, je le sais, monsieur, et je demande pardon à cet homme qui m'apporte ma nourriture et qui est toujours bon pour moi… Mais que voulez-vous?[18] Le désespoir m'a rendu furieux.

—Et vous ne l'êtes plus?

—Non, monsieur. La captivité m'a rendu humble… je suis ici depuis si longtemps!

—Si longtemps? demande l'inspecteur.

—Oui, monsieur. Je suis ici depuis le 28 février 1815.

—Nous sommes le 30 juillet 1816. Cela fait dix-sept mois que vous êtes prisonnier au Château d'If… ce n'est pas long.

—Ah! monsieur, dix-sept mois de prison! Mais vous ne savez pas ce que c'est que d'être prisonnier[19] dans un cachot du Château d'If! Dix-sept mois, c'est dix-sept années!… et quand on meurt lentement pour un crime qu'on n'a pas commis! Ayez pitié de moi, monsieur! Je demande des juges, monsieur… on ne peut pas refuser des juges à un homme accusé.

—C'est bien, dit l'inspecteur. On va voir.

La porte du cachot se referme.

4. On passe au n° 27

L'inspecteur général se tourne vers le gouverneur:

—De quels crimes cet homme est-il accusé? demande-t-il.

—De terribles crimes, je crois… Vous allez voir les notes dans le registre des prisonniers, en remontant… mais, à présent, voulez-vous passer au cachot de l'abbé?

—Je préfère remonter… mais, après tout, il est nécessaire de continuer ma mission.

—Ah! le vieil abbé n'est pas un prisonnier comme l'autre. Sa folie[20] n'est pas désagréable.

—Et quelle est sa folie?

—Oh! une folie étrange: il se croit possesseur d'un trésor[21] immense. La première année de sa captivité, il a voulu offrir au roi un million, en lui demandant sa liberté. La seconde année, deux millions; la troisième

---

[18]**Mais que voulez-vous?** But what do you expect? [19]**ce que c'est que d'être prisonnier** what it is to be a prisoner. [20]**folie** madness, insanity. [21]**trésor** treasure.

année, trois millions, etc., etc. L'abbé est à sa cinquième année de captivité; il va vous demander de vous parler en secret, et il va vous offrir cinq millions.

—Ah! ah! c'est curieux… et qui est ce millionnaire?

—Un Italien, l'abbé Faria.

—N° 27!

—C'est ici. Ouvrez, Antoine.

Le porte-clefs ouvre la porte du N° 27, et l'inspecteur regarde avec curiosité dans le cachot de l'*abbé fou*.

5. Le Prisonnier fou

L'abbé Faria se tourne et regarde avec surprise ces hommes qui viennent de descendre[22] dans son cachot.

—Que demandez-vous? dit l'inspecteur.

—Moi, monsieur? dit l'abbé. Je ne demande rien.

—Vous ne comprenez pas. Je suis agent du gouvernement. J'ai mission de descendre dans les prisons et de demander aux prisonniers si leur nourriture est bonne et s'il y a quelque chose qu'ils désirent.

—Je comprends, monsieur. La nourriture est la même que dans toutes les prisons; elle est mauvaise. Mon cachot est humide… l'air ici est mauvais… mais que voulez-vous? C'est une prison. Mais tout cela n'est pas important. J'ai des révélations de la plus grande importance à faire au gouvernement… voilà ce qui est important, monsieur. Pouvez-vous me parler en secret?

—Monsieur, ce que vous me demandez est impossible.

—Mais, monsieur, s'il est question d'offrir au gouvernement une somme immense?… une somme de cinq millions?…

—Mon cher monsieur, dit le gouverneur, vous parlez de votre trésor, n'est-ce pas?

Faria regarde le gouverneur un moment en silence.

—Sans doute, dit-il. De quoi voulez-vous que je parle?

—Mon cher monsieur, dit l'inspecteur, le gouvernement est riche. Il n'a pas besoin de[23] votre argent; gardez-le pour le jour où vous sortirez de prison.

—Mais si je ne sors pas de prison? Si on me garde dans ce cachot, et si j'y meurs sans avoir dit mon secret?… Ah! monsieur, un secret comme

---

[22]**qui viennent de descendre** who have just descended. [23]**a besoin de** needs.

celui-là ne doit pas être perdu![24] J'offre six millions, monsieur; oui, j'offre six millions, si l'on[25] veut me rendre la liberté.

—Je vous ai demandé si votre nourriture est bonne.

—Monsieur, vous ne me comprenez pas. Je ne suis pas fou. Je vous dis la vérité. Ce trésor dont je vous parle, existe. Voulez-vous me rendre[26] la liberté, si je vous dis où l'on peut trouver le trésor?

—Vous ne répondez pas à ma question, dit l'inspecteur avec impatience.

—Ni vous à ma demande![27] Vous êtes comme les autres qui n'ont pas voulu me croire! Vous croyez tous que je ne dis pas la vérité! Je vous maudis![28] Vous ne voulez pas accepter mon argent? Je le garde! Vous me refusez la liberté? Dieu me la donnera! Allez!… je n'ai plus rien à dire.[29]

Les hommes sortent. Le porte-clefs referme la porte.

6. Le Registre des prisonniers

—Je crois que l'abbé est possesseur de quelque trésor, dit l'inspecteur, en remontant l'escalier.

—Ou il s'imagine qu'il en est possesseur, répond le gouverneur. Moi, je crois qu'il est fou.

Arrivé dans la chambre du gouverneur, l'inspecteur examine le registre des prisonniers.

Il y trouve cette note concernant Dantès:

EDMOND DANTÈS: *Bonapartiste*[30] *fanatique. A pris une part active au retour de l'île*[31] *d'Elbe. À tenir sous la plus stricte surveillance.*

L'accusation est très positive. Il n'y a pas de doute.

L'inspecteur général n'hésite plus. Il écrit ces trois mots sur la page du registre:

Rien à faire.[32]

Il écrit les trois mots sans hésiter, et il referme le livre.

---

[24]**perdu** (*p.p.* **perdre**) lost. [25]**l'on: on** may be preceded by **l'** after **que, si, ou, où,** etc., to prevent hiatus; it has no vocabulary value. [26]**rendre** to return, give back. [27]**demande** request. [28]**maudire** to curse. [29]**je n'ai plus rien à dire** I have nothing more to say. [30]The Bonapartists were adherents of the imperial monarchy established by Napoleon Bonaparte in 1804. [31]**île** island. Following his abdication in April 1814, Napoleon was sent to the island of Elba, from which he escaped to France a year later. Waterloo (June 18, 1815) ended his reign and caused his exile to St. Helena. [32]**Rien à faire** Nothing to be done.

Rien à faire… rien à faire… trois mots qui signifient la même chose que *perdu!* Mais dans le cachot de Dantès, un homme prend un morceau[33] de plâtre[34] et écrit sur le mur une date:

30 JUILLET 1816

et après la date, chaque jour, il fait une marque.

7. Le N° 34

Les jours passent, et les mois…

On change de gouverneur… on change de porte-clefs. Pour le nouveau gouverneur, un prisonnier n'est plus un homme, c'est un numéro.

On ne dit plus: Dantès. On dit: *le numéro 34*. Dantès connaît toutes les formes du malheur.[35]

Il commence à douter de son innocence. Il prie,[36] non pas Dieu, mais les hommes.

Il prie qu'on le tire[37] de son cachot pour le mettre dans un autre. Un autre cachot, c'est une distraction[38] de quelques jours. Il prie qu'on lui accorde[39] l'air, la lumière, des livres, des instruments… Rien de tout cela ne lui est accordé, mais il recommence ses demandes.

Il parle à son porte-clefs… parler à un homme est un plaisir. Dantès parle pour le plaisir d'entendre sa propre[40] voix.[41] Mais il ne peut pas tirer un mot[42] du porte-clefs.

Un jour, il prie le porte-clefs de demander pour lui un compagnon. Le porte-clefs transmet la demande du numéro 34 au nouveau gouverneur. Mais le gouverneur s'imagine que Dantès veut trouver quelqu'un pour l'aider à s'échapper[43] de prison. Et il refuse.

Le cercle des ressources humaines est complet. Dantès se tourne vers Dieu.

8. La Rage

Les mois passent…

Toujours la même vie de prison… pas de lettre… pas de livres… pas de compagnon… pas un signe visible de Dieu en réponse à ses prières.[44] Seul[45]

---

[33]**morceau** piece. [34]**plâtre** plaster. [35]**malheur** unhappiness. [36]**prier** to pray, beseech, beg. [37]**tirer** to take from (out of). [38]**distraction** amusement. [39]**accorder** to allow, grant. [40]**propre** own. [41]**voix** voice. [42]**tirer un mot** get one word. [43]**s'échapper** to escape. [44]**prière** prayer, entreaty. [45]**seul** alone.

dans le silence profond de son cachot, Dantès n'entend que la voix de son propre cœur. Dieu n'est plus là.

Dantès passe de la prière à la rage.

Il maudit le porte-clefs, le gouverneur, le roi. Il maudit les hommes qui l'ont mis où il est. Il se dit que c'est la haine[46] des hommes, et non la vengeance de Dieu, qui est responsable de sa captivité au Château d'If. Il trouve que la mort est trop bonne pour ces hommes, car[47] la mort, c'est le repos.[48] Et lui, victime innocente de leur injustice, ne connaît pas le repos.

Enfin, dans sa rage, il maudit Dieu.

Il ne veut plus vivre. S'il meurt, il peut échapper à la haine des hommes, à la vengeance de ses ennemis, à cette horrible vie de prison. C'est dans la mort seule[49] qu'il peut trouver enfin le repos qu'il désire. Mais pourquoi cette mort n'arrive-t-elle pas? Veut-elle qu'il l'aide à venir?

Cette idée de suicide le rend plus calme.

La vie de prison, le malheur dans son cœur… il les trouve à présent plus supportables,[50] car il sait enfin qu'il peut les laisser[51] là, quand il le veut.

La porte de sa prison s'ouvrira un jour.

9. La Mort par la faim

Quatre années passent lentement… lentement…

Dantès ne compte[52] plus les jours. Pour lui, le temps n'existe pas. Il n'a qu'une seule idée: *mourir*.

Il y a deux façons[53] de mourir. L'une est très simple: se pendre.[54] L'autre consiste à se laisser[55] mourir de faim.

Le premier moyen, Dantès le trouve mauvais. On pend des pirates, des criminels. Il ne veut pas adopter pour lui-même une mort si peu honorable.

Il adopte la deuxième façon, la mort par la faim.

Chaque jour, il jette son pain par la fenêtre barrée de son cachot. Les premiers jours, il le jette avec joie, puis avec réflexion,[56] enfin avec regret.

Il n'est pas facile de se laisser mourir de faim! Il n'est pas facile de refuser de vivre! Car le pain, c'est la vie!

Un jour, il prend le morceau de pain et le regarde longtemps. Il l'approche de sa bouche. Il ouvre la bouche. Puis, d'un mouvement violent,

---

[46]**haine** hatred. [47]**car** for, because. [48]**repos** rest, repose. [49]**seul** only, alone. [50]**supportables** bearable. [51]**laisser** to leave. [52]**compter** to count. [53]**façons** ways. [54]**se pendre** to hang oneself. [55]**laisser** to let, allow. [56]**avec réflexion** deliberately.

il jette le pain par la fenêtre. Mais ce n'est pas son pain qu'il jette, c'est son existence! C'est la vie qu'il refuse là.

Les derniers instincts de la vie combattent sa résolution de mourir. C'est un combat terrible, sans pitié. Enfin, un jour, il n'a plus la force de jeter par la fenêtre le pain qu'on lui apporte. Il tombe sur son lit.

10. Un Bruit[57] mystérieux

Le lendemain matin,[58] en ouvrant les yeux, Dantès ne voit plus, il entend avec difficulté. Quand il referme les yeux, il voit des lumières brillantes. C'est le dernier jour de son existence qui commence!

Le soir, vers neuf heures, il entend un bruit dans le mur au coin de son cachot.

Dantès croit que c'est un rat, car les rats sont ses seuls compagnons de tous les soirs. Il est indifférent au bruit qu'ils font.

Mais cette fois, ce n'est pas le bruit d'un rat. C'est comme le grattement[59] d'un instrument sur une pierre.[60]

Dantès écoute. Le grattement continue toujours. Cette idée toujours présente à l'esprit[61] de tous les prisonniers, *la liberté,* frappe[62] l'esprit de Dantès. Ce bruit qui arrive au moment où il va mourir, n'est-ce pas le signe que Dieu a enfin pris pitié de lui?

Le bruit mystérieux continue trois heures. Puis Edmond entend un autre bruit comme celui d'une pierre qui tombe. Puis, le silence.

Quelques heures après, le grattement recommence.

À ce moment, le porte-clefs entre dans le cachot.

11. La Joie et le doute

Tous les soirs, quand le porte-clefs apporte la nourriture au prisonnier, il lui demande de quelle maladie il souffre. Dantès ne lui répond toujours pas. Puis le porte-clefs met la nourriture sur la table et regarde son prisonnier très attentivement. Edmond se tourne toujours vers le mur.

Mais ce soir, Dantès commence à parler sur tous les sujets possibles… de la mauvaise qualité de la nourriture… du froid dont il souffre dans ce misérable cachot… de son lit qu'il trouve dur[63] comme une pierre… Il parle de tout cela comme un homme qui a la fièvre.[64]

---

[57]**bruit** noise, sound. [58]**le lendemain matin** the next morning. [59]**grattement** scraping, grating. [60]**pierre** stone. [61]**esprit** mind. [62]**frapper** to strike, knock. [63]**dur** hard. [64]**fièvre** fever.

Le porte-clefs, croyant que son prisonnier est aussi fou que l'abbé Faria, met la soupe et le morceau de pain sur la table, et sort.

Dantès est fou, mais c'est une folie causée par la joie! Le porte-clefs n'a pas entendu le grattement dans le mur. Il n'a pas donné l'alarme. Et ce bruit qui est comme le compagnon de Dantès dans ses derniers moments, va continuer…

Dantès écoute.

Le bruit est si distinct que l'on peut l'entendre sans effort.

—Sans doute, se dit-il, c'est quelque prisonnier comme moi qui travaille à sa délivrance. Et moi qui ne peux rien faire pour venir à son aide!

Puis une idée sombre passe dans l'esprit de Dantès: ce bruit n'est-il pas causé par le travail d'un ouvrier[65] du château réparant la chambre voisine?[66]

Comment savoir si c'est un prisonnier ou un ouvrier du gouverneur? Comment?…

12. Les Trois coups[67]

Mais, c'est très simple!

On attend l'arrivée du porte-clefs, on lui fait écouter ce bruit, et on le regarde attentivement. Mais cette solution est dangereuse, car on risque tout.

Dantès est si faible que son esprit n'est pas capable de réfléchir[68] longtemps à ce qu'il doit faire. Ses idées sont confuses et indistinctes.

Enfin, il fait un effort suprême pour redevenir[69] fort[70] et lucide: il s'approche de la table, prend l'assiette[71] de soupe, et la mange.

Au bout de quelques moments, il sent revenir la force dans son corps. Toutes ses idées reprennent leur place dans sa tête.

Il se dit:

—Si celui qui travaille dans le cachot voisin est un ouvrier du gouverneur, je n'ai qu'à frapper contre le mur, et il cessera son travail un moment pour écouter, et puis il continuera. Mais si c'est un prisonnier, il cessera son travail, car il risque tout en continuant.

Dantès s'approche d'un mur, détache une pierre, et frappe contre le mur. Il frappe trois coups.

Au premier coup, le bruit mystérieux cesse.

---

[65]**ouvrier** workman. [66]**voisin** (*adj.*) next, neighboring. [67]**coup** blow, knock. [68]**réfléchir** think. [69]**redevenir** to become again. [70]**fort** strong. [71]**assiette** plate; here = bowl.

13. La Cent-deuxième fois

Edmond écoute.

Une heure passe… deux heures passent…

Pas un bruit ne se fait entendre.[72] Rien ne vient troubler le silence de sa prison.

Trois heures… quatre heures…

Le temps passe si lentement quand on attend, seul, dans un cachot!

Edmond mange un morceau de pain et boit un peu d'eau. Il se sent plus fort et plus optimiste.

Les heures passent, le silence continue toujours.

La nuit vient enfin, mais le bruit ne recommence pas. On n'entend que des rats dans la chambre.

C'est un prisonnier, comme moi! se dit Edmond, avec une immense joie. Et, avec l'espoir,[73] la vie lui revient active et violente.

La nuit se passe sans bruit, comme les autres… Mais Edmond ne ferme pas les yeux. Il écoute toujours.

Trois jours passent, soixante-douze mortelles heures comptées minute par minute.

Enfin, un soir, après la dernière visite du porte-clefs, Dantès met l'oreille contre le mur et écoute. Pour la cent-unième fois, il lui semble[74] entendre quelque chose.

D'un mouvement violent, Dantès se jette sur son lit, la tête entre les mains:

—Voilà la folie qui recommence! pense-t-il.

Quelquefois, la nuit, après des heures passées à écouter, il lui semble qu'il entend des coups indistincts… le grattement d'un instrument dur sur une pierre… une voix faible qui l'implore… Et il voit, écrits en lettres de lumière sur le sombre mur de son cachot: *Justice… Délivrance… Vengeance*. Puis la lumière du jour entre par la petite fenêtre barrée…. c'est le jour qui commence, et qui va passer… comme tous les autres! Et l'espoir se change en désespoir.

Eh bien, cette vibration dans sa tête? L'a-t-il imaginée, aussi? A-t-elle été causée par le mouvement trop rapide de son propre cœur? Ou le travail d'un homme dans le cachot voisin?

Il s'approche du mur, met l'oreille contre la même pierre et écoute attentivement.

C'est la cent-deuxième fois.

---

[72]**se faire entendre** to be heard. [73]**espoir** hope. [74]**sembler** to seem.

14. Une Cruche[75] cassée

Il n'y a plus de doute!

De l'autre côté[76] du mur, un homme, un prisonnier comme lui, travaille. Il travaille lentement, avec précaution. On n'a plus de difficulté à l'entendre.

Edmond est presque fou de joie. Il ne veut pas attendre une minute de plus pour venir en aide au travailleur inconnu.[77]

D'abord, il déplace[78] son lit, derrière lequel il lui semble que le travail de délivrance se fait.[79] Puis il examine les pierres du mur pour voir s'il est possible d'en détacher une, en creusant[80] dans le plâtre humide.

Mais il est impossible de creuser sans un instrument tranchant.[81] Edmond n'a pas d'objet tranchant.

Les barreaux[82] de sa fenêtre sont en fer.[83] Mais Edmond sait bien qu'ils sont très solides et bien attachés.

Le lit et la table sont en bois. Le bois n'est pas tranchant.

La cruche?... ah! voilà pour Dantès la seule ressource: la cruche et, avec un des morceaux, creuser dans le plâtre...

Il laisse tomber[84] la cruche par terre.[85] La cruche se casse en cent morceaux.

Dantès prend deux ou trois morceaux tranchants, les cache[86] dans son lit, et laisse les autres par terre. Pourquoi se soucier d'une[87] cruche cassée?... L'accident est tout à fait[88] naturel.

Edmond a toute la nuit pour travailler, mais dans l'obscurité le travail n'avance pas vite. Finalement, il s'arrête de creuser, remet le lit à sa place et attend le jour.

Avec l'espoir, vient la patience.

---

[75]**cruche** jug. [76]**de l'autre côté** on the other side. [77]**inconnu** unknown. [78]**déplacer** to move, displace. [79]**se fait** (*pres. ind.* **se faire**) is taking place. [80]**creuser** to dig. [81]**tranchant** sharp, cutting. [82]**barreau** bar. [83]**en fer** made of iron. [84]**laisser tomber** to let fall, drop. [85]**par terre** on the ground. [86]**cacher** to hide. [87]**se soucier de** to worry about. [88]**tout à fait** quite.

Exercises

1

Reading Comprehension

Answer the following questions.

1. Que visite l'inspecteur général?
2. Que demande-t-il aux prisonniers?
3. Quelle est la réponse des prisonniers?
4. Quelles sortes de prisonniers sont gardées dans les cachots?

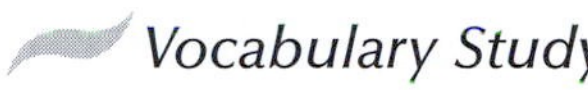

Vocabulary Study

Match each word in Column 1 with a phrase in Column 2 to make one or several true statements

1	2
Le gardien	visite les cachots
L'inspecteur	veulent leur liberté
Le gouverneur	descend dans le cachot
Les prisonniers	garde la prison
	accompagne l'inspecteur
	sont fous et dangereux

Structures

A. Indirect Discourse

In indirect discourse, **si** is used to report questions.

«La chambre est-elle humide?» demande l'inspecteur.
Il demande **si** la chambre est humide.

Rewrite the following sentences as indirect discourse, following the model and making the necessary changes.

EXAMPLE: «La nourriture est-elle bonne?» leur demande l'inspecteur.
*L'inspecteur leur demande **si** la nourriture est bonne.*

1. «Votre chambre est-elle bonne?» leur demande l'inspecteur.
2. «Désirez-vous autre chose?» leur demande l'inspecteur.
3. «Avez-vous autre chose à dire?» leur demande l'inspecteur.

B. Word Order in Interjected Remarks

In interjected remarks placed after direct discourse, the verb precedes the subject.

«C'est toujours la même chose» **dit l'inspecteur.**
"It's always the same thing," the inspector says.

Rewrite the following sentences as direct discourse, following the example and making the necessary changes.

EXAMPLE: L'inspecteur leur demande si la nourriture est bonne.
«La nourriture est-elle bonne?» *leur demande l'inspecteur.*

1. L'inspecteur dit qu'il ne sait pas pourquoi il fait ces visites.
2. L'inspecteur demande au gouverneur s'il a d'autres prisonniers.
3. Le gouverneur lui répond qu'il a des prisonniers dangereux.

C. The Use of the Indefinitive Article *de*

The indefinite article **des** becomes **de** when it introduces a plural noun preceded by an adjective.

des choses *but:* **d'**autres choses

Rewrite the following sentences, inserting the adjective so that it precedes the noun in italics.

EXAMPLE: Nous avons des *prisonniers.* **(autres)**
*Nous avons d'****autres*** *prisonniers.*

1. L'inspecteur visite des *cachots.* (autres)
2. Le gouverneur a des *chambres.* (bonnes)
3. Sa Majesté a des *prisons.* (vieilles)
4. Dantès est prisonnier depuis des *mois.* (longs)

2

Reading Comprehension

Answer the following questions.

1. Que tiennent à la main les deux gardiens?
2. Pourquoi l'inspecteur hésite-t-il à descendre?
3. Comment s'appelle le prisonnier dangereux?
4. Qui a-t-il voulu tuer?
5. Pourquoi est-il préférable d'être complètement fou?
6. Depuis combien d'années l'abbé italien est-il dans la prison?
7. Qu'est-ce qui l'a rendu complètement fou?

Vocabulary Study

Write sentences of your own by combining in as many ways as possible the expressions from Column 1 with those from Column 2.

1	2
faire	fou
commencer	signe
rendre	hésiter
désirer	content
	descendre
	vivre

Structures

A. The Imperative: First Person Plural

The first person plural of the imperative is formed by dropping the personal pronoun.

Nous demandons. ⟶ **Demandons.** *(Let's ask.)*

Rewrite the following sentences in the imperative.

EXAMPLE: Nous commençons.
Commençons.

1. Nous descendons dans les cachots.
2. Nous accompagnons le porte-clefs.
3. Nous visitons les prisonniers dangereux.
4. Nous ouvrons cette porte.

B. The Negative Adverb *ne … plus*

> With **ne … plus,** the same pattern is used as with **ne … pas.**
>
> La porte **ne** s'ouvre **pas.**
> *The door does not open.*
>
> *La porte* **ne** s'ouvre **plus.**
> *The door does not open any longer.*

Rewrite the following sentences according to the example.

EXAMPLE: Quand on est complètement fou, on souffre.
Quand on est complètement fou, on ***ne souffre plus*** (*you do not suffer any longer*).

1. Quand on est complètement fou/on veut la mort.
2. Quand on est complètement fou/on est un homme.
3. Quand on est complètement fou/on répond aux questions.
4. Quand on est complètement fou/on voit les autres.

C. The Interrogative Pronoun *lequel*

> Compare the forms of the interrogative adjectives and pronouns:
>
> **Quel** gardien? **Lequel?**
> **Quelle** prison? **Laquelle?**
> **Quels** hommes? **Lesquels?**
> **Quelles** injustices? **Lesquelles?**
>
> The interrogative pronoun **lequel** agrees in gender and number with the noun it replaces. It corresponds to the English *which one(s).*

Rewrite the following sentences according to the example. Be sure the interrogative pronoun agrees with the noun it replaces.

EXAMPLE: Il veut voir **quel prisonnier?**
Il veut voir ***lequel?***

1. Il veut voir *quel trou?*
2. Il veut inspecter *quels cachots?*
3. Il veut casser *quelle cruche?*
4. Il veut prendre *quelles torches?*

3

Reading Comprehension

Answer the following questions.

1. Pourquoi la porte s'ouvre-t-elle lentement?
2. Pourquoi Dantès pense-t-il que l'homme qui accompagne le gouverneur est une autorité supérieure?
3. Que lui demande-t-il?
4. De quelle manière parle-t-il?
5. À qui demande-t-il pardon?
6. Depuis combien de temps est-il en prison?
7. Expliquez: «Dix-sept mois, c'est dix-sept années».

Vocabulary Study

Write sentences of your own with the following words, using one or more words and phrases in each sentence.

une autorité supérieure	gouverner
le gouverneur	rendre la justice
le juge	mourir
le roi	tuer
une injustice	être prisonnier
commettre un crime	la captivité
être innocent	demander pardon à quelqu'un
la prison	implorer quelqu'un de faire quelque chose
avoir pitié de quelqu'un	

Structures

A. The Use of the Present Tense with *depuis*

One of the uses of the present tense is to describe actions that are going on or that have been going on for a certain amount of time, introduced by **depuis**

Dantès **est** en prison **depuis** longtemps.
Dantès has been in prison for a long time.

Translate the following sentences:

1. L'inspecteur visite les prisons depuis longtemps.
2. Les prisonniers désirent la liberté depuis longtemps.
3. Le vieil abbé est fou depuis 1813.
4. Dantès est prisonnier depuis 1815.

B. The Use of the Present Tense with *cela (ça) fait … que*

The phrase **cela (ça) fait … que** is used at the beginning of a sentence to emphasize the length of time an action has been going on.

Dantès **est** en prison **depuis** dix-sept mois.
Cela (ça) fait dix-sept mois que Dantès est en prison.
Dantès has been in prison for seventeen months.

In the following sentences, replace **depuis** with **cela (ça) fait … que** and make the necessary changes.

EXAMPLE: Vous êtes prisonnier depuis dix-sept mois.
Cela (ça) fait dix-sept mois que vous êtes prisonnier.

1. Je suis ici depuis longtemps.
2. Le gouverneur gouverne la prison depuis des années.
3. L'abbé italien est prisonnier depuis cinq ans.
4. Dantès meurt lentement depuis dix-sept mois.

C. The Use of the Indefinite Pronoun *on*

On is much more commonly used in French than *one* is in English and is best translated with the passive voice or a personal pronoun.

On voit une forme.
A shape can be seen.

Je demande qu'on me donne des juges.
I ask to be given judges.

Quand on est fou, on ne souffre plus.
When you are (one is) insane, you don't (one doesn't) suffer any longer.

Translate the following sentences.

1. On garde les prisonniers dangereux dans les cachots.
2. Quand on est prisonnier, peut-on désirer autre chose que la liberté?
3. Et quand on meurt lentement pour un crime qu'on n'a pas commis!
4. On referme la porte du cachot.

4

Reading Comprehension

Answer the following questions.

1. Où sont notés les crimes de Dantès?
2. Quelle est la folie de l'abbé?
3. Pourquoi l'abbé va-t-il offrir cinq millions et pas six?
4. Comment s'appelle le millionnaire?

Vocabulary Study

Write sentences of your own with each of the following words and phrases.

préférer + *infinitive*
être accusé de quelque chose
il est nécessaire de + *infinitive*
se croire + *adjective* or *noun*

Structures

A. The Immediate Future: *aller* + infinitive

The construction **aller** + *infinitive* is used to express the near future.

> Il **va** vous **offrir** des millions.
> *He's going to offer you millions.*

Rewrite the following sentences in the immediate future, following the example:

EXAMPLE: Vous voyez les notes.
Vous allez voir les notes.

1. Je vois les notes.
2. Ils continuent leur mission.
3. Nous passons au cachot de l'abbé.
4. Le porte-clefs ouvre la porte.

B. The Position of Pronouns with Verbs Followed by an Infinitive

Pronouns are inserted between the verb and the infinitive.

Il va **vous** offrir cinq millions.
He is going to offer you five million.

Rewrite the following sentences, inserting the pronouns in parentheses between the verb and the infinitive.

EXAMPLE: Il va demander sa liberté. (lui)
Il va lui demander sa liberté.

1. Il veut demander sa liberté. (lui)
2. Il va demander des juges. (vous)
3. Vous voulez parler? (me)
4. Il va offrir cinq millions. (nous)

C. The Formation of Ordinal Numbers

Ordinal numbers are derived from cardinal numbers.

Cardinal numbers		Ordinal numbers
un	⟶	**premier, première**
deux	⟶	**deuxième**
trois	⟶	**troisième**
quatre	⟶	**quatrième**
cinq	⟶	**cinquième**
six	⟶	**sixième**
neuf	⟶	**neuvième**
vingt-et-un	⟶	**vingt-et-unième**
cent	⟶	**centième**

Abbreviations of ordinal numbers are: **1er (1re), 2e 3e**, etc.

Write out the abbreviated ordinal numbers in the following sentences.

1. La 1re fois, l'abbé a voulu offrir un million.
2. La 2e fois, l'abbé a voulu offrir deux millions.
3. La 3e fois, l'abbé a voulu offrir trois millions.
4. La 4e fois, l'abbé a voulu offrir quatre millions.
5. La 18e fois, l'abbé a voulu offrir dix-huit millions.
6. La 20e fois, l'abbé a voulu offrir vingt millions.

D. The Use of *croire que* and *se croire*

Instead of **croire que, se croire** may be used with adjectives and nouns. **Il croit qu'il est millionnaire** has the same meaning as **Il se croit millionnaire** *(He thinks that he is a millionaire.).*

Rewrite the following sentences, replacing **croire que** with **se croire.**

1. Il croit qu'il est possesseur d'un trésor.
2. Nous croyons que nous sommes capables de tout.
3. Je crois que je suis innocent.
4. Vous croyez que vous êtes fou.

5

Reading Comprehension

A. Answer the following questions.

1. Qui vient de descendre dans le cachot de l'abbé Faria?
2. Quelle est la mission de l'inspecteur?
3. Que dit l'abbé de la prison?
4. Pourquoi l'abbé veut-il parler à l'inspecteur en secret?
5. Pourquoi l'inspecteur ne veut-il pas accepter?
6. Combien d'argent l'abbé offre-t-il pour qu'on le laisse sortir de prison?
7. Pourquoi l'abbé maudit-il l'inspecteur?

B. Rewrite the following passage to make it agree with the facts as presented in the story.

L'abbé Faria regarde les hommes qui viennent de monter dans son cachot. Il n'est pas surpris. L'inspecteur est un agent secret qui a mission de rendre la liberté aux prisonniers. L'abbé veut lui parler en public de révélations sans importance et offrir une petite somme au gouvernement. L'inspecteur répond que le gouvernement est pauvre et qu'il a besoin de cet argent. L'abbé ne demande pas la liberté mais un autre cachot plus humide. L'inspecteur refuse parce qu'il croit que l'abbé a dit la vérité.

Vocabulary Study

Write sentences of your own by combining in as many ways as possible the expressions from Column 1 with those from Column 2.

1	2
dire	mission
rendre	question
sortir	besoin
être	liberté
avoir	prison

Structures

A. The Immediate Past: *venir de* + infinitive

The construction **venir de** + *infinitive* is used to express the recent past.

Il **vient de comprendre.**
He has just understood.

Rewrite the following sentences using **venir de.**

EXAMPLE: Je dis la vérité.
*Je **viens de dire** la vérité.*

1. Vous descendez.
2. L'inspecteur visite le cachot de Dantès.
3. Les porte-clefs ouvrent les portes.
4. Tu comprends pourquoi.

B. The Position of Indirect Object Pronouns

Indirect object pronouns are usually placed immediately before the verb.

Il offre six millions **à l'inspecteur.**
Il **lui** offre six millions.

Il n'a pas demandé cela **à l'inspecteur.**
Il ne **lui** a pas demandé cela.

Rewrite the following sentences, using the pronoun in parentheses.

1. Il offre six millions. (leur)
2. Je n'ai pas demandé cela. (vous)
3. Ils ne disent pas la vérité. (lui)
4. Vous ne répondez pas. (me)
5. Vous refusez la liberté. (nous)

Communicative Activities

A. In pairs, reread Section 1, lines 12–16. Then each one of you will prepare a list of five questions asked by the *inspecteur*, regarding the conditions in the jail, and a list of five complaints given by an inmate. Act out the dialogue between the *inspecteur* and the inmate, taking turns playing the two roles.

B. Answer the following questions in pairs, taking turns asking and answering the questions.
   1. Quand demande-t-on pardon à quelqu'un?
   2. Est-ce que vous avez déjà demandé pardon à quelqu'un? Expliquez.
   3. De quelle injustice avez-vous été victime? Quelles ont été les conséquences de cette injustice?
   4. Avez-vous déjà eu pitié de quelqu'un? De qui? Pourquoi?

C. In pairs, tell your partner about three beliefs your best friend has about her/himself, using the **se croire** structure. Then, ask your partner how his or her best friend sees him/herself.

6

Reading Comprehension

Answer the following questions.

1. Que pensent l'inspecteur et le gouverneur de l'abbé Faria?
2. Que dit la note concernant Dantès?
3. Qu'est-ce que «le retour de l'île d'Elbe»?
4. Pourquoi l'inspecteur écrit-il: *Rien à faire?*
5. Que signifient ces trois mots pour Dantès?
6. Et Dantès, qu'écrit-il sur le mur?

Vocabulary Study

Are the following statements true or false?

____1. Prendre part à quelque chose, c'est commettre un crime.
____2. Concerner quelqu'un ou quelque chose, c'est garder quelqu'un ou quelque chose.
____3. S'imaginer que, c'est croire que.
____4. Remonter l'escalier, c'est monter l'escalier pour la première fois.

Structures

The Pronoun *y*

> **Y** is used to replace a noun introduced by a preposition of place **(à, dans, en, sous, sur).** It usually precedes the verb.
>
> Il écrit **sur le mur.** ⟶ Il **y** écrit.

Rewrite the following sentences by replacing the words in italics with **y** and putting **y** before the verb.

EXAMPLE: Il trouve une note *dans le registre.*
*Il **y** trouve une note.*

1. Il examine le registre *dans la chambre.*
2. Il cache la cruche cassée *sous le lit.*
3. Dantès est prisonnier *au Château d'If* depuis dix-sept mois.
4. Dantès fait une marque *sur le mur.*

7

Reading Comprehension

Answer the following questions.

1. Le nouveau gouverneur connaît-il bien les prisonniers?
2. Pourquoi Dantès demande-t-il qu'on le mette dans un autre cachot?
3. Que veut-il qu'on lui accorde?
4. Comment se manifeste son besoin de parler avec quelqu'un?

5. Pourquoi le gouverneur refuse-t-il de donner un compagnon à Dantès?
6. Vers qui Dantès se tourne-t-il alors?

Vocabulary Study

Write sentences of your own with each of the following words and phrases.

changer de + *noun*
le plaisir
aider quelqu'un à faire quelque chose
accorder quelque chose à quelqu'un
s'échapper de + *noun describing a place*

Structures

A. Uses of the Verb *changer*

Changer: Dantès *change* chaque jour. (Dantès changes everyday: transformation.)

Changer de: On *change de* gouverneur. (They change governors: replacement.)

Se changer: Dantès *se change* une fois par mois. (Dantès changes clothes once a month: clothing.)

Translate the following sentences.

1. The governor changes clothes before going to the theater.
2. The inspector changes his mind when he speaks to the governor.
3. Dantès doesn't change cells.
4. Prisons change with time.

B. *Rien ne* as Subject

Rien ne lui est accordé. (*Nothing* is granted to him.)

Replace **tout** by its negative form **rien ne**.

1. Tout va pour Dantès.
2. Tout lui paraît beau à If.
3. Tout va s'arranger pour lui.
4. Tout le fait rire.

8

Reading Comprehension

Answer the following questions.

1. Pourquoi Dantès passe-t-il de la prière à la rage?
2. Qui maudit-il?
3. Pourquoi ne veut-il plus vivre?
4. Est-ce l'idée de la mort naturelle qui le rend plus calme?

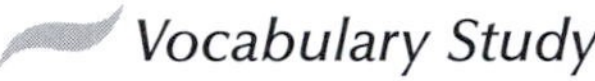

Vocabulary Study

Combine the words in logical pairs.

le désespoir	le suicide
le repos	la rage
la haine	le calme
la mort	le malheur

Structures

A. Reflexive Verbs

Reflexive verbs are very common in French and they do not always correspond to English reflexive verbs.

Il se **parle.**	*He talks to himself.*
La porte **s'ouvre.**	*The door opens.*

Translate the following sentences.

1. Faria se croit millionnaire.
2. Il s'imagine qu'il a un trésor.
3. Le prisonnier s'échappe de prison.
4. Le porte-clefs s'approche.
5. La porte se referme.
6. Dantès se tourne vers Dieu.
7. Il veut se tuer.
8. Il se dit qu'il est perdu.

B. Interrogative Constructions with Nouns

When the subject of an interrogative sentence is a noun, the question can be expressed in two ways:

1. With **est-ce que**
   Comment **est-ce que la mort arrive?**
2. With inversion of subject and verb
   Comment **la mort arrive-t-elle?**

Note that here the subject is expressed twice: once as a noun **(la mort)** and again as a pronoun **(elle),** because inversion is usually done with a pronoun subject and very rarely with a noun subject.

Rewrite the following sentences, replacing the **est-ce que** construction with the construction with inversion.

EXAMPLE: Est-ce que Dieu aide?
Dieu aide-t-il?

1. Pourquoi est-ce que Dantès a toujours la même vie?
2. Est-ce que les prières sont vaines?
3. Est-ce que la mort est trop bonne pour lui?
4. Est-ce que Dantès passe de la prière à la rage?
5. Comment est-ce que cette idée l'aide un peu?
6. Quand est-ce que la porte s'ouvrira?
7. Est-ce que les hommes sont responsables?
8. Est-ce que le prisonnier passe son temps à attendre?

9

Reading Comprehension

Answer the following questions.

1. À quoi pense Dantès pendant les quatre années?
2. Quelle est la première façon de mourir?
3. Pourquoi Dantès ne veut-il pas se pendre?
4. Quelle façon de mourir adopte-t-il?
5. Que fait-il de son pain?
6. Pourquoi ne meurt-il pas de faim?

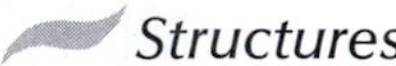

Vocabulary Study

Write sentences of your own with the following words and phrases, using one or more in each sentence.

trouver bon ou mauvais
façon de + *infinitive*
pendre quelqu'un
jeter/se jeter
se laisser + *infinitive*
par la fenêtre
avec regret
ouvrir la bouche

Structures

A. The Expression *ne ... que*

Ne ... que is a limiting expression meaning *only*.

Il y a deux façons.
Il **n'**y a **que** deux façons. *(There are only two ways.)*

Rewrite the following sentences using **ne ... que** and then translate them.

EXAMPLE: Il a une seule idée.
*Il **n'**a **qu'**une seule idée.*
(He has only one thought.)

1. On pend les pirates.
2. Il pense à la liberté.
3. Il jette son pain.
4. Il a la force de tomber sur son lit.

B. The Use of *c'est* and *il est* + adjective

The phrase **c'est** + *adjective* may be used at the beginning or at the end of a sentence whereas **il est** + *adjective* stands at the beginning of the sentence and must be followed by its complement.

C'est difficile de refuser de vivre!
Refuser de vivre, **c'est difficile!**

but:

Il est difficile de refuser de vivre!
(There is no alternative structure.)

Rewrite the following sentences, replacing **c'est** with **il est.**

EXAMPLE: Mourir, ce n'est pas facile. (*or:* Ce n'est pas facile de mourir.)
Il n'est pas facile de mourir.

1. Parler de suicide, ce n'est pas normal.
2. Se tuer, ce n'est pas simple.
3. S'échapper de prison, c'est difficile.
4. Avoir des idées noires, c'est mauvais.

C. Reflexive and Nonreflexive Verbs

Translate the following sentences to show the change in meaning between the reflexive and nonreflexive use of a verb.

1. Il se laisse mourir de faim.
   On le laisse mourir de faim.
2. Il se pend.
   On pend le prisonnier.
3. Il se jette par la fenêtre.
   Il jette son pain par la fenêtre.
4. Il s'approche du pain.
   Il approche le pain de sa bouche.

10

Reading Comprehension

Answer the following questions.

1. Pourquoi Dantès croit-il que sa dernière heure est arrivée?
2. Quels sont ses compagnons tous les soirs?
3. Quelle sorte de bruit entend-il?
4. Quel autre bruit entend-il après?

Vocabulary Study

A. Vocabulary Usage

Connect each expression in Column 1 to its English equivalent in Column 2.

1	2
le soir	the next morning
tous les soirs	in the morning
tous les jours	in the evening
le lendemain matin	every day
le lendemain soir	the next evening
le matin	every morning
tous les matins	every evening

B. The Meaning of *toujours*

Toujours has two meanings: *always* and *still.*

Le grattement continue **toujours.**
The scraping still goes on.

Cette idée est **toujours** présente.
This thought is always present.

Translate the following sentences.

1. Le bruit continue toujours.
2. Un prisonnier désire toujours la liberté.
3. Dantès mange toujours le soir, pas le matin.
4. Après trois heures, Dantès entend toujours le bruit.
5. Les rats mangent toujours le pain de Dantès s'il y en a.

Structures

The Use of *en* with a Gerund

After the preposition **en,** the gerund (form of the present participle) expresses simultaneous actions.

En entendant le grattement, Dantès croit qu'il va mourir.
When (upon) hearing the scraping, Dantès thinks that he is going to die.

Rewrite the following sentences, replacing **quand** with **en** + *gerund* and making the necessary changes.

EXAMPLE: Quand il ouvre les yeux, il ne voit plus.
En ouvrant *les yeux, il ne voit plus.*

1. Quand il tombe sur le lit, il n'a plus de forces.
2. Quand il referme les yeux, il voit des points brillants.
3. Quand il arrive à l'heure de la mort, il pense à Dieu.
4. Quand il entend le bruit, il pense à la liberté.

Communicative Activities

A. July 30 is an important date for Dantès. Ask your partner what date is important to him/her. Ask him/her to give at least four reasons why this date is so important. Your partner will then ask you the same questions.

B. Student #1, you are Dantès. Make a list of five things you want above all. Try to convince your partner—who has a lot of power—to grant you your wishes. Student #2, tell Dantès whether or not you will grant him his wishes, and why. Then reverse the roles and repeat the activity.

C. Prepare the topic listed below to be discussed in class, using the various points as guidelines. You should be ready to quote lines from the text in support of the views expressed.

La condition de Dantès en 1816.
Expliquez:

1. pourquoi Dantès est considéré comme dangereux.
2. depuis combien de temps il est en prison.
3. de quoi il a été accusé.
4. son désir de justice.
5. son besoin de parler à quelqu'un.
6. pourquoi il est humble devant l'inspecteur.
7. ce qu'il fait tous les jours.
8. ses prières à Dieu, puis sa rage et sa décision de se tuer.

11

Reading Comprehension

Answer the following questions.

1. Que fait le porte-clefs tous les soirs?
2. Que demande-t-il à Dantès?
3. De quels sujets Dantès parle-t-il ce soir-là?
4. Pourquoi Dantès est-il fou de joie?
5. Comment s'explique-t-il le bruit?
6. Pourquoi la deuxième explication le rend-elle sombre?

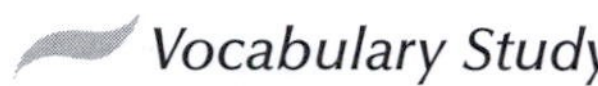

Vocabulary Study

A. Vocabulary Usage

Write sentences of your own with each of the following words and phrases.

souffrir du froid/de la faim/d'une maladie
comment savoir si ...
venir à l'aide de quelqu'un
avoir de la fièvre
comment faire pour ...

B. The Meaning of *il faut*

Give Dantès some advice based on his symptoms.

EXAMPLE: Vous souffrez de la faim?
Alors, il faut manger!

1. Vous souffrez du froid?
2. Vous souffrez de la grippe?
3. Vous souffrez de maux de tête?
4. Vous souffrez de la fièvre?
5. Vous souffrez de ...?

C. The Meaning of *ne ... toujours pas* and *ne ... pas toujours*

Rewrite the following sentences using **ne ... toujours pas** instead of **ne ... pas toujours** and translate the two sentences.

EXAMPLES: Dantès **ne** répond **pas toujours.**
(Dantès doesn't ***always*** *answer.)*
Dantès **ne** répond **toujours pas.**
(Dantès ***still*** *does not answer.)*

1. Il ne parle pas toujours.
2. Il n'écoute pas toujours.
3. Il ne mange pas toujours.
4. Il n'entend pas toujours le bruit.
5. Il ne travaille pas toujours.

Structures

A. The Use of the Stress Pronoun for Emphasis

One of the uses of the stress pronoun is to put emphasis on the subject of the sentence. As a reminder, here is a list of the stress pronouns:

moi	**elle**	**eux**
toi	**nous**	**elles**
lui	**vous**	

Rewrite the following sentences, putting emphasis on the subjects by replacing the personal pronouns with the appropriate *stress pronoun* + **qui.**

EXAMPLE: Et je ne peux rien faire!
Et moi qui ne peux rien faire!

1. Et vous ne pouvez rien faire.
2. Et tu ne comprends rien.
3. Et il est en prison depuis si longtemps.
4. Et nous ne mangeons pas bien.
5. Et ils désirent la liberté.

B. The Use of *si* + adjective + *que*

Join the following sentences using **si** + *adjective* + **que.**

EXAMPLE: Le bruit est distinct. On l'entend sans effort.
Le bruit est si distinct qu'on l'entend sans effort.

1. Dantès est seul. Il doute de son innocence.
2. Il est facile de mourir. Dantès n'hésite plus.
3. Le bruit est mystérieux. Dantès ne le comprend pas.
4. Dantès est fou. Le porte-clefs sort.

12

Reading Comprehension

Answer the following questions

1. À quelle solution Dantès pense-t-il d'abord pour savoir si c'est un prisonnier ou un ouvrier qui fait le bruit?
2. Pourquoi la solution est-elle dangereuse?
3. Comment peut-il redevenir fort?
4. Quelle solution trouve-t-il pour identifier le bruit?
5. Qu'est-ce qu'il fait alors?
6. Qu'est-ce qu'il entend après les trois coups?

Vocabulary Study

A. Write sentences of your own with each of the following words.

coup	réfléchir	corps
attendre	redevenir	tête
arrivée	assiette	contre
faible/fort	sentir	

B. Complete the following summary of Sections 10–12, using the words from the list and making all necessary changes.

dernier	un ouvrier	le coup
redevenir	un effort	le bruit
lendemain	la nourriture	le sujet
aussi	une assiette	cesser
ouvrir	si	

Le ____ matin, en ____ les yeux, Dantès ne voit plus. Le ____ jour de son existence commence. Le soir, il entend ____, puis un autre ____. Quand le porte-clefs lui apporte sa ____, Dantès lui parle sur tous ____. Le porte-clefs croit que son prisonnier est ____ fou que l'abbé Faria et sort. Le bruit continue. Il est ____ distinct que l'on peut l'entendre sans ____. Pour savoir si c'est un prisonnier ou ____, il prend une pierre et frappe trois ____. Le bruit ____. Pour ____ fort, Dantès mange ____ de soupe.

Structures

A. Direct and Indirect Object Pronouns with *faire* + infinitive

When replacing nouns in causative constructions, the direct or indirect object pronoun is used.

On fait réparer **la chambre.**
On **la** fait réparer. *(direct object)*
It is being repaired.

On fait réparer la chambre **à l'ouvrier.**
On **lui** fait réparer la chambre. *(indirect object)*
The room is being repaired by him.

Rewrite the following sentences, replacing the words in italics with a direct or indirect object pronoun.

1. On fait écouter *le porte-clefs*.
2. On fait écouter le bruit *au porte-clefs*.
3. On fait réparer le cachot *à l'ouvrier*.
4. On fait parler *le porte-clefs*.
5. On fait dire son nom *au prisonnier*.
6. On fait réparer *les cachots*.
7. On fait manger de la mauvaise nourriture *aux prisonniers*.
8. On fait manger *les prisonniers*.

13

Reading Comprehension

Answer the following questions.

1. Que s'est-il passé quand le bruit mystérieux s'est arrêté?
2. Pourquoi Dantès a-t-il de l'espoir?
3. Pourquoi pense-t-il que la folie revient?
4. Que fait-il pour savoir si le bruit est imaginé ou réel?

Vocabulary Study

A. Write sentences of your own with each of the following words and phrases.

quelquefois
passer des heures à faire quelque chose
il me (lui, nous, *etc.*) semble que…
cent fois
compter les heures minute par minute

B. Using the expression *il me semble*, give your impression of Dantès's mental state, based on the section's reading.

EXAMPLE: Il me semble que Dantès s'ennuie.

1.
2.
3.

Structures

A. The Expression of Quantity *un peu de*

Un peu de describes a small portion of a quantity not expressed in units.

Il mange de la nourriture.
Il mange **un peu de** nourriture.

Note that no definite article is used with **un peu de.**

Rewrite the following sentences, replacing **du, de la (l')** with **un peu de (d').**

1. Il boit de l'eau.
2. Il mange du pain.
3. Il a de l'argent.
4. Il y a de la joie dans son cœur.
5. Il mange de la soupe.
6. Il a de l'espoir.

B. The Use of the Definitive Article with Nouns Describing Parts of the Body

The definite article is used with parts of the body.

Dantès ouvre **les** yeux.
*Dantès opens **his** eyes.*

Complete the following sentences with the appropriate definite article, then translate them.

1. Dantès ouvre ____ bouche.
2. Il n'a pas de force dans ____ corps.
3. Il a ____ tête entre ____ mains.
4. Il referme ____ yeux.
5. Il met ____ oreille contre le mur.

14

Reading Comprehension

Answer the following questions.

1. Pourquoi n'y a-t-il plus de doute?
2. Pourquoi Dantès déplace-t-il son lit?
3. Comment pourra-t-il détacher les pierres du mur?
4. Pourquoi ne peut-il pas prendre les barreaux pour creuser?
5. Que fait-il alors?
6. Que dira-t-il au porte-clefs pour expliquer la cruche cassée?

Vocabulary Study

Write sentences of your own with the following words and phrases, using one or more in each sentence.

travailler
arrêter le travail
détacher
un instrument tranchant
s'arrêter de travailler
un travail qui avance vite (ou lentement)
creuser

Structures

A. The Use of *en* + gerund

The construction **en** + *gerund* (form of the present participle) is used to express means or methods.

Dantès peut communiquer avec l'autre prisonnier **en frappant** trois coups.
Dantès can communicate with the other prisoner by striking three times.

Rewrite the following sentences according to the model.

EXAMPLE: On creuse. On peut détacher une pierre.
En creusant, *on peut détacher une pierre.*

1. Il déplace son lit. Il peut creuser.
2. Il laisse tomber la cruche. Il va avoir un objet tranchant.
3. Il cache les morceaux. Il va avoir tout ce qui est nécessaire.
4. On travaille jour et nuit. On peut s'échapper.

B. The Use of the Pronoun *en* with Numerals and Adjectives of Quantity

Numerals and adverbs of quantity are repeated when the noun is replaced with **en**.

Il mange **beaucoup de pain.** ⟶ Il **en** mange **beaucoup.**
Il compte **soixante-douze heures.** ⟶ Il **en** compte **soixante-douze.**

Rewrite the following sentences, replacing the words in italics with **en** and repeating the numerals and adverbs of quantity.

EXAMPLES: Il fait tomber **une pierre.**
Il ***en*** *fait tomber* ***une.***
Il fait tomber **beaucoup de pierres.**
Il ***en*** *fait tomber* ***beaucoup.***

1. Il prend deux ou trois *morceaux.*
2. Il n'y a qu'une *cruche.*

3. À présent, il a cent *objets tranchants*.
4. Il cache trois *morceaux* dans son lit.
5. Il a un peu *d'espoir*.

Communicative Activities

A. After rereading Section 11, lines 27–30 (page 11), create a ten-exchange dialogue between the *garde* and Dantès.

B. Dantès spends hours listening to the sounds in his cell.
   1. Discuss with your partner whether or not Dantès's spending so much time listening to these sounds is healthy. Explain your point of view.
   2. Brainstorm with your partner to come up with a list of things one might do for hours. These might include hobbies, obsessions, and chores.
   3. Then tell your partner what you spend hours doing. Your partner asks you specific questions (e.g., why you do this, when, how long you've done it, etc.). After each of you has had a turn, discuss whether the activity you spend hours doing is healthy or not, and why.

Expressing Your Ideas

A. Put the sentences in the right order, using transition words such as *d'abord, puis, finalement* between them.
   1. Dantès arrête de travailler. Il commence à travailler. Il continue de travailler.
   2. Il laisse tomber la cruche. Il prend deux ou trois morceaux de la cruche. La cruche se casse.

B. You are trying to escape from your home. Write a five-sentence paragraph describing your escape, using transition words such as *d'abord, ensuite, puis, enfin, finalement, etc.*

Online Study Center
Improve Your Grade

Dantès (suite)

15. Un Travail inutile[1]

Toute la nuit, Dantès écoute le travailleur inconnu.

Le jour vient enfin, le porte-clefs entre.

Dantès lui dit qu'en buvant[2] de l'eau, il a laissé tomber la cruche et qu'elle s'est cassée en tombant par terre.

Le porte-clefs, mécontent,[3] va chercher[4] une nouvelle cruche sans se soucier de prendre les morceaux de la cruche brisée. Et il ne cherche pas à voir si tous les morceaux sont là.

Il revient un instant après, dit au prisonnier qu'il doit faire plus attention et sort.

Dantès écoute le bruit de ses pas[5] dans l'escalier. Puis, quand il ne peut plus les entendre, il déplace son lit et examine le travail de la nuit précédente.

Il voit que le plâtre entre les pierres est humide. On peut le détacher par fragments. Au bout d'une heure, Dantès en a détaché assez pour remplir[6] ses deux mains.

—Comme ça, se dit-il, un passage de deux pieds de diamètre et de vingt pieds de longueur va prendre presque deux années! Et si je trouve, un jour, du roc dans le passage?... Ou des barreaux de fer fixés dans le plâtre?...

Il pense aux heures lentes des années passées à ne rien faire dans sa prison... Pourquoi n'a-t-il pas rempli ces heures d'un travail lent et continu?... d'un travail comme celui-ci?...

Cette idée lui donne une nouvelle force.

En trois jours, Dantès enlève[7] tout le plâtre autour d'une des pierres du mur derrière son lit. Puis il fait des efforts pour enlever la pierre elle-même. C'est une pierre de plus de deux pieds de longueur.

Impossible de la détacher! Les morceaux de cruche se cassent quand Dantès veut les utiliser comme levier.[8]

---

[1]**inutile** useless. [2]**buvant** (*pres. part.* **boire**) drinking. [3]**mécontent** displeased, annoyed. [4]**chercher** to search, look for; **aller chercher** to go for. [5]**pas** step. [6]**remplir** to fill. [7]**enlever** to remove, take away (out). [8]**levier** lever.

Après une heure d'efforts inutiles, Dantès cesse le travail. Il cache les fragments de plâtre derrière son lit, replace le lit contre le mur, et réfléchit à ce qu'il faut faire.

Lui faut-il abandonner là son espoir? Lui faut-il attendre, inerte et inutile, que cet homme inconnu, de l'autre côté du mur, travaille pour sa délivrance? Y a-t-il un autre moyen?[9]…

Une nouvelle idée lui vient à l'esprit.

16. Et un manche[10] de casserole[11]

Le porte-clefs apporte tous les jours la soupe de Dantès dans une casserole.

Cette casserole a un manche de fer. C'est à ce manche de fer que le jeune homme pense en ce moment.

C'est toujours la même chose. Le porte-clefs entre, verse[12] la soupe de la casserole dans l'assiette de Dantès, et enlève la casserole. Le prisonnier mange la soupe, verse un peu d'eau dans son assiette pour la laver et la garde pour un autre jour.

Mais ce soir, Dantès met son assiette par terre, entre la table et la porte. Puis, il attend.

Le porte-clefs entre et, ne voyant pas bien dans l'obscurité du cachot, il met le pied sur l'assiette et la casse en vingt morceaux.

Cette fois, il n'y a rien à dire contre Dantès. Dantès a laissé son assiette par terre, mais le porte-clefs n'a pas regardé à ses pieds.

Le porte-clefs regarde autour de lui pour voir s'il y a quelque chose où il pourra verser la soupe. Il ne trouve rien.

—Laissez la casserole, dit Dantès, si vous voulez.

Le porte-clefs, ne voulant pas remonter, redescendre et remonter une seconde fois, laisse la casserole et sort.

Le cœur de Dantès se remplit de joie.

Après avoir mangé la soupe, le jeune homme attend une heure pour être certain que le porte-clefs ne va pas revenir chercher[13] sa casserole. Puis il déplace son lit et recommence son travail, en utilisant le manche de fer de la casserole comme levier.

Au bout d'une heure, la pierre est tirée du mur où elle fait un trou de plus de deux pieds de diamètre.

Dantès porte les fragments de plâtre dans le coin de sa prison, fait un trou et couvre le plâtre de terre.

Il continue à creuser toute la nuit.

---

[9]**moyen** way, means. [10]**manche** handle. [11]**casserole** saucepan. [12]**verser** to pour.
[13]**revenir chercher** to come back for.

17. L'Obstacle

Le lendemain matin, il replace la pierre dans son trou, met son lit contre le mur et se jette sur son lit.

Le porte-clefs entre et met le pain du prisonnier sur la table.

—Eh bien! vous ne m'apportez pas une nouvelle assiette? demande Dantès.

—Non, répond le porte-clefs. Vous êtes un casse-tout.[14] Vous avez cassé votre cruche et à cause de vous, j'ai cassé votre assiette. On vous laisse la casserole et on y verse votre soupe. Comme ça,[15] vous ne casserez plus rien!

Dantès sent dans son cœur une gratitude profonde et remercie[16] Dieu de ce morceau de fer, au moyen duquel[17] il compte,[18] un jour, retrouver sa liberté.

Une chose l'inquiète.[19] Le prisonnier de l'autre côté du mur ne travaille plus.

—Eh bien, se dit-il, si mon voisin ne vient pas vers moi, c'est à moi[20] d'aller vers mon voisin!

Toute la journée,[21] il travaille de toutes ses forces; le soir, il tire du trou assez de plâtre pour remplir trois fois sa casserole.

Quand l'heure de la visite du soir arrive, il remet[22] la casserole sur la table. Le porte-clefs entre et y verse la soupe. Puis, la soupe versée, le porte-clefs sort et remonte l'escalier.

Dantès s'approche du mur et écoute.

Tout est silencieux. Il est évident que son voisin n'a pas confiance[23] en lui. Mais Dantès continue de travailler toute la nuit. Il ne prend pas de repos. Vers le matin, son instrument rencontre un obstacle.

Le travail cesse.

18. Une Voix de dessous terre

Cet obstacle, est-ce du roc?... Ou du fer?...

Dantès le touche avec ses mains. C'est du bois! Il faut creuser dessus ou dessous, car l'objet barre complètement le passage.

Le jeune homme n'a pas pensé à cet obstacle.

---

[14]**casse-tout** a person who breaks everything. [15]**comme ça** in that way. [16]**remercier de** to thank for. [17]**au moyen duquel** by means of which. [18]**compter** to expect. [19]**inquiéter** to worry, disturb. [20]**c'est à moi** it is for (up to) me. [21]**toute la journée** all day long. [22]**remet** (*pres. ind.* **remettre**) replaces, puts back. [23]**confiance** trust, confidence, faith.

—Oh! mon Dieu, mon Dieu! s'écrie-t-il,[24] je vous ai prié nuit et jour, et vous ne m'avez pas entendu! Mon Dieu! après m'avoir enlevé la liberté de la vie… mon Dieu! qui m'avez rendu la vie et l'espoir après m'avoir refusé le calme de la mort… mon Dieu! ayez pitié de moi, ne me laissez pas mourir dans le désespoir!

—Qui parle ici de Dieu et de désespoir en même temps? dit une voix qui semble venir de dessous terre.

Edmond, tremblant des pieds à la tête comme un homme qui a la fièvre, s'écrie:

—Au nom de Dieu! vous qui avez parlé, parlez encore![25] Qui êtes-vous?

—Qui êtes-vous vous-même? demande la voix.

—Un prisonnier.

—De quel pays?

—Français.

—Votre nom?

—Edmond Dantès.

—Votre profession?

—Marin.[26]

—Depuis combien de temps êtes-vous ici?

—Depuis le 28 février 1815.

—Votre crime?

—Je suis innocent.

—Mais de quoi vous accuse-t-on?

—D'avoir conspiré pour le retour de l'empereur.

—Quoi! pour le retour de l'empereur! l'empereur n'est plus sur le trône?

—Il a abdiqué à Fontainebleau[27] en 1814 et a été sur l'île d'Elbe. Mais vous-même depuis combien de temps êtes-vous ici exilé?

—Depuis 1811.

Dantès ne trouve pas de réponse… quatre ans de prison de plus que lui!

19. Une Erreur

La voix continue:

—C'est bien, ne creusez plus. Mais dites-moi à quelle hauteur[28] de la terre se trouve[29] l'excavation que vous avez faite?

---

[24]**s'écrier** to cry (out), exclaim. [25]**encore** again; *also*: still, yet. [26]**marin** sailor.
[27]**Fontainebleau** Napoleon signed his abdication April 4, 1814, at his favorite château, Fontainebleau, some 35 miles southeast of Paris. [28]**hauteur** height. [29]**se trouver** to be, be located.

—À la hauteur d'un pied, presque.

—Comment est-elle cachée?

—Derrière mon lit.

—A-t-on déplacé votre lit depuis que vous êtes entré en prison?

—Jamais.

—Sur quoi donne[30] votre chambre?

—Elle donne sur un corridor.

—Et le corridor?

—Communique avec l'intérieur du château.

—Hélas![31] murmure la voix.

—Mon Dieu! qu'y a-t-il?[32] s'écrie Dantès.

—Ah! j'ai fait une erreur sur mon plan! Je n'ai pas de compas. Une erreur sur mon plan a fait une différence de dix pieds en réalité. J'ai pris le mur que vous creusez pour le mur extérieur du château…

—Mais en creusant de l'autre côté, vous risquez de tomber dans la mer!

—C'est ça.

—Mais comment échapper à la mort dans la mer?

—Je sais nager.[33] En nageant, il est possible d'arriver à une des îles qui se trouvent près du Château d'If…

—Mais comment pouvez-vous nager si loin?

—J'ai confiance en Dieu… Mais, pour le moment, tout est perdu.

—Tout est perdu?

—Oui, refermez votre trou avec précaution, ne travaillez plus, et attendez.

—Mais qui êtes-vous?… dites-moi qui vous êtes?

—Je suis… je suis… le N° 27.

20. Ami ou traître?[34]

—Vous n'avez pas confiance en moi? demande Dantès, croyant que cet homme pense à l'abandonner. Ah! je vous assure que je ne suis pas un traître! Je préfère me tuer que de trahir[35] votre secret. Mais, au nom de Dieu! ne m'enlevez pas votre présence!… laissez-moi entendre encore votre voix… ou, je vous l'assure, je vais me briser[36] la tête contre ce mur!

—Quel âge avez-vous? Votre voix semble être celle d'un jeune homme.

---

[30]**donner sur** to look out (open, face) upon. [31]**hélas!** alas! [32]**qu'y a-t-il?** what is the matter? [33]**nager** to swim. [34]**traître** traitor. [35]**trahir** to betray. [36]**briser** to break, smash.

—Je ne sais pas mon âge. Je ne sais pas ce qui s'est passé depuis que je suis ici. Ce que je sais, c'est que je suis entré dans cette prison à l'âge de dix-neuf ans.

—Presque vingt-six ans, murmure la voix. Eh bien! à cet âge on n'est pas encore un traître.

—Oh! non! non! je vous assure que je préfère me faire couper en morceaux que de révéler ce que vous m'avez dit.

—Vous avez bien fait de me parler, vous avez bien fait de me prier de ne pas vous abandonner, car j'ai pensé à le faire. Mais votre âge me rassure,[37] je vais revenir… attendez-moi.

—Quand cela?

—Il faut que je calcule nos chances; laissez-moi vous donner le signal.

—Mais vous n'allez pas m'abandonner… me laisser seul. Vous allez venir à moi ou me permettre d'aller à vous. Et si nous ne pouvons pas nous échapper, nous pouvons parler, vous des personnes que vous aimez, moi des personnes que j'aime. Vous devez aimer quelqu'un?

—Je suis seul… je n'ai pas d'amis.

—Eh bien, si vous êtes jeune, je serai votre camarade. Si vous êtes vieux, je serai votre fils. J'ai un père qui doit avoir l'âge de soixante-douze ans, s'il vit[38] encore. Je vous aimerai comme j'aime mon père.

—C'est bien, je reviendrai le matin.

21. Le Signal

Dantès replace la pierre dans le trou et remet son lit contre le mur.

Le soir, le porte-clefs vient; Dantès est sur son lit. De là, il lui semble qu'il peut mieux garder son secret. Sans doute il regarde son visiteur d'un œil étrange, car le porte-clefs lui dit:

—Encore la folie, hein?

Edmond ne répond pas pour ne pas trahir l'émotion de sa voix en parlant.

Le porte-clefs verse la soupe dans la casserole et sort mécontent.

Dantès croit que son voisin va profiter[39] du silence et de la nuit pour recommencer la conversation avec lui, mais la nuit se passe sans que le signal arrive.

Mais le lendemain matin, après la visite du porte-clefs, comme Dantès déplace son lit, il entend frapper trois coups… Il enlève la pierre et écoute.

---

[37]**rassurer** to reassure. [38]**vit** (*pres. ind.* **vivre**) lives. [39]**profiter** to take advantage.

—Est-ce vous? dit-il. Me voilà!

—Votre porte-clefs, est-il remonté? demande la voix de dessous terre.

—Oui, il ne va revenir que ce soir; nous avons douze heures de liberté.

—Je puis continuer mon travail?

—Oh! oui, oui, sans perdre de temps, je vous prie!

Immédiatement la masse de terre sur laquelle se trouvent ses deux mains s'enfonce.[40]

La masse de terre et de pierres détachées disparaît[41] dans un trou qui vient de s'ouvrir au-dessous de l'excavation que lui-même a faite.

Au fond[42] de ce trou sombre et profond, Dantès voit paraître une tête, deux bras et enfin un homme tout entier qui sort avec agilité de l'excavation.

Dantès prend dans ses bras ce nouvel ami, attendu depuis si longtemps, et l'examine au peu de lumière qui entre dans son cachot.

22. L'Abbé Faria

C'est un homme assez[43] petit, aux cheveux blancs, à l'œil pénétrant, à la barbe[44] noire et très longue. Les lignes de son visage révèlent un homme plus habitué[45] à exercer ses facultés intellectuelles que ses forces physiques.

Il paraît avoir soixante-cinq ans, mais une certaine vigueur dans les mouvements indique que c'est un homme beaucoup plus jeune.

Les deux hommes se regardent quelques instants avec curiosité. Puis Dantès dit avec une émotion qu'il ne peut plus cacher:

—Ah! mon ami!... car vous l'êtes, n'est-ce pas?... dites-moi qui vous êtes et de quoi on vous accuse...

Le visiteur sourit:

—Je suis l'abbé Faria, en 1807 secrétaire du cardinal Spada à Rome, mais depuis 1811 le numéro 27 au Château d'If. On m'accuse d'avoir des idées politiques contraires à celles de Napoléon Ier. Voilà tout!

—Mais votre vie ici?... les longues années passées dans la solitude?...

—Ma vie ici?... c'est très simple. J'ai passé les années à méditer sur les choses de l'esprit, à écrire un livre sur la vie politique de mon pays, à fabriquer[46] des outils[47] nécessaires à mes travaux, à faire des plans d'évasion,[48] à creuser ce passage... inutile!

Ce mot *inutile* révèle à Dantès la déception[49] profonde de Faria de trouver un second cachot là où il comptait retrouver la liberté.

---

[40]**s'enfoncer** to sink in. [41]**disparaît** (*pres. ind.* **disparaître**) disappears. [42]**fond** bottom. [43]**assez** rather, quite. [44]**barbe** beard. [45]**habitué** accustomed. [46]**fabriquer** to make, manufacture. [47]**outil** tool. [48]**évasion** escape. [49]**déception** disappointment.

L'abbé continue:

—Eh bien! Voyons s'il y a moyen de faire disparaître aux yeux de votre porte-clefs les traces de mon passage. Il ne faut pas que cet homme sache ce qui s'est passé,[50] ou tout est perdu à jamais.

Il prend la pierre et la fait entrer dans le trou. Elle le ferme assez mal.

—Ah! dit l'abbé, en souriant, je vois que vous n'avez pas d'outils?

—Et vous? demande Dantès, avec surprise.

—J'ai passé quatre ans à en fabriquer de toutes sortes, répond l'abbé. Voulez-vous les examiner?

Dantès accepte l'invitation cordiale de son voisin et les deux hommes disparaissent dans le passage.

Pour ces deux prisonniers c'est une nouvelle vie qui commence.

23. Le Plan

Les jours qui suivent sont remplis de visites, de conversations, de plans.

Dantès ne cesse pas d'admirer l'énergie, la patience et la haute intelligence de son nouvel ami, et de son côté,[51] Faria admire la résolution et le courage du jeune homme. Il trouve en Edmond un fils, comme celui-ci trouve en lui un père.

Un jour, l'abbé dit à Dantès:

—Vous avez retrouvé vos forces; nous pouvons recommencer notre travail. Voici mon plan: c'est de creuser un passage au-dessous de la galerie où se trouve la sentinelle. Une fois là, on fait une grande excavation au-dessous d'une des pierres qui forment le plancher[52] de la galerie. À un moment donné, quand la sentinelle marchera sur la pierre, celle-ci s'enfoncera dans l'excavation, et l'homme aussi. On se jette sur lui, on le lie[53] et on le bâillonne.[54] Puis on passe par une des fenêtres de la galerie, on descend le long du[55] mur extérieur au moyen d'une corde fabriquée par moi et on s'échappe de l'île, en nageant dans la mer.

—Admirable! s'écrie Dantès. Et combien nous faut-il de temps pour exécuter ce plan?

—Un an.

—Quand pouvons-nous commencer?

—Immédiatement.

Le même jour, les deux hommes commencent à creuser le nouveau passage.

---

[50]**se passer** to happen, take place. [51]**côté** side. [52]**plancher** floor. [53]**lier** to bind, tie. [54]**bâillonner** to gag. [55]**le long de** along, the length of.

24. Hélas!

Après quinze mois d'efforts nuit et jour, les deux travailleurs arrivent sous la galerie. Au-dessus de leur tête, ils entendent les pas de la sentinelle sur les pierres du plancher.

Dantès est occupé à placer un support de bois sous une des pierres quand il entend l'abbé Faria qui l'appelle avec un accent de détresse.[56]

Il revient auprès de[57] lui. Faria n'a que le temps de donner quelques instructions, avant de tomber mourant dans les bras de son ami.

Dantès le porte dans sa chambre, où il lui fait boire une potion indiquée dans ses instructions. Faria est sauvé, mais son côté droit est paralysé. Il lui est impossible de s'échapper du château.

Cette attaque est la seconde. La troisième fois il sera complètement paralysé ou il mourra.

L'abbé appelle Dantès auprès de son lit:

—Partez! lui dit-il. Ne restez pas ici! Vous êtes jeune, ne vous inquiétez pas à mon sujet.[58] Je vais attendre la mort ici… seul!

—C'est bien, dit Dantès. Moi aussi, je reste!

Faria regarde attentivement ce jeune homme si noble, si simple, et voit sur son visage la sincérité de son affection.

—Eh bien! dit-il, j'accepte!

Puis, lui prenant la main:

—Comme je ne puis et que[59] vous ne voulez pas partir, il faut remplir le passage sous la galerie. La sentinelle peut le découvrir et donner l'alarme. Allez faire ce travail, dans lequel je ne puis plus vous aider. Employez-y toute la nuit et ne revenez que demain matin après la visite du porte-clefs. J'ai quelque chose d'important à vous dire.

Dantès prend la main de l'abbé, qui lui sourit, et sort avec ce respect qu'il a toujours accordé à son vieil ami.

25. Le Testament[60]

Le lendemain matin, en revenant dans la chambre de son compagnon de captivité, Dantès trouve Faria assis sur son lit, le visage calme. L'abbé tient un morceau de papier dans la main gauche.

---

[56]**accent de détresse** tone of distress. [57]**auprès de** beside. [58]**ne vous inquiétez pas à mon sujet** don't worry about me. [59]**que** here = comme. [60]**testament** will.

Sans rien dire, il donne le papier à Dantès.

—Qu'est-ce que c'est? demande celui-ci.[61]

—Regardez bien, lui dit l'abbé en souriant. Ce papier, c'est mon trésor.

Dantès prend le morceau de papier sur lequel sont tracés des caractères étranges. C'est un vieux testament, portant la date du 25 avril 1498, dans lequel un certain César Spada donne à un membre de sa famille des instructions pour trouver un trésor fabuleux qu'il dit caché dans les grottes de la petite île de Monte-Cristo.[62]

Par un curieux hasard[63] l'abbé Faria a découvert le secret du vieux manuscrit qu'il a trouvé entre les pages d'un livre donné à lui par le dernier descendant de la famille Spada. Il est le seul possesseur légitime de ce trésor.

—Eh bien! mon ami, dit Faria, vous savez mon secret. Si jamais nous nous échappons de cette prison, la moitié de ce trésor est à vous. Mais si je meurs ici, et si vous vous échappez seul, je vous laisse cette fortune entière.

—Et vous dites que cette fortune se compose…

—D'environ[64] treize millions de notre monnaie.[65]

—Impossible! C'est une somme énorme!

—Impossible!… et pourquoi? La famille Spada est une des plus vieilles d'Italie, une des plus riches autrefois![66]

—Eh bien, je ne dois accepter ni la moitié de la fortune, ni la fortune entière; je ne suis pas votre descendant légitime.

—Vous êtes mon fils, Dantès! s'écrie le vieil abbé. Vous êtes l'enfant de ma captivité. Dieu vous a donné à moi pour consoler l'homme qui ne peut pas être père et le prisonnier qui ne peut pas être libre.

26. Adieu!

Faria ne connaît pas l'île de Monte-Cristo, mais Dantès la connaît. Il a passé quelques heures sur cette petite île qui se trouve entre la Corse[67] et l'île d'Elbe. Elle est complètement déserte. Dantès trace le plan de l'île, et Faria lui indique ce qu'il faut faire pour retrouver le trésor.

Les jours passent…

Une nuit, Edmond croit entendre une voix plaintive qui l'appelle.

---

[61]**celui-ci** the latter. [62]**île de Monte-Cristo** The little island of Monte-Cristo is south of Elba, off the coast of Tuscany, Italy. [63]**hasard** accident, chance. [64]**environ** about. [65]**monnaie** currency. [66]**autrefois** formerly. [67]**Corse** Corsica.

Sans perdre un instant, il déplace son lit, enlève la pierre, entre dans le passage et arrive dans la chambre de l'abbé.

Faria est assis sur sont lit, le visage pâle, les mains tremblantes:

—Eh bien, mon ami, dit-il, c'est la troisième attaque qui commence... la dernière, vous comprenez, n'est-ce pas? Ne criez[68] pas, ou vous êtes perdu!... vous et celui qui viendra prendre ma place ici... car un autre prisonnier va venir, après ma mort... et il faut que vous restiez près de lui pour l'aider. Je ne suis qu'une moitié de cadavre liée à vous pour vous paralyser dans tous vos mouvements...

—Oh! pas encore! J'ai sauvé votre vie une fois; je la sauverai une seconde fois! Il reste[69] encore un peu de votre potion. Dites-moi ce qu'il faut que je fasse cette fois; y a-t-il des instructions nouvelles? Parlez, mon ami, j'écoute.

—Il n'y a pas d'espoir. Mais... si vous voulez... faites comme la première fois. Si après avoir versé douze gouttes[70] dans ma bouche, vous voyez que je ne reviens pas à moi,[71] vous pouvez verser le reste. C'est tout. Maintenant, approchez-vous, j'ai encore deux choses à vous dire. La première, c'est que je prie Dieu de vous accorder le bonheur[72] et la prospérité que vous méritez. La seconde, c'est que le trésor des Spada existe... le vieil abbé qu'on croit fou ne l'est pas... mon trésor existe! Partez! Allez à Monte-Cristo... profitez de notre fortune... vous avez assez souffert.

Une convulsion violente secoue[73] son corps. Ses yeux ne voient plus. Il presse la main d'Edmond:

—Adieu! adieu! murmure-t-il. N'appelez personne! Je ne souffre pas comme la première fois... je n'ai plus assez de forces pour souffrir. C'est le privilège des jeunes de croire... de garder de l'espoir... mais les vieux voient plus clairement la mort. Oh! la voilà!... Elle vient... Libre, enfin!... Votre main, Dantès!... adieu!... adieu!...

Puis, avec un dernier effort il s'écrie «Monte-Cristo! Monte-Cristo!», et sa tête retombe[74] sur le lit.

27. La Mort passe au n° 27

Dantès, suivant les instructions, verse le reste de la potion dans la bouche de son ami.

Une heure, deux heures passent...

---

[68]**crier** to cry out, shout. [69]**il reste** here = there remains. [70]**goutte** drop. [71]**que je ne reviens pas à moi** that I do not regain consciousness. [72]**bonheur** happiness. [73]**secouer** to shake. [74]**retomber** to fall back.

Edmond, assis auprès du lit, tient la main pressée sur le cœur de Faria. Il sent le froid qui pénètre dans le corps inerte. Les yeux de l'abbé restent ouverts et fixes. Enfin Dantès comprend qu'il est en présence d'un mort. Saisi[75] d'une terreur profonde et invincible, il retourne vite dans le passage et remet la pierre à sa place.

Il est bien temps.[76] Le porte-clefs va venir.

Sa visite faite, le porte-clefs passe dans le cachot de Faria.

Dantès est impatient de savoir ce qui va se passer dans le cachot de son ami quand le porte-clefs verra que le prisonnier est mort. Il rentre dans le passage et arrive à temps pour entendre les exclamations du porte-clefs, qui appelle à l'aide.

Les autres porte-clefs arrivent. Puis le gouverneur.

Edmond entend des voix qui disent:

—Inutile de jeter de l'eau au visage; il est bien mort.[77]

—Eh bien! le vieux fou est allé chercher son trésor!

—Avec tous ses millions, il n'est pas assez riche pour payer sa place dans un cimetière.[78]

—Oh! il n'est pas nécessaire de payer sa place dans le cimetière du Château d'If!

Le cimetière du Château d'If!

—On va lui faire les honneurs du sac![79]

Puis on n'entend plus les voix.

Dantès écoute toujours. Au bout d'une heure, il entend des pas qui reviennent, au-dessus de sa tête.

—Ce sont les hommes, pense-t-il, qui viennent chercher le cadavre.

Il y a des mouvements rapides, des bruits indistincts, le choc d'un objet lourd[80] qu'on laisse tomber sur le lit…

—A quelle heure, ce soir? demande une voix.

—Vers dix ou onze heures, répond une autre.

—Faut-il laisser un garde dans le cachot? demande la première.

—Pourquoi faire?[81] répond l'autre gardien. On va fermer le cachot comme toujours, voilà tout.

Les voix cessent. Les pas remontent le corridor.

Le silence de la mort descend sur le numéro 27 et pénètre dans le cœur de Dantès.

---

[75]**saisir** to seize. [76]**Il est bien temps** It is just in time. [77]**bien mort** quite dead. [78]**cimetière** cemetery. [79]**sac** bag, sack. [80]**lourd** heavy. [81]**Pourquoi faire?** What for?

28. Les Honneurs du sac

Edmond sort du passage et regarde autour de lui.

La chambre du mort est vide.[82]

Sur le lit, le long du mur, il voit un sac, dans lequel il peut distinguer[83] la forme d'un corps humain.

—Voilà, pense Dantès, tout ce qui reste de Faria, l'ami, le bon compagnon. Il n'existe plus. Je suis seul… seul dans le silence de la prison… seul dans mon malheur. Je n'ai plus qu'à mourir!

Mais cette idée de suicide passe:

—Mourir! Oh non! s'écrie-t-il. J'ai trop souffert pour mourir maintenant. Non! je veux vivre… je veux retrouver le bonheur qu'on m'a enlevé. Avant de mourir, il faut me venger de[84] mes ennemis. J'ai des amis à récompenser[85]… Mais à présent on va me laisser ici… je ne sortirai de ce cachot que mort comme Faria.

Comme Faria?… comme Faria?…

Dantès reste là, les yeux fixes, comme un homme frappé d'une idée horrible:

—Oh! murmure-t-il, de qui me vient cette idée?… est-ce de vous, mon Dieu?… s'il n'y a que les morts qui sortent d'ici, pourquoi ne prend-on pas la place des morts?

Il se jette sur le sac hideux, le coupe avec le couteau[86] de Faria, sort le cadavre du sac et le porte dans sa propre chambre.

Il met le cadavre sur son lit, le couvre, presse une dernière fois cette main froide, et tourne la tête le long du mur.

Puis il rentre dans le passage, remet le lit contre le mur, et passe dans l'autre chambre. Là, il prend une aiguille[87] et du fil,[88] cache ses vêtements sous le lit de Faria, se met dans le sac ouvert, se remet dans la même situation où il a trouvé le cadavre, et referme le sac au moyen de l'aiguille et du fil qu'il a pris.

C'est le travail d'une heure.

29. Le Cimetière du Château d'If

Vers onze heures, des pas se font entendre[89] dans le corridor.

Edmond comprend que l'heure de partir est venue.

---

[82]**vide** empty. [83]**distinguer** to make out, distinguish. [84]**se venger de** to avenge oneself (upon). [85]**récompenser** to reward. [86]**couteau** knife. [87]**aiguille** needle. [88]**fil** thread. [89]**se font entendre** are heard.

La porte s'ouvre et trois hommes entrent dans la chambre. Le premier porte une torche, les deux autres portent une civière.[90]

Ils mettent la civière par terre. Puis ils s'approchent du lit, prennent le sac par les deux bouts et le transportent du lit à la civière.

Le cortège,[91] précédé par l'homme à la torche, remonte l'escalier. Ils sortent dans l'air de la nuit.

Au bout de quelques pas, les porteurs[92] s'arrêtent et mettent la civière par terre.

Ils vont chercher quelque chose; puis ils reviennent avec un objet lourd, qu'ils placent sur la civière auprès d'Edmond et qu'ils attachent avec une corde à ses pieds.

—Eh bien! c'est fait? demande l'un des porteurs.

—Oui, dit l'autre, et bien fait!

—Allons-y![93]

Ils font cinquante pas,[94] puis s'arrêtent pour ouvrir une porte. Dantès peut entendre le bruit de la mer qui vient se briser[95] contre les murs du château.

Encore quatre ou cinq pas,[96] en montant toujours…

Dantès sent qu'on le prend par la tête et par les pieds et qu'on le balance.[97]

—Une! disent les porteurs.

—Deux!

—Trois!

En même temps, Dantès se sent jeté dans un espace énorme, tombant, tombant toujours… tiré en bas[98] par un objet lourd…

Puis, avec un bruit terrible, il entre dans une eau froide et s'enfonce.

On l'a jeté dans la mer, avec un boulet[99] lourd attaché à ses pieds.

La mer est le cimetière du Château d'If.

---

[90]**civière** litter, stretcher. [91]**cortège** procession. [92]**porteur** bearer, porter. [93]**Allons-y!** Let's go! [94]**Ils font cinquante pas** They take fifty steps. [95]**vient se briser** is breaking. [96]**encore quatre ou cinq pas** four or five more steps. [97]**balancer** to swing. [98]**en bas** down below. [99]**boulet** cannon ball.

Exercises

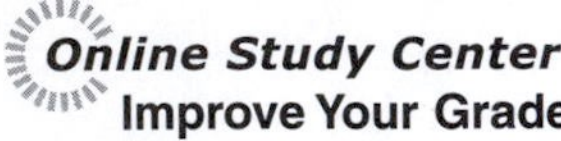

15

Reading Comprehension

Answer the following questions.

1. Comment Dantès explique-t-il la cruche cassée?
2. Que fait alors le porte-clefs?
3. Pourquoi est-il facile de détacher le plâtre?
4. Combien de temps lui faut-il pour creuser un passage de vingt pieds?
5. La pierre se détache-t-elle facilement?

Vocabulary Study

Write sentences of your own with each of the following words and phrases.

remplir
il faut + *infinitive*
mettre par terre
faire un ou deux pas
chercher à faire quelque chose
balancer (un objet ou une personne)
prendre par la tête (les pieds, la main)

Structures

A. The Use of the Preposition en + gerund: Recapitulation

Translate the following sentences, keeping in mind the three possible meanings of **en** + *gerund.*

EXAMPLES: La cruche s'est cassée **en tombant.**
The jug broke in (upon) falling.

Il a laissé tomber la cruche **en buvant.**
He dropped the jug while drinking.

Il peut s'échapper **en creusant** un passage.
He can escape by digging a passage.

1. En arrivant au Château d'If, l'inspecteur visite les cachots.
2. En descendant l'escalier, l'inspecteur et le gouverneur parlent des prisonniers.
3. L'abbé Faria veut sortir de prison en offrant six millions.
4. En jetant le pain par la fenêtre, il refuse de vivre.
5. En entendant le grattement, il croit que c'est un rat.
6. En écoutant parler Dantès, le porte-clefs n'a pas entendu le bruit.
7. Dantès réfléchit en mangeant.

B. The *Passé Composé* of Reflexive Verbs

The auxiliary verb **être** is used to form the **passé composé** of reflexive verbs, and the past participle agrees in gender and in number with the preceding direct object (which in most cases is the reflexive pronoun).

La cruche **se casse.** ⟶ La cruche **s'**est cass**ée.**
Les cruches **se cassent.** ⟶ Les cruches **se** sont cass**ées.**

Rewrite the following sentences in the **passé composé.**

1. Le porte-clefs s'approche du mur.
2. Dantès s'arrête de creuser.
3. La porte se referme.
4. Les pierres se détachent.

16

Reading Comprehension

Answer the following questions.

1. À quelle partie de la casserole pense Dantès quand le porte-clefs l'apporte?
2. Que fait le porte-clefs tous les soirs en arrivant?
3. Que fait alors Dantès tous les soirs?
4. Où Dantès place-t-il l'assiette ce soir-là?
5. Pourquoi le porte-clefs casse-t-il l'assiette?
6. Pourquoi accepte-t-il de laisser la casserole à Dantès?
7. Que fait Dantès après avoir mangé la soupe?
8. Comment cache-t-il les fragments de plâtre?

Vocabulary Study

Write sentences of your own with each of the following words and phrases.

venir chercher
faire un trou
couvrir quelque chose de quelque chose
revenir chercher
porter
apporter

Structures

A. The Use of *c'est ... que* for Emphasis

The construction **c'est ... que** is used to emphasize certain words.

C'est en creusant un trou **qu'**on peut s'évader.
It is by digging a hole that one can escape.

Rewrite the following sentences, using **c'est ... que** to emphasize the words in italics.

EXAMPLE: Le jeune homme pense *à ce manche.*
C'est à ce manche que le jeune homme pense.

1. Il va casser *l'assiette* en entrant.
2. Il va casser l'assiette *en entrant.*
3. Dantès fait *le trou* avec un morceau de cruche.
4. Il emploie *le manche* comme levier.

B. The Past Infinitive

The past infinitive is formed with **avoir** + *past participle.*

Après avoir mangé du pain, il a bu de l'eau.
After eating *some bread, he drank some water.*

Rewrite the following sentences according to the example.

EXAMPLE: Il a mangé. Il attend.
Après avoir mangé, il attend.

1. Il a versé la soupe. Il enlève la casserole.
2. Il a mangé la soupe. Il verse l'eau dans son assiette.
3. Il a mis l'assiette par terre. Il attend.
4. Il a cassé l'assiette. Il laisse la casserole.
5. Il a déplacé le lit. Il recommence à travailler.

17

Reading Comprehension

Answer the following questions.

1. Pourquoi le porte-clefs n'apporte-t-il pas une nouvelle assiette le lendemain?
2. Que sent Dantès en entendant l'explication du porte-clefs?
3. Qu'est-ce qui l'inquiète au sujet de l'autre prisonnier?
4. Dantès s'arrête-t-il aussi de travailler?
5. Pourquoi cesse-t-il de travailler le lendemain matin?

Vocabulary Study

A. Vocabulary Usage

Write a short letter to a friend or family member using each of the following words and phrases.

avoir confiance en quelqu'un
remercier quelqu'un de quelque chose
inquiéter
compter + *infinitive*
faire quelque chose de toutes ses forces (embrasser, aimer, travailler, etc.)

B. Vocabulary Review

Complete the following summary of Sections 15–17, using the words from the list and making all necessary changes.

la casserole	par terre	inquiéter
morceau	se casser	rencontrer
trou	boire	cesser
confiance	enlever	

Dantès explique au porte-clefs qu'en ____ de l'eau, la cruche ____ en tombant ____. Avec les ____ de la cruche, puis avec le manche de ____ il peut ____ le plâtre autour de la grosse pierre. Elle fait ____ de deux pieds de diamètre. Mais une chose ____ Dantès. L'autre ne travaille plus. Il est évident qu'il n'a pas ____ en lui. Dantès continue son travail. Au bout d'une heure, il ____ un obstacle et doit ____ son travail.

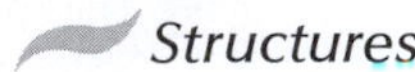

Structures

The Use of the Relative Pronoun *duquel*

Duquel *(masc. sing.)*, **desquels** *(masc. pl.)*, **de laquelle** *(fem. sing.)*, and **desquelles** *(fem. pl.)* are relative pronouns used in prepositional phrases with **de.**

Dantès remercie Dieu de ce morceau de fer au moyen **duquel** il compte retrouver sa liberté.
Dantès thanks God for this piece of iron with the help of which he expects to find freedom again.

Complete the following sentences with the appropriate relative pronoun.

1. C'est le manche au moyen ____ il peut enlever la pierre.
2. Ce sont les morceaux de plâtre au moyen ____ il a pu détacher la pierre.
3. Il enlève la pierre autour ____ il n'y a plus de plâtre.
4. C'est le passage au bout ____ il va retrouver sa liberté.

18

Reading Comprehension

Answer the following questions.

1. L'obstacle est-il du roc, du fer ou du bois?
2. Que dit alors Dantès?
3. Que dit alors la voix venant du dessous?
4. Que veut savoir la voix?
5. Où et quand l'empereur Napoléon a-t-il abdiqué?
6. Expliquez: «Quatre ans de prison de plus que lui!»

Vocabulary Study

Give a definition for each of the following words and phrases.

EXAMPLE: refuser: *c'est ce qu'on fait quand on ne veut pas faire ce qu'on nous demande. C'est le contraire d'accepter.*

l'empereur	le trône
conspirer	abdiquer
accuser	avoir pitié

Structures

A. The Personal Pronoun *moi/me* with Commands

In commands, the personal pronoun **moi** is used in the affirmative and **me** is used in the negative. Compare the following sentences:

Laissez-**moi** mourir.
Ne **me** laissez pas mourir.

Rewrite the following commands in the negative.

1. Laissez-moi partir.
2. Regardez-moi tomber.
3. Attendez-moi.
4. Enlevez-moi la vie.

Rewrite the following commands in the affirmative.

1. Ne m'écoutez pas.
2. Ne m'aidez pas.
3. Ne me répondez pas.
4. Ne me rendez pas la liberté.

Oral Practice

Imagine that your partner is your roommate. He/she is lazy and messy. Give him/her five commands with the following verbs, in the affirmative and in the negative according to the meaning of your sentence.

1. ranger
2. laver
3. faire
4. acheter
5. regarder

B. Shortened Speech

When the context of a conversation is clear, questions and answers are often shortened.

—De quel pays êtes-vous? ⟶ **De quel pays?**
—Je suis français. ⟶ **Français.**

Shorten the following questions and answers.

1. —Quelle est votre profession?
2. —Je suis inspecteur.
3. —Quelle est votre mission?
4. —J'ai mission d'inspecter les prisons.
5. —Quel est votre âge?
6. —J'ai cinquante ans.
7. —Vous êtes en prison depuis combien de temps?
8. —Je suis en prison depuis quatre ans.
9. —Vous êtes accusé de quels crimes?
10. —Je suis accusé d'avoir conspiré contre le roi.

Oral Practice

Ask one of your classmates shortened questions covering the following points. The classmate will then give shortened answers whenever possible.

1. le nom
2. l'âge
3. l'adresse
4. la nationalité
5. le temps passé à l'école
6. la couleur préférée
7. la musique préférée
8. le livre préféré
9. l'homme politique favori
10. l'occupation préférée

19

Reading Comprehension

Answer the following questions.

1. Que veut savoir l'autre prisonnier sur l'excavation que Dantès a faite?
2. Comment l'excavation est-elle cachée?
3. Sur quoi donne la chambre de Dantès?
4. Quelle erreur le prisonnier a-t-il faite?
5. Pourquoi veut-il creuser un trou dans le mur extérieur?
6. Que demande-t-il à Dantès de faire pour le moment?

Vocabulary Study

Write sentences of your own with each of the following words and phrases, using one or more in each sentence.

la hauteur
faire un plan
le compas
prendre une chose pour une autre
une fenêtre ou une porte qui donne sur quelque chose
de l'autre côté
à la hauteur d'un pied (deux pieds, etc.)
faire une erreur
communiquer
le mur intérieur ou extérieur

Structures

The Meaning of *savoir* + infinitive vs. *pouvoir* + infinitive

Savoir + *infinitive* describes a learned skill or ability, whereas **pouvoir** + *infinitive* describes a possible action.

Je **sais nager.**
I can swim. (I know how to swim. I have mastered the skill of swimming.)

Je **peux nager.**
I can (or I may) swim. (Nothing or nobody can stop me from swimming.)

Complete the following sentences with a form of **savoir** or **pouvoir.**

1. On ne ____ pas nager si l'eau n'est pas assez profonde.
2. Dantès ne sait pas si l'abbé malade ____ nager très loin.
3. Si on est dans la mer profonde, il faut ____ bien nager.
4. L'abbé ____ parler français. C'est un homme cultivé.
5. Il est probable qu'il ____ parler d'autres langues.
6. On ____ écrire sur un mur avec du plâtre.
7. Normalement, un enfant ____ écrire à l'âge de 5–6 ans.
8. Il faut ____ écrire si on veut aller loin.

20

Reading Comprehension

Answer the following questions.

1. Pourquoi Dantès demande-t-il à l'autre s'il n'a pas confiance en lui?
2. À quel âge Dantès est-il entré dans cette prison?
3. Pourquoi l'autre prisonnier a-t-il confiance en lui?
4. Que peuvent faire Dantès et l'autre prisonnier s'ils ne peuvent pas s'échapper?
5. Quel rôle veut jouer Dantès auprès de l'autre prisonnier?

Vocabulary Study

A. Vocabulary Usage

Match up the words in each column that belong to the same category (family, relationship, etc.).

1	2
le père	vieux
le camarade	avoir confiance en quelqu'un
le traître	abandonner
aimer	le fils
laisser seul	le dénonciateur
jeune	l'ami

B. The Meaning of *encore*

There is a shift in the meaning of **encore** depending on whether the verb is negative or affirmative.

Il vit **encore.**	*He **still** lives.*
On **n'**est **pas encore** un traître.	*You are not a traitor **yet.***

Translate the following sentences.

1. Dantès est encore jeune.
2. À son âge, on n'est pas encore un traître.
3. L'abbé pense encore à s'échapper à son âge.
4. Il est encore actif.
5. Il ne s'est pas encore échappé.

Structures

A. The *Passé Composé* with *être*

With a limited number of verbs expressing motion, the auxiliary verb **être** is used to form the **passé composé.** Those verbs are:

aller	monter	rentrer	tomber
arriver	mourir	rester	venir
descendre	naître	retourner	
devenir	partir	revenir	
entrer	passer	sortir	

The auxiliary verb **être** is also used to form the **passé composé** of all reflexive verbs. Be careful to distinguish between **être** used as an auxiliary verb and **être** combined with a past participle that functions as an adjective.

Il **est entré.**	*He entered.*
Elle **est sortie.**	*She went out.*

but:

Il **est** fatigué.	*He is tired.*
Elle **est** cassée.	*It is broken.*

Translate the following sentences, discriminating between **être** used as an auxiliary and **être** used with an adjective.

1. Dantès est entré en 1815.
2. Tout est perdu.
3. La cruche est tombée.
4. Le moment de s'échapper est arrivé.
5. Les prisonniers dangereux ne sont pas aimés.
6. Le porte-clefs est sorti.
7. Le trou est caché derrière le lit.
8. La porte est fermée à clef.

B. The Formation of the *Passé Composé*: Recapitulation

Rewrite the following sentences in the **passé composé,** using **être** with reflexive verbs and verbs of motion, and **avoir** with the other verbs. Irregular past participles are indicated.

EXAMPLE: Il entre au Château d'If.
Il est entré au Château d'If.

1. Qu'est-ce qui se passe?
2. Dantès est accusé d'un crime. (été)
3. La captivité le rend presque fou.
4. Il se tourne vers Dieu.
5. Dieu ne répond pas.
6. Il met l'oreille contre le mur. (mis)
7. Il laisse tomber sa cruche.
8. La cruche tombe.
9. En tombant, elle se casse.
10. Dantès entre dans cette prison en 1815.

21

Reading Comprehension

Answer the following questions.

1. Comment Dantès regarde-t-il le porte-clefs?
2. Qu'est-ce qu'il ne veut pas trahir?
3. Quand arrive le signal?
4. Comment les deux hommes vont-ils profiter des douze heures de liberté?
5. Que se passe-t-il immédiatement?
6. Que fait Dantès en voyant son voisin?

Vocabulary Study

Write sentences of your own with each of the following words and phrases.

au-dessus *ou* au-dessous
au fond de
tout entier
prendre quelqu'un dans ses bras

Structures

The Negative Construction with Infinitives

Rewrite the following phrases in the negative according to the example.

EXAMPLE: pour trahir
pour **ne pas** *trahir*

1. pour recommencer
2. à remettre
3. de continuer
4. afin de parler
5. pour montrer son émotion
6. du pain à jeter

Communicative Activities

Prepare with another student one of the following conversations to be presented in class. You should be ready to quote lines from the text in support of the views expressed.

1. Le directeur de la prison veut savoir comment Dantès a pu creuser un tunnel entre les deux cachots. Le porte-clefs raconte l'histoire de la cruche cassée et de la casserole. Le directeur demande des détails plus précis.
2. Dantès et l'autre prisonnier entrent dans une longue conversation quand ils se voient pour la première fois. Imaginez les questions et les réponses.

22

Reading Comprehension

Answer the following questions.

1. Faites la description de l'abbé Faria.
2. Quel âge a-t-il?
3. Quelle était sa profession en 1807?
4. De quoi l'accuse-t-on?
5. Comment a-t-il passé tout son temps en prison?
6. Que faut-il faire disparaître à présent?
7. Qu'est-ce que l'abbé propose à Dantès de faire?

Vocabulary Study

A. Vocabulary Usage

Write sentences of your own with the following words, using one or more in each sentence.

les cheveux	la barbe
les yeux	un œil pénétrant
les lignes	la force physique
la vigueur	les facultés morales
la déception	sourire

B. Vocabulary Review

Using the model in the story, write a short paragrah describing a classmate. When you read it outloud, the other students will have to guess whose description it is.

Structures

A. The Use of *à* with Distinguishing Characteristics

Rewrite the following sentences using **à l', à la, au, aux.**

EXAMPLE: Cet homme a des cheveux blancs.
C'est un homme aux cheveux blancs (with white hair).

1. Cet homme a des oreilles très longues.
2. Cet homme a un œil pénétrant.
3. Cet homme a une barbe blanche.
4. Cet homme a des bras longs.
5. Cet homme a une voix faible.

B. The Use of the Subjunctive after *il faut que*

The first and third person singular of the present subjunctive can be derived from the third person plural of the indicative of all regular and many irregular verbs by dropping the **-nt** from the **-ent** ending.

Ils réfléchisse**nt.** { Il faut que je **réfléchisse.**
Il faut qu'il **réfléchisse.**

Rewrite the following sentences according to the example.

EXAMPLE: Ils finissent.
Il faut que je finisse.
Il faut qu'il finisse.

1. Ils remplissent la casserole.
2. Ils viennent.
3. Ils répondent.
4. Ils lisent.
5. Ils boivent.

Oral Practice

In pairs, you and a classmate play the parts of Faria and Dantès. Faria gives Dantès advice on how to survive in jail, based on his own experience (lines 24–29, page 48). Using the form *il faut que vous* ..., come up with five suggestions for Dantès. Dantès acquiesces by repeating the suggestion.

EXAMPLE: Faria: Il faut que vous lisiez beaucoup.
Dantès: Oui, il faut que je lise beaucoup.

23

Reading Comprehension

Answer the following questions.

1. Où l'abbé veut-il creuser un passage?
2. Que se passera-t-il quand la sentinelle marchera sur la pierre?
3. Que feront-ils après?
4. Combien de temps leur faut-il pour le faire?

Vocabulary Study

A. Vocabulary Usage

Write sentences of your own with each of the following phrases.

le long de	au moyen de
être rempli de quelque chose	passer par

B. The Meaning of *il faut*

A. Translate the following sentences according to the example.

EXAMPLES: Il nous faut travailler. *(verb obj.)*
We must work.
Il leur faut beaucoup de temps. *(noun obj.)*
They need a lot of time.

1. Il lui faut beaucoup de temps.
2. Il leur faut beaucoup travailler.
3. Il nous faut creuser.
4. Il vous faut des outils pour creuser.
5. Il me faut bien comprendre le plan.

B. Rewrite the following summary of Sections 20–23, using the words from the list and making all necessary changes.

se jeter	couper en morceaux	le traître
assurer	l'œil	nouveau
le long	contraire	creuser
lier	nager	revenir
méditer	l'agilité	le bras
trahir	s'enfoncer	l'outil

Dantès ____ à Faria qu'il n'est pas un ____ et qu'il préfère se faire ____ que de révéler ce que l'abbé lui a dit. L'abbé promet de ____. Le soir, Dantès regarde le porte-clefs d'un ____ étrange et ne lui parle pas pour ne pas ____ son émotion. Le lendemain, l'abbé continue son travail et la masse de terre ____. L'abbé sort du trou avec ____ et Dantès prend cet ami dans ses ____. L'abbé est accusé d'avoir des idées politiques ____ à celles de Napoléon Ier. Il a passé beaucoup de temps à ____ sur la vie, à fabriquer des ____, à ____ le passage. Une ____ vie commence pour les deux prisonniers. Leur plan est de ____ sur une sentinelle et de la ____, puis de descendre ____ du mur extérieur avec une corde et de s'échapper en ____.

Structures

The Use of *c'est* to Emphasize the Subject

Rewrite the following sentences using **c'est** according to the example.

EXAMPLE: Mon plan est de creuser un passage.
Mon plan, c'est de creuser un passage.

1. Mon idée est de creuser un passage.
2. Mon désir est de m'échapper.
3. Son espoir est de s'échapper.
4. Notre bonheur est de retrouver nos amis.

24

Reading Comprehension

Answer the following questions.

1. Comment les deux hommes savent-ils qu'ils sont arrivés sous la galerie?
2. Que se passe-t-il alors?
3. Qu'est-ce que Dantès fait boire à l'abbé?
4. Pourquoi l'abbé ne pourra-t-il pas s'échapper?
5. Que dit-il alors à Dantès?
6. Quelle est la décision de Dantès?
7. Pourquoi Dantès doit-il remplir le passage déjà creusé?

Vocabulary Study

Write sentences of your own with each of the following words and phrases.

avant de + *inf.*	quelque chose de + *adj.*
il est impossible de + *inf.*	le lendemain matin
partir ou rester	demain matin

Structures

Direct and Indirect Object Pronouns with *faire* + Infinitive

Rewrite the following sentences by replacing the words in italics with the appropriate pronoun.

EXAMPLES: If fait boire *l'abbé. (direct obj.)*
*Il **le** fait boire.*

Il fait boire une potion *à l'abbé. (indirect obj.)*
*Il **lui** fait boire une potion.*

1. Le cri fait revenir *Dantès.*
2. Il fait remplir le passage *à Dantès.*
3. Il fait travailler *Dantès* toute la nuit.
4. Il fait faire ce travail *à Dantès.*
5. Il fait fermer le passage *à Dantès.*

25

Reading Comprehension

Answer the following questions.

1. Quel est le papier que l'abbé donne à Dantès?
2. Où est caché le trésor?
3. Où l'abbé a-t-il découvert le vieux manuscrit?
4. De quelle somme se compose le trésor?
5. Pourquoi Dantès veut-il refuser cette fortune?
6. Que répond alors l'abbé?

Vocabulary Study

A. Match up each word in Column 1 with its opposite in Column 2.

1	2
assis	exprès
à gauche	aujourd'hui
entier	l'enfant
par hasard	prisonnier
libre	exactement
environ	à droite
autrefois	la moitié
le père	debout

B. Write sentences of your own with each of the following words and phrases, using one or more in each sentence.

le testament	découvrir
celui-ci	être à + *pronoun*
avril	la monnaie
par hasard	

Structures

A. The Position of *rien* with *sans* + infinitive

Rewrite the following sentences according to the example.

EXAMPLE: Il le regarde. Il ne dit rien.
Il le regarde sans rien dire (without saying anything).

1. Il passe la nuit. Il ne fait rien.
2. Il passe la nuit. Il n'écrit rien.
3. Il passe la nuit. Il n'attend rien.
4. Il passe la nuit. Il n'entend rien.

B. The Position of *jamais* with *si*

Jamais follows **si** immediately.

Si jamais nous quittons l'île, nous serons riches.
If we (should) ever leave the island, we'll be rich.

Rewrite the following sentences according to the example.

EXAMPLE: Nous nous échappons. La moitié du trésor est à vous.
Si jamais nous nous échappons, la moitié du trésor est à vous.

1. Ils sortent de prison. Le trésor est à eux.
2. L'abbé meurt en prison. Il lui laisse toute la fortune.
3. Dantès arrive dans l'île. Le trésor est à lui.
4. Dantès trouve le trésor. Il est à lui.

26

Reading Comprehension

Answer the following questions.

1. Où se trouve l'île de Monte-Cristo?
2. Pourquoi l'abbé Faria appelle-t-il Dantès d'une voix plaintive?
3. Que doit faire Dantès pendant la troisième attaque?
4. Que lui dit l'abbé Faria avant de mourir?

Vocabulary Study

Write sentences of your own with the following words and phrases, using one or more in each sentence.

enlever
crier
prendre la place de quelqu'un
ne … pas encore
encore une fois
sauver la vie de quelqu'un
il reste
la goutte
revenir à + *stress pronoun*
le bonheur
profiter de
souffrir
secouer
s'écrier
retomber

Structures

The Formation of the Future Tense

The verbs contained in the following sentences are in the future. Make a list of the infinitives from which the futures are formed. In the case of irregular forms, try to identify the infinitive from the context.

1. Il passera quelques heures sur l'île.
2. Ils rempliront le passage.
3. Il disparaîtra.
4. Dantès prendra le trésor.
5. Ils n'attendront pas longtemps.
6. L'abbé mourra de l'attaque.
7. Il sera bientôt mort.
8. Dantès le verra mourir.
9. Un autre prisonnier viendra à sa place.
10. Dantès ira à l'île de Monte-Cristo.
11. Il fera tout ce qu'on lui a dit.

12. Il ne reviendra plus à la prison.
13. Il aura une fortune immense.
14. Il pourra faire ce qu'il voudra.

27

Reading Comprehension

Answer the following questions.

1. Comment Dantès sait-il que Faria est mort?
2. Que fait-il alors?
3. Que fait le porte-clefs en arrivant dans le cachot de Faria?
4. Quelles sont les remarques ironiques que font les hommes?
5. Quand viendront-ils chercher le cadavre?

Vocabulary Study

Write sentences of your own with each of the following words and phrases, using one or more in each sentence.

ouvert	voir	le choc
la mort	bien mort	lourd
saisir	le cimetière	onze
être bien temps	le sac	pourquoi faire?

Structures

The Use of the Future Tense after *quand*

When referring to a future event or situation, the future tense is used in the main clause and after **quand.**

Que se passera-t-il *(future tense)* **quand** le porte-clefs verra *(future tense)* l'abbé mort?
*What will happen **when** the jailer sees the dead priest?*

Rewrite the following sentences in the future or in the present, depending on whether the event or situation is future or present.

1. Quand l'abbé ____ (parler) de son trésor, Dantès écoute avec attention.
2. Quand l'abbé ne ____ (parler) plus, Dantès aura peur.

3. Quand le porte-clefs arrivera dans le cachot, il ____ (crier) à l'aide.
4. Quand les hommes ____ (venir) chercher le cadavre, Dantès entendra le bruit de leurs pas.
5. Quand un prisonnier est mort au Château d'If, on lui ____ (faire) les honneurs du sac.
6. Quand Dantès trouvera le trésor de Monte-Cristo, il ____ (pouvoir) commencer une nouvelle vie.
7. Il pensera à son vieil ami quand il ____ (se venger) des traîtres.
8. Quand Dantès sera vengé, l'abbé Faria ____ (être) vengé aussi.

28–29

Reading Comprehension

Answer the following questions.

1. Expliquez: «les honneurs du sac».
2. Quel est le plan de Dantès pour sortir de prison vivant?
3. Que fait-il du cadavre?
4. Comment referme-t-il le sac?
5. Que portent les hommes qui arrivent à onze heures?
6. Que font-ils avec le sac?
7. Qu'est-ce qu'ils attachent aux pieds de Dantès?
8. Que peut entendre Dantès quand la porte s'ouvre?
9. Comment les hommes le jettent-ils dans la mer?
10. Expliquez: «La mer est le cimetière du Château d'If.»

Vocabulary Study

A. Vocabulary Usage

Write sentences of your own with each of the following words or phrases.

sentir
se sentir
prendre quelqu'un ou quelque chose par le bout / la tête / la main / les pieds
encore + *expression of quantity*

B. The Meaning of *venir* + infinitive and *venir de* + infinitive

Translate the following sentences.

EXAMPLE: Il vient manger. *He comes to eat.*
Il vient de manger. *He has just eaten.*

1. Les rats viennent manger sur la table.
2. Les rats viennent de manger sur la table.
3. Les autres hommes viennent aider le porte-clefs.
4. Les autres hommes viennent d'aider le porte-clefs.

1–29

Communicative Activities

A. «Si jamais Dantès arrive à s'échapper de prison...» On your own, using the future tense, come up with a list of five things Dantès will do if he escapes. Compare your list with your partner's. Explain your choices and discuss which are the best two ideas to share with the rest of the class.

B. Prepare one of the topics listed below to be discussed in class. You should be ready to quote lines from the text in support of the views expressed.

   1. La transformation psychologique de Dantès. Comment est-il et que fait-il, seul et sans espoir? Comment est-il et que fait-il en présence d'un autre prisonnier avec qui il peut parler et faire des projets d'évasion?
   2. *Dantès* est un épisode tiré du célèbre roman d'Alexandre Dumas, *Le Comte de Monte-Cristo*. Indiquez les raisons pour lesquelles vous aimez—ou n'aimez pas—cet épisode en étudiant les principaux éléments du roman d'aventures, comme l'action rapide, la variété et le caractère dramatique des situations, l'énergie physique et spirituelle des acteurs principaux, les thèmes universels de la condition humaine, le vocabulaire simple et direct.

Review Exercises

Review the vocabulary and the grammar points covered in Part One. Then rewrite each sentence with the correct form of the words in parentheses.

L'inspecteur demande au gouverneur s'il n'a pas ____ (*article* + **autre**) prisonniers. Le gouverneur ____ (*pronoun replacing* **à l'inspecteur**) répond qu'il y a des prisonniers dangereux comme Dantès. Ils descendent ____ (*pronoun replacing* **Dantès**) voir dans son cachot. Ils ____ (*pronoun replacing* **dans son cachot**) trouvent Dantès qui ____ **(être)** en prison ____ *(preposition)* 1815. Il est humble, il ____ **(ne … plus être)** furieux. Après ____ (*past infinitive of* **visiter**) ce cachot, les deux hommes vont dans celui d'un autre prisonnier. L'abbé Faria croit qu'il est millionnaire ____ (*replace* **croire que** *with* **se croire**). Il demande à l'inspecteur de ____ (*pronoun replacing* **à l'abbé**) parler en secret. L'inspecteur refuse. «Vous me refusez la liberté. Dieu me ____ (*pronoun replacing* **la liberté**) donnera. Je ____ *(insert personal pronoun)* maudis.» Les mois passent. On change ____ *(preposition)* gouverneur, on change *(preposition)* ____ porte-clefs. Dantès demande l'air, la lumière, ____ *(article)* livres, ____ *(article)* instruments mais rien ne est accordé ____ (*insert pronoun replacing* **à Dantès**). Il décide de se suicider en ____ (*present participle of* **se laisser**) mourir ____ *(preposition)* faim. Mais un jour, au moment où il ____ (*use immediate future construction with* **mourir**), il entend un bruit. C'est peut-être un ouvrier. Il faut que Dantès ____ **(réfléchir)**: si c'est un ouvrier, il ____ **(n'avoir qu'à)** frapper. Il frappe trois ____ *(noun),* puis écoute, mais le bruit ____ (*use immediate past construction with* **s'arrêter**). Edmond boit de l'eau ____ (*replace* **de l'** *with* **un peu d'**) et ____ (*insert* **toujours / écouter**). Finalement, il entend quelqu'un. Alors lui aussi commence à travailler. Il est nécessaire ____ *(preposition)* avoir des instruments. Il ____ ____ *(verb)* sa cruche par terre. Il ____ (*future tense of* **dire**) au porte-clefs qu'elle ____ (**passé composé** *of* **se casser**) en ____ (*present participle of* **tomber**).

Online Study Center
Improve Your Grade

Part Two

Part Two is devoted to a different genre: the theater, with a one-act comedy by Tristan Bernard (1866–1947), *L'Anglais tel qu'on le parle*. It has enjoyed tremendous success over the years and continues to be performed on French stages today. It is a light and lively play, which progresses at a fast pace through a series of very funny situations. It is about the linguistic difficulties of a self-styled interpreter who knows only French, and the sentimental difficulties of an Anglo-French pair of lovers. This play will certainly appeal to the struggling foreign language students who will be able to laugh at the phony and yet resourceful interpreter, and to empathize with the young couple's real but short plight.

The play appears here as originally written. It provides students with an excellent opportunity to practice conversational French in everyday situations.

Study Guide

The following suggestions will help you in your reading of *L'Anglais tel qu'on le parle* and in preparing for class activities.

1. Glance over the vocabulary exercises before reading the play, particularly those dealing with the familiar phrases used in daily life.
2. Be sure to review the subjunctive and the use of adverbs and adjectives.
3. Try to guess the general meaning of each line within its situational context before you verify your understanding by means of the footnotes and vocabulary. Reread the scenes aloud with the aid of the footnotes when necessary.
4. Get prepared for the *Communicative Activities*. Write down the lines

spoken by the characters and practice them aloud several times in order to improve your conversational skill. When taking part in performing one of the scenes rehearse your part thoroughly and make an effort to speak in a natural way.

5. Prepare in advance the topics for discussion. Write down your thoughts and practice stating and supporting your opinions aloud several times in order to improve your oral proficiency.

L'Anglais tel qu'on le parle[1]

TRISTAN BERNARD

Personnages	Eugène	Un garçon[2]
	Hogson	Un agent de police
	Un inspecteur	La caissière[3]
	Julien Cicandel	Betty

Eugène: *Interprète. Homme de trente ans, petit, assez gros, nerveux; quand il parle, il s'exprime d'une façon très vive,*[4] *en faisant des gestes avec la tête, les mains et les épaules, tout à la fois.*[5] *Cela le rend assez drôle, surtout qu'il se croit très adroit.*[6] *Cependant, il ne manque pas d'humour.*

Hogson: *Père de Betty. Un Anglais de cinquante ans, grand, distingué, et habillé avec grand soin.*

Julien Cicandel: *Un Français, jeune et beau, à la mode,*[7] *une canne à la main, etc. Il parle l'anglais avec un accent tout parisien, en faisant de petits gestes expressifs.*

L'inspecteur: *Homme brusque, sans humour, qui se prend au sérieux et qui laisse voir une grande confiance en lui-même.*[8]

Le garçon: *Il porte une blouse*[9] *bleue, avec un mouchoir autour du cou. Il a l'air intelligent, vif et un peu rusé.*[10]

Betty: *Une jeune Anglaise, jolie et blonde. Elle semble toujours inquiète, même effrayée.*[11] *D'abord, elle porte un costume de voyage,*[12] *puis une robe de ville.*

La caissière: *Une jeune Française, habillée en noir, d'un air chic et important.*

Tous les costumes sont modernes. La scène[13] *représente le vestibule d'un petit hôtel, à Paris. À droite, une porte au premier plan.*[14] *Au fond,*[15] *un couloir d'entrée,*[16] *avec sortie à droite et à gauche. Au premier plan, à gauche, une porte; au second plan, une sorte de comptoir, en angle,*[17] *avec un casier*[18] *pour les clefs des chambres. Affiches de chemin de fer*[19] *illustrées, un peu partout. Horaires*[20] *de trains et de bateaux. Au premier plan, à droite, une table; sur la table, des journaux, des livres et un appareil téléphonique.*

---

[1]**tel qu'on le parle** as it is spoken. [2]**garçon** porter. [3]**caissière** cashier. [4]**vif (vive)** lively. [5]**tout à la fois** all at once. [6]**adroit** clever. [7]**à la mode** stylish. [8]**laisse voir … lui-même** shows a great deal of confidence in himself. [9]**blouse** smock. [10]**rusé** sly. [11]**effrayé** frightened. [12]**costume de voyage** traveling dress. [13]**scène** stage. [14]**au premier plan** in the foreground. [15]**au fond** in the back. [16]**couloir d'entrée** entrance hall. [17]**comptoir, en angle** counter standing at an angle. [18]**casier** set of pigeonholes. [19]**affiche de chemin de fer** railroad poster. [20]**horaire** timetable.

Scène 1

Julien, Betty, Le garçon, La caissière

Julien: *(au garçon)* Il nous faudrait deux chambres.

Le garçon: Je vais le dire à madame.

Julien: Y a-t-il un bureau de poste près d'ici?

Le garçon: Il y a un bureau de poste, place de la Madeleine. Monsieur a-t-il quelque chose à y faire porter?

Julien: *(comme à lui-même)* J'ai un télégramme pour Londres… Non, je préfère y aller moi-même. *(Le garçon sort.)*

Betty: My dear, I should like a room exposed to the sun.

Julien: Yes, my dear.

Betty: I am very tired. My clothes are dirty.

Julien: Il faut vous habituer à[21] parler français. Nous nous ferons moins remarquer.[22]

Betty: Oh! je sais si peu bien parler français.

Julien: Mais non, vous savez très bien. Seulement, il faut vous habituer à le faire.

La caissière: Monsieur désire?

Julien: *(à la caissière)* Deux chambres, pas trop loin l'une de l'autre.

La caissière: Nous avons le 11 et le 12. C'est au deuxième étage.[23]

Julien: Le 11 et le 12.

La caissière: Monsieur veut-il écrire son nom?

Julien: Ah! oui, le registre… Écrivez M. et Madame Philibert.

La caissière: Voulez-vous attendre un instant? Je vais faire préparer les chambres. *(Elle sort.)*

Betty: *(à Julien)* Oh? monsieur Phéléber! Oh! madame Phéléber! Oh! Oh!

---

[21]**s'habituer à** to get used to. [22]**Nous nous ferons moins remarquer** We won't be noticed so much. [23]**deuxième étage** third floor.

Julien: Eh bien, oui, je ne peux pas donner nos véritables noms. Si j'avais dit M. Julien Cicandel et mademoiselle Betty Hogson! Vous dites que votre père connaît cet hôtel et qu'il est fichu de venir nous relancer.[24]

Betty: Il est fichu de nous relancer?...

Julien: Oui, il est capable de nous suivre et de nous chasser... ce qui serait bien drôle, n'est-ce pas?

Betty: C'est une abominable chose.[25] Vous avez parlé plus que deux fois[26] de cet hôtel à la maison. Il a beaucoup mémoire.[27] Il doit se souvenir ce mot:[28] Hôtel de Cologne. C'est facile se souvenir[29]... Et puis je vais vous dire encore une terrible chose[30]... Je crois que je l'ai vu, tout à l'heure, mon père! J'ai vu de loin son chapeau gris.

Julien: Il y a beaucoup de chapeaux gris à Paris.

Betty: J'ai reconnu le paternel chapeau.[31]

Julien: La voix du sang... Tu dis des bêtises.

Betty: Des bêtises?... *(tendrement)* My dear.

Julien: Ne dis pas: my dear. Dis-moi: petit chéri.

Betty: *(avec tendresse)* Petit chéri!... Petit chéri! Oh! je voudrais je fusse mariée[32] bientôt avec toi. Nous avons fait une terrible chose,[33] de partir comme ça tous les deux.

Julien: Il fallait bien. C'était le seul moyen de faire consentir votre père.

Betty: Mais si votre patron[34] avait voulu... comment vous disiez?[35]... to take as a partner?

Julien: Associer.

Betty: *(avec soin)* As-so-cier... mon papa aurait... comment vous disiez?... consenti me marier contre vous.[36]

---

[24]**il est fichu ... relancer** he is quite capable of hunting us down. [25]**C'est une abominable chose** (*instead of* **C'est abominable**). [26]**Vous avez parlé plus que deux fois** (*instead of* ***Vous*** **avez parlé plus de deux fois**). [27]**Il a beaucoup mémoire** (*instead of* **Il a une bonne mémoire**). [28]**se souvenir ce mot** (*instead of* **se souvenir de ce mot**). [29]**C'est facile se souvenir** (*instead of* **Il est facile de s'en souvenir**). [30]**encore une terrible chose** (*instead of* **encore quelque chose de terrible**). [31]**le paternel chapeau** (*instead of* **le chapeau de mon père**). [32]**je voudrais je fusse mariée** (*instead of* **je voudrais être mariée**). [33]**une terrible chose** (*instead of* **une chose terrible**). [34]**patron** boss. [35]**comment vous disiez** (*instead of* **comment dit-on**). [36]**consenti me marier contre vous** (*instead of* **consenti à ce que je me marie avec vous**).

Julien: Je le sais. Mais mon patron n'a pas voulu m'associer; il veut prendre son temps. Il me dit: Nous verrons dans trois mois. Votre père veut me faire attendre aussi jusqu'à ce que je sois associé. Zut! Il a fallu employer les grands moyens.[37]

Betty: Vous deviez[38]… quitter tout de suite votre patron. Vous deviez lui dire: «Vous voulez pas me associer[39]… je pars!» Voilà.

Julien: Oui, mais je n'ai pas de poste. S'il m'avait pris au mot,[40] s'il avait accepté, je me serais trouvé le bec dans l'eau.[41]

Betty: Votre bec dans l'eau?… Oh! pourquoi votre bec dans l'eau?… *(riant)* Oh! monsieur Phéléber!

Julien: Et puis je devais venir en France au compte de la maison, qui me fait trois mille francs de frais.[42] Comme ça, les frais de l'enlèvement seront au compte de la maison.[43]

Betty: Oui, mais puisque vous êtes à Paris… au compte de la maison… vous serez obligé me quitter[44] pour des affaires.

Julien: De temps en temps, j'aurai une course[45]… ça ne sera pas long. Et puis, il vaut mieux se quitter de temps en temps; si on était toujours ensemble sans se quitter, on finirait par s'ennuyer.[46] Il vaut mieux se quitter quelques instants, et se retrouver ensuite.

Betty: Oh! moi, je me ennuie pas[47] avec vous.

Julien: Eh bien alors, disons que je n'ai rien dit. Je ne m'ennuie pas non plus. Voyez-vous? J'ai toujours peur que vous vous ennuyiez. Mais du moment que[48] vous ne vous ennuyez pas, je ne m'ennuierai pas non plus… [49] Je vais vous quitter pendant une demi-heure… Je vais aller au bureau de poste télégraphier à mon patron, et puis j'irai voir un client rue du Quatre-Septembre… une petite course de vingt minutes…

Betty: *(effrayée)* Oh! mais vous me laissez seule! Si je voulais demander quelque chose?

---

[37]**Zut! … moyens** Darn it! I had to take extreme measures. [38]**vous deviez** (*instead of* **vous auriez dû**). [39]**Vous voulez … associer** (*instead of* **Vous ne voulez pas m'associer**). [40]**prendre au mot** to take at one's word. [41]**le bec dans l'eau** in the lurch. [42]**au compte … frais** at the expense of the firm that pays me three thousand francs in business expenditures. [43]**les frais … maison** the firm will be responsible for the elopement costs. [44]**obligé me quitter** (*instead of* **obligé de me quitter**). [45]**course** errand. [46]**s'ennuyer** to get bored. [47]**je me ennuie pas** (*instead of* **je ne m'ennuie pas**). [48]**du moment que** seeing that. [49]**pas non plus** not either.

Julien: Mais vous parlez très bien le français. *(Entre la caissière.)*

Betty: Je peux parler français seulement avec ceux qui sait aussi anglais, à cause je sais qu'ils puissent me repêcher[50] si je sais plus.[51] Mais les Français, j'ai peur de ne plus tout à coup savoir,[52] et je ne parle pas.

Julien: En tout cas,[53]... *(à la caissière)* il y a un interprète ici?

La caissière: Mais oui, monsieur, il y a toujours un interprète. Il va arriver tout à l'heure.[54] Il sera à votre service. Les chambres sont prêtes.

Julien: *(à Betty)* Je vais vous conduire à votre chambre et j'irai ensuite au bureau de poste. *(Ils sortent par la gauche.)*

Scène 2

La caissière, Le garçon, puis Eugène

La caissière: Charles, qu'est-ce qui se passe?[55] Pourquoi l'interprète n'est-il pas arrivé?

Le garçon: M. Spork? Vous ne vous rappelez pas qu'il ne vient pas aujourd'hui? C'est le divorce de sa sœur. Toute la famille dîne au restaurant, à Neuilly. Mais, M. Spork a envoyé quelqu'un pour le remplacer. Il vient d'arriver. Le voilà dans le couloir.

La caissière: Dites-lui de venir. *(Le garçon va au fond dans le couloir et fait un signe à droite. Eugène entre lentement et salue.)* C'est vous qui venez remplacer M. Spork? *(Eugène fait un signe de tête.)* On vous a dit les conditions. Six francs pour la journée. C'est un bon prix. Le patron veut absolument qu'il y ait un interprète sérieux. Vous n'avez rien d'autre à faire qu'à rester ici et à attendre les étrangers.[56] Vous avez compris? *(Eugène fait signe que oui. La caissière sort un instant à gauche.)*

Eugène: *(au garçon, après avoir regardé tout autour de lui)* Est-ce qu'il vient beaucoup d'étrangers ici?[57]

---

[50]**repêcher** to rescue. [51]**ceux qui sait ... plus** (*instead of* **ceux qui savent aussi l'anglais, parce que je sais qu'ils pourront me repêcher si je ne sais plus**). [52]**j'ai peur de ne plus tout à coup savoir** (*instead of* **j'ai peur de tout oublier brusquement**). [53]**En tout cas** at any rate. [54]**tout à l'heure** shortly. [55]**qu'est-ce qui se passe?** what's happening? [56]**étranger** foreigner. [57]**Est-ce qu'il vient beaucoup d'étrangers?** Do many foreigners come?

Le garçon: Comme ci comme ça.[58] Ça dépend des saisons. Il vient pas mal[59] d'Anglais.

Eugène: *(inquiet)* Ah!... Est-ce qu'il en vient beaucoup en ce moment?

Le garçon: Pas trop en ce moment.

Eugène: *(satisfait)* Ah!... Et pensez-vous qu'il en vienne aujourd'hui?

Le garçon: Je ne peux pas dire. Je vais vous donner votre casquette. *(Il lui apporte une casquette avec l'inscription* INTERPRETER. *Puis il sort.)*

Eugène: *(lisant l'inscription)* In-ter-pre-terr!... *(Il met la casquette sur sa tête.)* Voilà! J'espère qu'il ne viendra pas d'Anglais! Je ne sais pas un mot d'anglais, pas plus que d'allemand... d'italien, d'espagnol... de tous ces dialectes! C'est cependant bien utile pour un interprète... Ça m'avait un peu fait hésiter pour accepter ce poste. Mais, je ne roule pas sur l'or. Je prends ce qui se trouve.[60] En tout cas, je désire vivement qu'il ne vienne pas d'Anglais, parce que notre conversation manquerait d'animation.

La caissière: *(entrant)* Dites donc![61] j'ai oublié de vous demander quelque chose d'assez important. Il y a des interprètes qui parlent comme ci comme ça plusieurs langues, et qui savent à peine[62] le français. Vous savez bien le français?

Eugène: Parfaitement!

La caissière: C'est parce que tout à l'heure[63] vous ne m'aviez pas répondu et, voyez-vous, j'avais peur que vous sachiez mal notre langue.

Eugène: Oh! Vous pouvez avoir l'esprit tranquille,[64] madame. Je parle admirablement le français.

La caissière: *(satisfaite)* En tout cas, nous n'avons pas beaucoup d'étrangers en ce moment. *(une sonnerie*[65]*)* Ah! le téléphone! *(Elle va jusqu'à la table de droite. À l'appareil,*[66] *après un silence)* On téléphone de Londres. *(Eugène, qui reste debout devant le comptoir, ne bouge pas. Elle regagne son comptoir.)* Eh bien, on téléphone de Londres! On téléphone en anglais! Allez à l'appareil!

---

[58]**comme ci comme ça** so-so. [59]**pas mal** quite a lot. [60]**je ne roule ... trouve** I'm not rolling in money. I take what's available. [61]**Dites donc!** Listen! [62]**à peine** hardly. [63]**tout à l'heure** just now. [64]**avoir l'esprit tranquille** to rest assured. [65]**sonnerie** ringing. [66]**appareil** telephone.

Eugène: *(Il va lentement à l'appareil et prend les récepteurs.)*[67] Allô!... Allô! *(au public, avec désespoir*[68]*)* Ça y est![69] des Anglais! *(Un silence. Au public)* Je n'y comprends rien, rien! *(dans le récepteur)* Yes! Yes!

La caissière: *(de son comptoir)* Qu'est-ce qu'ils disent?

Eugène: Qu'est-ce qu'ils disent? Des bêtises... des choses de bien peu d'intérêt.

La caissière: Après tout, ils ne téléphonent pas de Londres pour dire des bêtises.

Eugène: *(dans l'appareil)* Yes! Yes! *(À la caissière, d'un air embarrassé)* Ce sont des Anglais... ce sont des Anglais qui désirent des chambres. Je leur réponds: Yes! Yes!

La caissière: Mais enfin,[70] il faut leur demander plus de détails. Combien de chambres leur faut-il?

Eugène: *(avec assurance)* Quatre.

La caissière: Pour quand?

Eugène: Pour mardi prochain.

La caissière: Pour mardi prochain?... À quel étage?

Eugène: Au premier.

La caissière: Dites-leur que nous n'avons que deux chambres au premier pour le moment, que la troisième ne sera libre que jeudi le 15. Mais nous leur en donnerons deux belles au second.

Eugène: Faut-il que je leur dise tout ça?

La caissière: Mais oui... dépêchez-vous... *(Il hésite.)* Qu'est-ce que vous attendez?

Eugène: *(au public)* Eh bien, tant pis![71] *(en donnant de temps en temps des coups d'œil*[72] *à la caissière)* Manchester, chapeau-chapeau, Littletich, Régent Street. *(Silence. Au public)* Oh! les mauvais mots qu'ils me disent là-bas. *(Il remet le récepteur. Au public.)* Zut! C'est fini! S'ils croient que je vais me laisser insulter comme ça pendant une heure.

---

[67]**récepteur** receiver. [68]**désespoir** despair. [69]**Ça y est!** Now I'm in for it! [70]**mais enfin** but still. [71]**tant pis** too bad. [72]**donner des coups d'œil** to look at.

La caissière: Il faut que ce soit des gens chics.[73] Il paraît que[74] pour téléphoner de Londres, ça coûte dix francs les trois minutes.

Eugène: Dix francs les trois minutes, combien est-ce que ça fait l'heure?

La caissière: *(après avoir réfléchi un moment)* Ça fait deux cents francs l'heure. *(Elle sort.)*

Eugène: Je viens d'être insulté à deux cents francs l'heure… J'avais déjà été insulté dans ma vie, mais jamais à deux cents francs l'heure… Comme c'est utile cependant de savoir les langues! Voilà qui prouve mieux que n'importe quel argument la nécessité de savoir l'anglais! Je voudrais avoir ici tout le monde et en particulier les interprètes, et leur recommander au nom de Dieu d'apprendre les langues! Au lieu de nous laisser vieillir sur les bancs de nos écoles, à apprendre le latin,[75] une langue morte, est-ce que nos parents ne feraient pas mieux… Je ne parle pas pour moi, puisque je n'ai jamais appris le latin… Allons! espérons que ça va bien se passer tout de même![76] *(Il s'appuie[77] contre le comptoir et regarde vers la gauche. Hogson arrive par le fond à droite. Il va poser sa valise sur une chaise à gauche de la table de droite. Il s'approche ensuite d'Eugène qui ne l'a pas vu et continue à lui tourner le dos.)*

Scène 3

Eugène, Hogson, La caissière

Hogson: Is this the Hôtel de Cologne?

Eugène: *(se retournant)* Yes! Yes! *(Il retourne sa casquette sur sa tête pour que l'inscription* «interpreter» *ne soit pas vue de l'Anglais).*

Hogson: Very well. I want to ask the landlady if she has not received a young gentleman and a lady.

Eugène: Yes! Yes! *(Il recule jusqu'à la porte de gauche, premier plan, et disparaît.)*

Hogson: *(au public)* What is the matter with him? I wish to speak to the interpreter… Where is he?… *(gagnant le fond[78])* Interpreter! Interpreter!…

---

[73]**gens chics** people with class. [74]**il paraît que** apparently. [75]**au lieu de … latin** instead of letting us waste our time at school learning Latin. [76]**Allons! … même!** Well! Let's hope that everything will be all right just the same! [77]**s'appuyer** to lean. [78]**gagnant le fond** going upstage.

La caissière: *(arrivant par la gauche)* Qu'est-ce qu'il y a? Qu'est-ce que ça veut dire?[79]

Hogson: Oh! good morning, madam! Can you tell me if master Cicandel is here?

La caissière: Cécandle?

Hogson: Cicandel?

La caissière: C'est le nom d'un voyageur... Nous n'avons pas ici de Cécandle. *(remuant la tête)* Non! non!

Hogson: Now look here! Have you received this morning a young gentleman and a young lady?

La caissière: *(souriante et un peu effrayée)* Ah! je ne comprends pas. Interprète! Interprète! Mais où est-il donc? Qu'est-ce qu'il est devenu? *(au garçon qui vient)* Vous n'avez pas vu l'interprète?

Le garçon: Il était là tout à l'heure.

Hogson: *(cherchant dans un petit dictionnaire)* Commissaire... police... here. *(Il fait un signe pour dire:* «ici».*)*

Le garçon: *(s'appuyant contre le comptoir. À la caissière.)* En tout cas, il ne parle pas français... Qu'est-ce qu'il dit?

La caissière: Je crois qu'il voudrait un commissaire de police. *(à l'Anglais, en criant, et en lui montrant le fond)* Tout près d'ici!

Hogson: *(faisant signe de ramener*[80] *quelqu'un)* Commissaire police... here!

Le garçon: Moi, je n'y comprends rien![81] Qu'est-ce qu'il dit?

La caissière: Je crois qu'il voudrait qu'on fasse venir ici le commissaire de police.

Hogson: *(tendant une pièce d'or au garçon)* Commissaire... police... Come here...

Le garçon: Il m'a donné dix francs.

---

[79]**Qu'est-ce qu'il y a? ... dire?** What's the matter? What does this mean? [80]**ramener** to bring back. [81]**n'y rien comprendre** not to understand at all.

La caissière: Ça vaut douze francs cinquante ce qu'il vous a donné[82]... Eh bien, écoutez! Trottez-vous[83] jusqu'au bureau du commissaire. Vous lui ramènerez un inspecteur. Il lui dira ce qu'il a à lui dire.

Le garçon: Mais il ne sait pas le français.

La caissière: Nous avons l'interprète.

Hogson: Now I want a room.

La caissière: Ça veut dire: chambre, ça. On va vous en donner une, de room. *(au garçon)* Conduisez-le au 17 en passant. *(Elle prend une clef dans le casier et la lui donne.)*

Hogson: *(au moment de sortir par la porte de droite, premier plan)* Take my luggage.

Le garçon: *(sans comprendre)* Oui, monsieur.

Hogson: Take my luggage.

Le garçon: Parfaitement!

Hogson: *(en se fâchant)* Take my luggage. *(Il montre sa valise. Le garçon la prend avec colère.)* What is the matter with this fellow? I don't like repeating twice... Now then, follow me. *(Ils sortent par la droite.)*

La caissière: Où est donc cet interprète? *(Elle sort par le fond à droite. Entrent par le fond à gauche Betty et Julien)*

Scène 4

Betty, Julien

Betty: Alors, vous partez! Vous ne resterez pas longtemps?

Julien: Je vais jusqu'au bureau de poste.

Betty: J'ai si peur! Avez-vous entendu crier tout à l'heure? Je pense c'était[84] la voix de mon père.

---

[82]**Ça vaut douze francs cinquante ...** (The porter mistakes the coin for a ten-franc piece; a half-sovereign, it was worth more.) [83]**Trottez-vous** Run. [84]**je pense c'était** (*instead of* **je crois que c'était**).

Julien: Mais non, mais non. C'est une obsession. Ce matin c'était son chapeau gris que vous aviez aperçu. Maintenant c'est sa voix que vous croyez entendre! Allons, au revoir.

Betty: Au revoir, my dear.

Julien: Dites: petit chéri.

Betty: Petit chéri. *(Elle rentre à gauche. Il sort par la droite.)*

Scène 5

Eugène, La caissière, puis Hogson, puis L'inspecteur

Eugène: *(Peu après, se glisse sur la scène, en rentrant, premier plan, à gauche. Il a toujours sa casquette à l'envers.[85])* Personne!… Et il n'est que dix heures et demie. Ah! si l'on croit que je vais rester ici jusqu'à ce soir, à minuit! *(allant au fond consulter une affiche en couleur)* Voyons l'horaire. Il n'arrive pas de train de Londres avant sept heures. Je vais être presque tranquille, alors, jusqu'à sept heures.

La caissière: *(entrant au deuxième plan, à droite)* Interprète! Ah! vous voilà! Où étiez-vous donc tout à l'heure?

Eugène: J'étais parti… j'étais très pressé… j'avais entendu crier: au secours![86] au secours!… en espagnol, vous savez… mais je m'étais trompé, ce n'était pas ici.

La caissière: Vous étiez si pressé que vous aviez mis votre casquette à l'envers.

Eugène: *(touchant sa casquette)* Oui! Oui!

La caissière: Eh bien, qu'est-ce que vous attendez pour la remettre à l'endroit?[87]… Remettez-la… Essayez de ne plus bouger maintenant. *(Il s'assied devant le comptoir, où la caissière regagne sa place.[88])* Il va venir un Anglais qui ne sait pas un mot de français… Il a demandé un inspecteur de police… Je ne sais pas ce qu'il veut…

Eugène: *(à lui-même)* Moi non plus. Il y a des chances pour que je ne le sache jamais.

---

[85]**à l'envers** on backwards. [86]**au secours!** help! [87]**remettre à l'endroit** to put back on frontwards. [88]**regagner sa place** to go back to her place.

Voix de Hogson: *(à droite)* Look here, waiter!... waiter!... Give us a good polish on my patent leather boots and bring us a bottle of soda water!

Eugène: Oh! quel jargon! quel jargon! Où est le temps où la langue française était universellement connue à la surface de la terre? Il y a cependant une société pour la propagation de la langue française. Qu'est-ce qu'elle fait donc?

Hogson: *(entrant par la droite, premier plan, en même temps que l'inspecteur entre par le fond)* Well, what about that Inspector?

L'inspecteur: Hein! Qu'est-ce qu'il y a? C'est ce monsieur qui me demande! Eh bien! Vous n'avez pas peur. Vous ne pourriez pas vous déranger[89] pour venir jusqu'au bureau?

Hogson: Yes!

L'inspecteur: Il n'y a pas de «Yes»! C'est l'usage.[90]

Hogson: Yes!

L'inspecteur: Je vois que vous êtes un homme bien élevé. Alors, une autre fois, il faudra vous conformer aux habitudes du pays, n'est-ce pas?

Hogson: Yes!

L'inspecteur: *(à la caissière)* Allons! Il n'est pas difficile.[91]

La caissière: Il ne sait pas un mot de français.

L'inspecteur: Et moi je ne sais pas un mot d'anglais... Nous sommes faits pour nous entendre.

La caissière: *(à Eugène qui a gagné le fond sans être vu)* Interprète!

Eugène: *(s'arrêtant court)* Voilà!...

L'inspecteur: Faites-lui raconter son affaire.[92] *(Eugène s'approche de Hogson.)*

Hogson: *(regardant la casquette d'Eugène—avec satisfaction)* Oh! Interpreter!...

Eugène: Yes! Yes!

---

[89]**se déranger** to take the trouble. [90]**C'est l'usage** That's the custom. [91]**difficile** hard to please. [92]**Faites-lui raconter son affaire** Have him tell his story.

Hogson: Tell him I am James Hogson, from Newcastle-on-Tyne… Tell him!… I have five daughters. My second daughter ran away from home in company with a young gentleman, master Cicandel… Tell him. *(Eugène continue à le regarder sans bouger.)* Tell him!… *(se fâchant)* Tell him, I say!

L'inspecteur: Qu'est-ce qu'il dit? Je n'y comprends rien.

Eugène: Voilà… c'est très compliqué… c'est toute une histoire…[93] Ce monsieur est Anglais…

L'inspecteur: Je le sais.

Eugène: Moi aussi. Il vient pour visiter Paris comme tous les Anglais.

L'inspecteur: Et c'est pour ça qu'il fait chercher le commissaire?

Eugène: Non… attendez!… attendez!… Laissez-moi le temps de dire ce qu'il a dit.

Hogson: Oh! tell him also this young man is a Frenchman and a clerk in a banking house of Saint James Street.

Eugène: Précisément!… *(à l'inspecteur)* Pourquoi un Anglais à peine arrivé à Paris peut-il avoir besoin d'un commissaire? *(embarrassé)* Pour un vol[94] de… de portefeuille.[95] *(Une idée lumineuse lui vient soudain.)* Voilà, Monsieur descend du train…

Hogson: Tell him that the young gentleman…

Eugène: *(à Hogson, en faisant un geste de la main de lui fermer la bouche)* Ferme! *(à l'inspecteur)* Monsieur descend du train à la gare du Nord[96] quand un homme le pousse et lui prend son portefeuille. *(l'inspecteur fait quelques pas vers la gauche pour prendre des notes.)*

Hogson: *(approuvant ce que vient de dire Eugène)* Yes!… Very well… yes…

Eugène: *(étonné)* Yes?… Eh bien, mon vieux,[97] tu n'es pas difficile… *(Il gagne le fond avec précaution. Hogson s'approche de l'inspecteur, en tirant son portefeuille.)*

L'inspecteur: *(étonné)* Vous avez donc deux portefeuilles?[98] *(à l'interprète)* Il avait donc deux portefeuilles!

---

[93]**c'est toute une histoire** it's a long story. [94]**vol** theft. [95]**portefeuille** wallet. [96]**gare du Nord** North Station (one of the railroad stations in Paris). [97]**mon vieux** old chap. [98]**Vous avez donc deux portefeuilles?** So you have two wallets?

Eugène: Toujours! toujours!... les Anglais.

Hogson: *(tendant son portefeuille à l'inspecteur)* That is the likeness, the young man's photo... photograph!

L'inspecteur: *(étonné)* La photographie de votre voleur?

Hogson: Yes!

L'inspecteur: Ils sont étonnants, ces Anglais!... un inconnu les pousse dans la gare ou dans la rue et vole leur portefeuille. Ils ont déjà sa photographie... *(après réflexion)* Mais comment a-t-il fait cela?

Eugène: Je ne vous ai pas dit que l'homme qui l'a poussé était un homme qu'il connaissait très bien?

L'inspecteur: Non! Comment s'appelle-t-il? Demandez-le-lui.

Eugène: Il faut que je lui demande? Il m'a déjà dit son nom... Il s'appelle... John... John... *(Il pousse une sorte de gloussement.)*[99] Lroukx.

L'inspecteur: Comment est-ce que ça s'écrit?

Eugène: Comment est-ce que ça s'écrit?... W... K... M... X...

L'inspecteur: Comment prononcez-vous cela?

Eugène: *(poussant un autre gloussement)* Crouic!

L'inspecteur: Enfin![100] J'ai pas mal de renseignements.[101] Je vais commencer des recherches actives.

Eugène: Oui! oui! allez. *(montrant l'Anglais)* Il est très fatigué. Je crois qu'il va aller se coucher.

L'inspecteur: Je m'en vais. *(à l'Anglais)* Je vais commencer d'actives recherches. *(Il sort.)*

---

[99]**gloussement** cluck. [100]**Enfin!** Well! [101]**pas mal de renseignements** lots of information.

Exercises

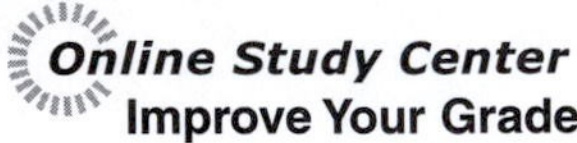

Scènes 1–5

Reading Comprehension

Answer the following questions.

1. Pourquoi Julien ne donne-t-il pas leurs véritables noms à la caissière?
2. Comment s'appelle l'hôtel où Julien et Betty sont descendus?
3. Pourquoi Julien et Betty ne peuvent-ils pas se marier?
4. Pourquoi l'interprète habituel n'est-il pas là?
5. Montrez qu'Eugène a peur de sa fonction d'interprète.
6. Que se passe-t-il quand on téléphone de Londres?
7. Que dit Eugène au sujet des langues à apprendre?
8. Que fait Eugène pour ne pas avoir à parler à Hogson?
9. Pourquoi Hogson donne-t-il une pièce d'or au garçon?
10. Pourquoi Betty a-t-elle peur quand Julien part pour la poste?
11. Qu'est-ce que Hogson veut dire à l'inspecteur?
12. Quel scénario Eugène invente-t-il?
13. Pourquoi l'inspecteur est-il étonné de voir la photo?
14. Quel nom Eugène invente-t-il?

Vocabulary Study

A. Write a definition for each of the following words or phrases.

la caissière
le garçon (d'hôtel)
un étranger
faire porter la valise
un horaire

B. Write sentences of your own with the following words or phrases using one or more in each sentence.

le casier avec les clefs
une affiche de chemin de fer
le premier étage = *second floor*
le deuxième étage = *third floor*
être libre ou prêt

C. Rewrite each of these sentences below, substituting the appropriate expression in the following list for the near-equivalent in italics. Be sure to make the appropriate changes when needed.

comme ci, comme ça	une affaire
pas mal de	à peine
falloir à quelqu'un	manquer d'animation
relancer	ne pas rouler sur l'or

1. *Nous avons besoin de* deux chambres.
2. Le père de Betty était capable de venir *poursuivre* Julien et Betty.
3. Eugène *n'était pas riche*.
4. La conversation *n'est pas très animée* quand on ne parle pas la même langue.
5. Cet interprète parle *plus ou moins bien* plusieurs langues.
6. L'inspecteur a pris *beaucoup de* renseignements.
7. Cette Anglaise *ne* savait *presque pas* parler français.
8. Hogson a raconté son *histoire*.

D. Match each of the situations under the left column with the corresponding expression under the right column.

1. on demande au client ce qu'il veut
2. on dit des choses peu intelligentes
3. on est un peu fâché
4. on veut savoir ce qu'il y a
5. on veut indiquer une quantité qui n'est pas grande
6. on attire l'attention de quelqu'un avant de parler
7. on répond au téléphone
8. on ne comprend pas ce que quelqu'un a dit
9. on a besoin d'aide
10. on dit que quelqu'un est là
11. on demande comment s'écrit un mot
12. on demande comment s'articule un mot
13. on se résigne à faire quelque chose malgré les conséquences

a. allô!
b. qu'est-ce qui se passe?
c. Monsieur désire?
d. tant pis!
e. comment est-ce que ça se prononce … ?
f. au secours!
g. comment est-ce que ça s'écrit?
h. je n'y comprends rien
i. comme ci, comme ça
j. le voilà!
k. dites donc!
l. ce sont des bêtises
m. zut!

Structures

A. The Use of the Infinitive after *dire*

Rewrite the following sentences according to the example.

EXAMPLE: Il faut qu'il **vienne** ici.
__Dites__-lui de __venir__ ici.

1. Il faut qu'il attende les clients.
2. Il faut qu'il prenne la valise.
3. Il faut qu'il aille téléphoner.
4. Il faut qu'il fasse son service.
5. Il faut qu'il soit sérieux.
6. Il faut qu'il réponde en français.

B. The Negation *ne … pas non plus* (not … either)

Rewrite the following sentences according to the example.

EXAMPLE: Je ne m'ennuie pas. Et vous?
Je __ne__ m'ennuie __pas non plus__.

1. Je ne veux pas attendre. Et vous?
2. Je ne veux pas manger. Et vous?
3. Je ne me rappelle pas. Et vous?
4. Je ne dîne pas au restaurant. Et vous?
5. Je ne peux pas m'y habituer. Et vous?

C. The Pronoun *en*

Rewrite the following sentences according to the example.

EXAMPLE: Nous leur donnerons deux belles chambres.
Nous leur __en__ donnerons deux belles.

1. Je vous demande deux petites chambres.
2. Vous lui donnerez une belle chambre.
3. On va leur donner une chambre.
4. Tu leur recommanderas deux ou trois hôtels.
5. On lui a volé un joli portefeuille.
6. Nous leur enverrons une longue lettre.

D. The Partitive Articles *de* and *des* with Adjectives Preceding or Following the Noun

The partitive article **de** is used when the plural adjective precedes the noun, and **des** when it follows.

Je vais commencer **d'actives** recherches.
Je vais commencer **des** recherches **actives.**

Rewrite these sentences so that the adjectives follow the nouns.

1. Je vais commencer de difficiles recherches.
2. J'ai vu d'étonnants Anglais à Paris.
3. J'ai vu d'admirables choses à Paris.
4. On peut manger d'abominables choses dans ce restaurant.
5. J'ai d'importantes courses à faire.
6. Il y a d'intéressants spectacles à voir.

E. The Subjunctive with *souhaiter* and the Indicative with *espérer*

Although **souhaiter** *(to wish)* and **espérer** *(to hope)* are somewhat related in meaning, they are not used with the same mood.

J'**espère** qu'il ne **viendra** pas d'Anglais. *(indicative)*
but:
Je **souhaite** qu'il ne **vienne** pas d'Anglais. *(subjunctive)*

Rewrite the following sentences with **souhaiter.**

1. J'espère que votre père ne viendra pas ici.
2. J'espère que vous saurez parler français.
3. J'espère que nous serons bientôt mariés.
4. J'espère qu'il y aura un interprète.
5. J'espère que vous ne direz pas de bêtises.
6. J'espère que vous m'attendrez à l'hôtel.
7. J'espère que vous ne me suivrez pas à la poste.
8. J'espère que mon patron voudra faire de moi un associé.
9. J'espère que vous me conduirez à ma chambre.
10. J'espère que vous me répondrez en français.
11. J'espère que vous me comprendrez en français.
12. J'espère que votre père ne se souviendra pas de cet hôtel.

F. Common Mistakes Made by English Speakers

Using the footnotes as a guide, correct the following mistakes made by Betty.

1. Je sais si peu bien parler français.
2. C'est une abominable chose.
3. Vous avez parlé plus que deux fois.
4. Il a beaucoup mémoire.
5. Il doit se souvenir ce mot.
6. C'est facile se souvenir.
7. Je vais vous dire encore une terrible chose.
8. J'ai reconnu le paternel chapeau.
9. Je voudrais je fusse mariée.
10. Comment vous disiez?
11. Mon papa aurait consenti marier contre vous.
12. Vous deviez quitter tout de suite votre patron.
13. Vous serez obligé me quitter.
14. Je me ennuie pas avec vous.

Communicative Activities

Prepare one of the topics listed below to be discussed in class. Be ready to read aloud lines from the play in support of your views.

1. Eugène a beaucoup de présence d'esprit et d'imagination en jouant le rôle d'un interprète.
2. Betty a toujours peur.
3. Hogson s'impatiente.
4. Julien et Betty s'aiment.

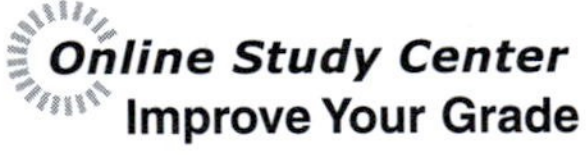

L'Anglais tel qu'on le parle (suite)

Scène 6

Hogson, Eugène, La caissière

Hogson: *(à Eugène)* What did he say to me? *(Eugène fait un signe de tête.)*

Hogson: *(plus fort)* What did he say to me?

Eugène: Yes! Yes!

Hogson: *(furieux)* What: yes! yes!

La caissière: Qu'est-ce qu'il a dit?

Eugène: Rien.

La caissière: Il a l'air furieux!... Demandez-lui ce qu'il a.[1]

Eugène: Non! non! Il faut le laisser tranquille. Il dit qu'il veut absolument qu'on le laisse tranquille. Il dit que si on a le malheur[2] de lui parler, il quittera l'hôtel tout de suite.

La caissière: C'est un fou!

Eugène: *(à part)*[3] Ou un martyr!... Non, c'est moi qui suis le martyr.

Hogson: *(à la caissière, avec force)* Bad, bad interpreter!

La caissière: Qu'est-ce qu'il dit?

Hogson: *(avec plus de force encore)* Mauvais! mauvais interpreter!

La caissière: Ah! il a dit: mauvais interprète!

Eugène: *(d'un geste expressif)* Humph... Humph... Movey! Movey! Est-ce que vous savez seulement[4] ce que ça veut dire en anglais?

---

[1]**ce qu'il a** what's the matter with him. [2]**malheur** misfortune. [3]**à part** aside. [4]**Est-ce que vous savez seulement ...?** Do you really know ...?

Hogson: *(furieux, à la caissière)* Look here, madam… I never saw such a hotel in my blooming life. *(allant à l'interprète)* Never… and such a fool of an interpreter. Do you think I have come all the way from London to be laughed at? It is the last time… *(en s'en allant)* I get a room in your inn. *(Il sort, premier plan, à gauche.)*

La caissière: Il est furieux!

Eugène: Mais non!… Il est très content… *(Il donne une imitation de sa marche.)*[5] C'est un air anglais. Quand ils sont contents, ils marchent comme ça.

La caissière: Je m'en vais un instant. Essayez de rester ici et de n'en plus bouger.[6] *(Elle sort.)*

Eugène: *(s'essuyant la figure avec son mouchoir*[7] *et s'asseyant près du comptoir)* Ah! une petite maison de campagne[8] en Touraine,[9] tout au milieu de la France! Ici, nous sommes envahis par des étrangers… J'aurais une vie en paix… Les paysans me parleraient patois.[10] Mais je ne serais pas forcé de leur répondre. Je ne suis pas un interprète de patois.

Scène 7

Eugène, Betty

Betty: Interpreter!

Eugène: Allons! Bon![11] *(Il fait signe à Betty qu'il a mal à la gorge.)* Mal… gorge… la voix… disparue… *(à part)* Elle ne comprend pas. Il faudrait lui dire ça en anglais.

Betty: Vous ne pouvez pas parler?

Eugène: *(parlant de sa voix naturelle)* Vous parlez français! Il fallait donc le dire tout de suite.

Betty: Vous pouvez parler maintenant.

Eugène: *(parlant comme s'il souffrait encore d'un mal à la gorge)* Ah! pas tout à fait encore… mais ça va mieux. *(avec sa voix naturelle)* Ah! voilà! ça va bien! n'en parlons plus.

---

[5]**marche** walk. [6]**de n'en plus bouger** to stay put. [7]**s'essuyant … mouchoir** wiping his face with his handkerchief. [8]**maison de campagne** house in the country. [9]**Touraine** province lying south of Paris. [10]**patois** local dialect. [11]**Allons! Bon!** All right!

Betty: Do you know if the post office is far from here?

Eugène: Oh! puisque vous savez un peu parler français, pourquoi vous amusez-vous à parler anglais? Ce n'est pas le moyen de bien apprendre le français.

Betty: Je sais si peu.

Eugène: Parfaitement! De plus, moi, je veux vous habituer à parler français. Si vous me parlez anglais, mon parti est pris,[12] je ne répondrai pas.

Betty: Oh! I speak French with such difficulty.

Eugène: *(brusquement)* Je ne veux pas comprendre! Mon parti est pris. Je ne veux pas comprendre!

Betty: Eh bien! je vais vous dire… *(apercevant le chapeau gris de Hogson sur la table)* Oh! Oh!

Eugène: Qu'est-ce qu'il y a?

Betty: Quel est ce gris chapeau?[13]

Eugène: C'est un chapeau qu'un Anglais a laissé tout à l'heure.

Betty: *(s'approchant)* Oh! *(Elle regarde à l'intérieur du chapeau.)* My father's hat! *(à l'interprète, avec émotion)* Oh! my friend is out! My friend left me alone! He is not returned yet! I am going to my room!

Eugène: Oui! oui! c'est entendu.[14]

Betty: Je vais me en aller[15] dans ma chambre.

Eugène: Oui… oui… c'est ça… Partez! partez! *(Elle s'en va.)* Au moins, avec elle, il y a moyen de causer.[16] Ce n'est pas comme avec cet Anglais. Ils ne se dérangeraient pas pour apprendre notre langue, ces gens-là. Voilà bien l'orgueil[17] des Anglais!

Scène 8

Eugène, Julien

Julien: *(arrivant par la gauche)* Interpreter!

---

[12]**mon parti est pris** my mind is made up. [13]**ce gris chapeau** (*instead of* **chapeau gris**). [14]**c'est entendu** of course. [15]**Je vais me en aller** (*instead of* **Je vais m'en aller**). [16]**il y a moyen de causer** I can talk. [17]**orgueil** pride.

Eugène: Ça y est! Encore![18]... Non! non! j'en ai assez! c'est fini! Il y a trop d'Anglais. Ils sont trop. *(à Julien)* Tête de bois! Cochon de rosbif![19] Ferme ta bouche! Tu es dégoûtant![20]

Julien: Tu es encore plus dégoûtant! En a-t-il du culot, celui-là![21]

Eugène: *(lui serrant la main)* Ah! vous parlez français, merci! merci! Ça fait plaisir d'entendre sa langue maternelle! Répétez un peu: j'ai du culot! Dites donc! puisqu'enfin je retrouve un compatriote,[22] je vais lui demander un service, un grand service. Imaginez-vous que je sais très peu l'anglais. Je ne sais que l'espagnol, l'italien, le turc, le russe, et le japonais.

Julien: Vous savez l'espagnol?... ¿Qué hora es?[23]

Eugène: Ne perdons pas de vue[24] le sujet de notre conversation!... Je vous disais donc...

Julien: Je vous ai posé une question. ¿Qué hora es? Répondez à ma question.

Eugène: Vous voulez une réponse immédiate? Je demande un moment de réflexion.

Julien: Vous avez besoin de réflexion pour me dire l'heure qu'il est?

Eugène: *(avec confiance)* Il est onze heures et demie... Écoutez... Vous allez me rendre un service.[25] Il s'agit de parler[26] à un Anglais qui est ici. Il parle un anglais que je ne comprends pas. Je ne sais pas du tout ce qu'il me veut.

Julien: Où est-il cet Anglais?

Eugène: Nous allons le trouver... Oh! vous êtes gentil[27] de me rendre ce service.

Julien: Eh bien! Allons-y.

Eugène: Il doit être tout près. Tenez![28] Voilà ma casquette! *(Il la lui met sur la tête.)* Vous voilà interprète! *(s'approchant de la porte de gauche)* Monsieur! Monsieur!

---

[18]**Ça y est! Encore!** Here we go again! [19]**Cochon de rosbif!** Dirty roast beef eater! [20]**dégoûtant** disgusting. [21]**En a-t-il du culot, celui-là!** Isn't that fellow impudent! [22]**compatriote** fellow countryman. [23]**¿Qué hora es?** What time is it? *(Spanish)* [24]**perdre de vue** to lose sight. [25]**rendre un service** to do a favor. [26]**Il s'agit de parler ...** It's about talking ... [27]**gentil (gentille)** kind. [28]**Tenez!** Here!

Julien: Dites-lui: Seur!

Eugène: Seur! Seur! *(revenant à Julien)* Je voudrais lui dire qu'il y a ici un bon interprète. Comment ça se dit-il?[29]

Julien: Good interpreter!

Eugène: Bien! Bien! Good interpreter! *(satisfait)* Nous allons, je pense, assister à une chic[30] conversation anglaise entre ces deux gentlemannes… *(allant à la porte)* Seur! Seur! Good interpreter! *(Entre Hogson. Julien l'aperçoit et se retourne immédiatement.)*

Scène 9

Les mêmes, Hogson, puis L'inspecteur, Betty, La caissière, Le garçon, Un agent

Hogson: *(au dehors)* Allô! a good interpreter?… All right! *(Il entre.)*

Hogson: *(à Julien)* Oh! is this the new man? Very well. I want my breakfast served in the dining room, but on a separate table. *(Julien gagne doucement[31] d'abord, puis rapidement le fond et s'en va par la droite, en traversant la scène en angle.[32])*

Eugène: *(étonné)* Tiens![33] il paraît que je ne suis pas le seul que les Anglais font disparaître!

Hogson: *(à Eugène)* What is the matter with him?

Eugène: Non, mon vieux, ce n'est plus moi, c'est lui!… *(d'une voix aimable)* Au revoir, monsieur! au revoir, monsieur!

Hogson: *(furieux)* What do you mean, you rascal, stupid scoundrel, you brute, frog-eating beggar! *(Il sort par la gauche.)*

Eugène: *(seul)* Non! je ne serai jamais en bons termes avec ce rosbif-là. Je préfère en prendre mon parti une fois pour toutes. *(On entend du bruit à gauche.)* Qu'est-ce que c'est que ce tapage-là?[34] On s'assassine! On se bat![35] Ce sont des gens qui parlent français! Des compatriotes! Ça va bien. Ça ne me regarde pas.[36]

---

[29]**Comment ça se dit-il?** How does one say that? [30]**assister à une chic conversation** to be present at a swell conversation. [31]**doucement** here, slowly. [32]**en traversant la scène en angle** crossing the stage at an angle. [33]**Tiens!** What do you know! [34]**ce tapage-là** that racket. [35]**se battre** to fight. [36]**Ça ne me regarde pas.** It's no concern of mine.

L'inspecteur: *(Entre, suivi d'un agent qui tient Julien par le bras. À Eugène.)* Je tiens mon voleur! Je le tiens! Au moment où je passais devant la porte, je l'ai vu qui marchait très vite, et je l'ai reconnu par la photographie. Ah! Ah! Faites-moi chercher[37] cet Anglais! Nous allons lui montrer ce que c'est que la police française. Aussitôt connus, aussitôt pincés![38] *(à l'interprète)* Allez me chercher cet Anglais! Et revenez avec lui, puisque nous aurons besoin de vos services.

Eugène: Vous faites bien de me dire ça![39]... *(à part)* Je ne connais pas le toit de l'hôtel. Je vais aller le visiter. *(Il sort par le fond à gauche.)*

Julien: Mais enfin! Qu'est-ce que ça veut dire? Vous m'arrêtez! Vous m'arrêtez! On n'arrête pas les gens comme ça. Vous aurez de mes nouvelles![40]

L'inspecteur: Oh! Oh! pas de résistance! pas de colère! C'est bien vous qui vous appelez... *(Il essaie de prononcer le nom écrit dans ses notes.)* Doublevé Ka Emme Ix?... Oh! ne faites pas semblant[41] d'être étonné!... Vous vous expliquerez au bureau. *(au garçon)* Faites-moi venir cet Anglais de ce matin, ce grand monsieur, avec un chapeau gris.

Julien: *(essayant d'échapper à l'agent)* Avec un chapeau gris!

L'inspecteur: Ah! ah! ah! Ça te dit quelque chose![42] *(à l'agent)* Tenez-le solidement!

Betty: *(entrant par la porte de droite)* Oh! petit chéri! petit chéri!

L'inspecteur: Arrêtez cette femme! Nous en tenons deux! *(L'agent prend Betty par le bras.)*

Betty: Oh! my dear! Qu'est-ce que c'est?

Julien: Vous aviez raison[43] ce matin. Le chapeau gris est là... *(Betty, effrayée, essaie d'échapper, mais l'agent la tient plus solidement.)*

L'inspecteur: Pas de conversation! Pas de signes! Je me souviendrai de cette histoire de chapeau gris. *(à l'agent)* Avez-vous vu leur mouvement quand on a parlé de chapeau gris? C'est une bande des plus dangereuses!

---

[37]**Faites-moi chercher** Go and get me ... [38]**Aussitôt connus, aussitôt pincés!** No sooner known than nabbed! [39]**Vous faites bien de me dire ça!** It's a good thing you are telling me that! [40]**Vous aurez de mes nouvelles!** You shall hear from me! [41]**ne faites pas semblant ...** don't pretend ... [42]**Ça te dit quelque chose!** That means something to you! [43]**aviez raison** were right.

Le garçon: *(rentrant à gauche, premier plan, avec Hogson)* Voici ce monsieur!

Hogson: *(Apercevant Betty qui se cache*[44] *le visage. D'une voix de reproche.)* Oh! Betty! Are you still my daughter? Is that you? Have you thought of your poor mother's anxiety and despair? *(sèchement,*[45] *à l'inspecteur qui veut l'interrompre)* Leave me alone! *(à Betty)* Have you thought of the abominable example of immorality for your dear sisters! Have you thought… *(à l'inspecteur, sèchement)* Leave me alone! All right! *(à Betty)* Have you thought of the tremendous scandal…

L'inspecteur: Vous savez que vous perdez votre temps. Il y a assez longtemps que j'ai cessé de faire des reproches à des malfaiteurs.[46]

Hogson: *(à l'inspecteur, avec effusion)* My friend, I have five daughters. My second daughter, Betty, ran away from…

L'inspecteur: *(montrant Julien)* C'est bon! C'est bon! C'est bien l'homme qui vous a volé votre portefeuille?

Hogson: *(avec énergie)* Yes!

Julien: Comment? Il m'accuse de vol maintenant? You told this man I robbed your wallet?

Hogson: My wallet!… but I never said such a thing!

Julien: Vous voyez! Il dit qu'il n'a jamais dit ça.

L'inspecteur: Vous savez que je ne sais pas l'anglais. Vous pouvez lui faire raconter ce qui vous plaira… Allons! au bureau l'homme et la femme!

Julien: *(à Hogson)* Do you know he will send your daughter to prison!

Hogson: My daughter! my daughter to prison! *(Il retient sa fille par le bras.)*

La caissière: *(arrivant)* Qu'est-ce que ça veut dire?

L'inspecteur: Ah! vous m'ennuyez tous, à la fin. Je vous emballe tous.[47] Vous vous expliquerez tous au bureau.

Betty: Mais je suis sa fille!

---

[44]**se cacher** to hide. [45]**sèchement** curtly. [46]**malfaiteur** criminal. [47]**vous m'ennuyez … tous.** I'm beginning to get tired of all of you. All of you, I'm taking you down to the station.

L'inspecteur: Qu'est-ce que ça veut dire, tout ça? *(sonnerie prolongée de téléphone)*

La caissière: *(à l'appareil)* On sonne de Londres.[48] M. Julien Cicandel.

Julien: C'est moi!

La caissière: Vous vous appelez Philibert.

Julien: Je m'appelle aussi Cicandel.

L'inspecteur: Et puis Doublevé Ka Emme Ix! Oh! c'est louche,[49] ça! c'est de plus en plus louche!

Julien: Laissez-moi répondre. *(Il vient à l'appareil, toujours tenu par l'agent.)* Allô! allô! c'est de mon patron de Londres!... yes! yes!... Il paraît qu'il a déjà téléphoné tout à l'heure et qu'on lui a donné la communication[50] avec une maison de fous![51] All right! oh! Thank you! Thank you! *(à part)* C'est mon patron qui me téléphone qu'il consent à m'associer dans la maison.

Betty: *(sautant de joie)* Oh! papa! papa! He will give Julian an interest in the bank!

Hogson: He will, he really... ?

Betty: Yes! oh! I am happy! I am happy!

Julien: Que votre père écoute lui-même! *(à Hogson)* Listen yourself!

Hogson: *(s'approchant du téléphone, à l'inspecteur)* Ah! It is a good thing! *(s'asseyant)* Allô! Allô! Speak louder; I can't hear you... allô! allô! all right!... If you give Julian an interest, I have nothing more to say... That is good... thank you... Good-bye. *(se levant, à Julien)* My friend, I give you my daughter. *(Betty l'embrasse et va dans les bras de Julien.)*

Eugène: *(arrivant par la gauche, premier plan)* Qu'est-ce qui se passe?

L'inspecteur: Il se passe des choses pas ordinaires! Vous vous rappelez l'Anglais de tout à l'heure qui se plaignait[52] d'avoir été volé. Eh bien! Je fais de mon mieux[53] pour lui retrouver son voleur. Je fais des recherches.

---

[48]**On sonne de Londres.** There's a call from London. [49]**louche** suspicious. [50]**communication** connection. [51]**maison de fous** insane asylum. [52]**se plaindre** to complain. [53]**fais de mon mieux** do my best.

Je prends mon homme. Je le lui amène. Il lui donne la main de sa fille! Maintenant, tout ce qu'on me dira des Anglais, vous savez, ça ne m'étonnera plus. *(Il sort.)*

Eugène: *(regardant Julien et Betty)* Vous êtes heureux?

Julien: Oh! oui!

Eugène: C'est pourtant à cause de moi que tout ça est arrivé.

Julien: Comment ça?

Eugène: C'est toute une histoire, vous savez… mais si vous étiez chic, vous me trouveriez une place[54] à Londres.

Julien: Comme interprète?

Eugène: *(avec horreur)* Non! J'en ai fini avec ce métier[55] d'interprète. Je veux me mettre à apprendre les langues.

Julien: Mon beau-père[56] vous trouvera ça à Londres.

Hogson: *(serrant la main d'Eugène)* My fellow, since you are his friend, you are my friend.

Eugène: *(à Hogson)* Peut-être bien. *(à Julien)* Je voudrais lui dire quelque chose de gentil, d'aimable… que je ne comprends pas un mot de ce qu'il dit.

Julien: Dites-lui: I cannot understand!

Eugène: *(serrant la main de Hogson)* Canote endoustan!

RIDEAU

---

[54]**place** job. [55]**métier** profession. [56]**beau-père** father-in-law.

Exercises

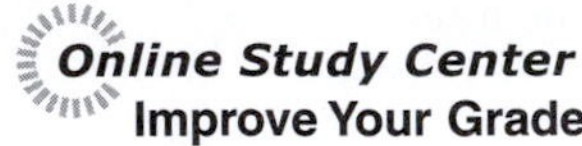

Scenes 6–9

Reading Comprehension

Answer the following questions.

1. Comment Eugène explique-t-il à la caissière la colère de Hogson?
2. Pourquoi Betty a-t-elle peur en voyant le chapeau gris?
3. Quel service Eugène demande-t-il à Julien?
4. Quel test Julien donne-t-il à Eugène?
5. Que fait Julien à l'arrivée de Hogson?
6. Pourquoi l'agent de police tient-il Julien par le bras?
7. Quelle est la réaction de Hogson en voyant Betty?
8. Que veut faire l'inspecteur de Julien, de Betty et de son père?
9. Qui téléphone à ce moment critique?
10. Que fait alors Hogson quand on lui confirme la nouvelle?
11. Que demande Eugène à Julien?
12. Que dit Eugène à Hogson à la fin de la pièce?

Vocabulary Study

A. Vocabulary Usage

Match each of the situations under the left column with the corresponding expression under the right column.

1. quand une chose est enfin arrivée
2. on fait un compliment pour remercier
3. on veut aller faire quelque chose
4. on ne veut pas continuer
5. on est surpris
6. on fait du bruit
7. on menace

a. allons-y!
b. vous aurez de mes nouvelles!
c. j'en ai assez!
d. tiens!
e. vous êtes gentil.
f. ça y est!
g. qu'est-ce que c'est que ce tapage?

B. The Various Meanings of *faire*

Translate the following sentences.

1. Eugène a fait un signe de tête.
2. Hogson a fait signe de ramener le commissaire.
3. Hogson a fait disparaître Julien.
4. Faites-moi venir l'Anglais.
5. Ne faites pas semblant d'être étonné.
6. L'inspecteur ne fait plus de reproches aux voleurs.
7. L'inspecteur a fait de son mieux pour retrouver le voleur.
8. L'inspecteur a fait des recherches actives.
9. Julien et Betty ne voulaient pas se faire remarquer.
10. La caissière a fait préparer la chambre.
11. Dix francs les trois minutes, ça fait deux cents francs l'heure.
12. L'inspecteur a fait quelques pas vers la gauche pour prendre des notes.

Structures

A. The Superlative of Adjectives

To give emphasis to a plural adjective, the phrase **des plus** may be used.

C'est une bande **des plus** dangereuses.
It is one of the most dangerous gangs.

Rewrite the following sentences, replacing **très** with **des plus** + *adjective* in the plural.

EXAMPLE: C'est un roman **très** intéressant.
C'est un roman ***des plus intéressants.***

1. C'est une personne très louche.
2. C'est une femme très chic.
3. C'est une langue très utile.
4. C'est un interprète très stupide.
5. C'est un Anglais très gentil.
6. C'est une chose très ordinaire.

B. The Construction *de plus en plus* with Adjectives and Verbs

The construction **de plus en plus** expresses an increase.

C'est **de plus en plus** curieux.
It is more and more curious.

Cela me surprend **de plus en plus.**
It surprises me more and more.

Rewrite the following sentences using **de plus en plus** before adjectives and immediately after verbs.

1. Eugène était content.
2. La France était envahie par les étrangers.
3. Hogson devenait furieux.
4. Nous avons besoin de vos services.
5. Les étrangers venaient en France.
6. Je me souviens.
7. Vous m'ennuyez.
8. Julien marchait vite.
9. Tout ça m'étonne.
10. C'est louche.

Communicative Activities

A. Prepare one of the topics listed below to be discussed in class. You should be ready to quote lines from the play in support of the views expressed.
   1. Eugène continue à avoir de la chance.
   2. Le téléphone sonne à un moment critique pour Julien et pour Betty.
   3. Certains détails sont relatifs à ce que les Français pensent des Anglais.
   4. Certains détails sont relatifs à ce que les Anglais pensent des Français.

B. Analyze one of the following aspects of the play to be discussed in class. You may choose to act out one of the scenes to support your position.

   Analyse du comique de la pièce.
   1. Le comique des personnages.
   2. Le comique des situations.
   3. Le comique des gestes.
   4. Le comique des mots.

C. With a partner or two, write and perform a skit on a hotel situation, in seven to ten exchanges, such as a conflict between the client(s) and the employee(s) using the vocabulary from the Vocabulary Study lettered list column on pages 99 and 112.

Review Exercises

Review the vocabulary and the grammar points covered in Part Two, and then rewrite each sentence with the correct form of the words in parentheses.

Betty Hogson et Julien Cicandel arrivent à ____ *(article)* ____ *(noun)* de Cologne. Ils ont l'intention de se marier mais le père de Betty veut les faire ____ *(verb)* jusqu'à ce que Julien ____ (**être**) associé dans la banque où il travaille à Londres. Julien ne s'ennuie pas à Paris et Betty ne s'ennuie pas ____ ____ *(adverb)*. Eugène ____ *(verb)* l'interprète qui ne peut pas venir. Il ne sait pas ____ *(article)* ____ *(noun)* d'anglais et désire qu'il ne ____ (**venir**) pas d'Anglais. La caissière veut savoir combien de chambres on demande au téléphone et Eugène répond qu'il ____ *(pronoun replacing* **chambres***)* faut quatre. Quand Hogson arrive, Eugène ____ *(verb),* puis revient quand Hogson va dans sa chambre. Voyant la ____ *(noun)* de l'interprète à l'envers, la caissière lui dit de la remettre ____ ____ *(prepositional phrase)*. Hogson revient et demande à Eugène d'expliquer à l'inspecteur pourquoi il est à Paris. Eugène invente une histoire de ____ *(noun)* volé. Avec les ____ *(noun)* inventés par Eugène, l'inspecteur va commencer ____ *(article)* recherches actives. Hogson devient progressivement ____ furieux *(replace* **progressivement** *with near-synonym)*. Betty et Julien reviennent et Eugène est content qu'ils parlent français, leur expliquant qu'il ne ____ *(verb)* que l'espagnol et ____ ____ *(article* + **autre**) langues. Mais il est incapable de répondre ____ *(preposition)* une question ____ *(adjective)* en espagnol et Julien commence à comprendre. Dans la scène finale, Julien devient associé et pourra donc ____ ____ *(verb)* avec Betty. Eugène, lui, veut ____ ____ *(verb)* à apprendre les langues.

Online Study Center
Improve Your Grade

Part Three

Part Three presents excerpts from *Le Cœur à rire et à pleurer: Contes vrais de mon enfance,* Maryse Condé's autobiography written in 1999, when the author had already known tremendous success for her novels dealing with the effects of slavery and colonialism on people of African descent. The following excerpts are taken from the beginning of the book, where the narrator tells of her family life and her relationship with her best friend. Maryse Condé's parents are affluent, pretentious *bourgeois* from Guadeloupe whose greatest pleasure is to travel to France. Their feelings get hurt when Frenchmen of lesser condition comment on the family's good French language skills, insinuating that they are not *actually* French. Condé tries to understand her parents' perception of their historical, political, social, and racial conditions and how they fit into postcolonial France and Guadeloupe.

Although Maryse Condé's rich descriptions have been simplified, the colorful style of the narrative and scenes has been preserved. New words and expressions appear as footnotes at the bottom of the page where they first occur.

Study Guide

The following suggestions will help you in your reading of *Le Cœur à rire et à pleurer* and in preparing for class activities:

1. Glance over the vocabulary exercises before reading the story.
2. Be sure to review the imperfect, **passé composé**, and pluperfect tenses, the conditional mood, the use of the present participle, definite and

indefinite articles, adverbs, and negative constructions. Exercises reinforce these grammar points at the end of each set of chapters.

3. Try to guess the general meaning of each sentence before you verify your understanding by means of the footnotes and end vocabulary. Reread the story aloud with the aid of the footnotes when necessary.

4. Try to recall the main ideas in the story and list them in order of importance. Then try to recall the expressions you learned in this unit to be sure you know how they are used. Rewrite your ideas in a cohesive paragraph.

5. Prepare in advance for the *Communicative Activities*. Write down your thoughts on the topics chosen for discussion and practice saying them aloud several times in order to improve your oral proficiency.

Le cœur à rire et à pleurer

MARYSE CONDÉ

Portrait de famille

1. La petite dernière

Mon père était un ancien fonctionnaire,[1] et ma mère maîtresse d'école. Ils bénéficiaient donc d'un congé «en métropole»[2] avec leurs enfants. Pour eux, la France n'était pas le siège du pouvoir colonial. C'était la mère patrie et Paris, la Ville lumière qui donnait de l'éclat à leur existence. Ma mère nous parlait du marché Saint-Pierre et de Versailles. Mon père préférait le musée du Louvre.

J'étais la petite dernière. Quand je suis née, mon père avait soixante-trois ans et ma mère quarante-trois. Quand elle n'a plus vu son sang,[3] elle a cru aux premiers signes de la ménopause. Elle a couru chez son gynécologue, le docteur Mélas qui l'avait accouchée[4] sept fois. Après l'avoir examinée, il a commencé à rire.

—Ça m'a fait tellement honte, racontait ma mère à ses amies, que pendant les premiers mois de ma grossesse,[5] j'essayais de cacher mon ventre devant moi.

Elle ajoutait souvent en me couvrant de baisers que j'étais devenue son bâton de vieillesse[6] mais, en entendant cette histoire, j'éprouvais à chaque fois le même chagrin: je n'avais pas été désirée.

2. Mes parents

Aujourd'hui, je me présente le spectacle peu courant que nous offrions, assis aux terrasses du Quartier latin dans le Paris morose de l'après-guerre.[7] Mon père ancien beau séducteur, ma mère couverte de somptueux bijoux créoles, et leurs huit enfants. Et moi, fille outrageusement gâtée, l'esprit précoce pour son âge. Les garçons voletaient autour de nous avec leurs

---

[1]**fonctionnaire** state employee. [2]**Ils bénéficiaient donc d'un congé «en métropole»** They were entitled to a stay in France. [3]**ne plus voir son sang** to have no more periods. [4]**il l'avait accouchée** he had helped her deliver her babies. [5]**grossesse** pregnancy. [6]**son bâton de vieillesse** the staff of her old age. [7]*après la deuxième guerre mondiale.*

plateaux en équilibre sur la hanche.[8] Ils étaient remplis d'admiration. Ils disaient invariablement en servant les boissons:

—Qu'est-ce que vous parlez bien le français!

Mes parents recevaient le compliment sans broncher[9] ni sourire et hochaient simplement la tête.[10] Une fois que les garçons avaient tourné le dos, ils nous disaient:

—Pourtant, nous sommes aussi français qu'eux, soupirait mon père.

—Plus français, répondait ma mère avec violence. Elle ajoutait en guise d'explication: nous sommes plus instruits. Nous avons de meilleures manières. Nous lisons plus qu'eux. Certains d'entre eux n'ont jamais quitté Paris alors que nous connaissons le Mont-Saint-Michel, la Côte d'Azur et la Côte basque.

J'étais toute petite mais ces paroles me rendaient triste. C'est d'une grave injustice qu'ils se plaignaient. Sans raison, les rôles s'inversaient. Les garçons en gilet noir et tablier blanc étaient supérieurs à leurs généreux clients. Ils possédaient tout naturellement cette identité française qui était refusée à mes parents. Et moi, je ne comprenais pas pourquoi ces gens orgueilleux, notables dans leur pays, rivalisaient avec les garçons qui les servaient.

3. Sandrino

Un jour, j'ai décidé de mieux comprendre. Comme chaque fois que j'étais dans l'embarras,[11] je me suis tournée vers mon frère Alexandre. Alexandre s'était rebaptisé[12] Sandrino «pour faire plus américain». Premier de sa classe, adoré des filles, Sandrino me faisait l'effet du soleil dans le ciel. Bon frère, il me traitait avec une affection protectrice. Est-ce qu'il y comprenait quelque chose au comportement[13] de nos parents? Pourquoi enviaient-ils si fort des gens qui de leur propre aveu[14] leur étaient inférieurs?

Nous habitions dans un appartement au rez-de-chaussée dans une rue tranquille du septième arrondissement.[15] Ce n'était pas comme à La Pointe où nous étions vissés, cadenassés[16] à la maison. Nos parents nous autorisaient à sortir et même à fréquenter les autres enfants. En ce temps-là, cette liberté m'étonnait. J'ai compris plus tard qu'en France, nos parents n'avaient

---

[8]**leurs plateaux en équilibre sur la hanche** their trays balanced on their hips. [9]**sans broncher** without reacting. [10]**hochaient simplement la tête** simply nodded. [11]**être dans l'embarras** to be confused. [12]**se rebaptiser** to change one's name. [13]**comportement** behavior. [14]**de leur propre aveu** on their own admission. [15]Paris is divided into 20 sections called *arrondissements*. [16]**vissés, cadenassés** cracked down on, padlocked.

pas peur que nous parlions le créole comme les petits-nègres[17] de La Pointe. Je me rappelle que ce jour-là nous avions joué avec les enfants du premier et partagé un goûter de fruits secs, car Paris connaissait encore les pénuries.[18]

Pour me répondre, Sandrino s'est adossé contre une porte cochère.[19] Sa figure joviale, encore marquée par les joues rondes de l'enfance, s'est recouverte d'un masque sombre. Sa voix s'est alourdie:

—T'occupe pas,[20] dit-il. Papa et maman sont une paire d'aliénés.

4. Mes parents aliénés?

Aliénés? Qu'est-ce que ça voulait dire? Je n'osais pas poser de questions. Ce n'était pas la première fois que j'entendais Sandrino faire des jeux avec[21] mes parents. Ma mère avait accroché au-dessus de son lit une photo découpée dans *Ebony*. On y admirait une famille noire américaine de huit enfants comme la nôtre. Tous médecins, avocats, ingénieurs, architectes. Bref, la gloire de leurs parents. Cette photo faisait rire Sandrino.

Je passais la nuit suivante à me tourner et me retourner dans mon lit au risque de réveiller ma sœur Thérèse qui dormait au-dessus de ma tête. C'est que je chérissais très fort mon père et ma mère. Je connaissais la tendresse dans leurs cœurs et je savais qu'ils essayaient de nous préparer à la plus belle existence. En même temps, j'avais trop de foi dans mon frère pour douter de son jugement. J'ai fini par développer un semblant de[22] théorie. Une personne aliénée est une personne qui cherche à être ce qu'elle ne peut pas être parce qu'elle n'aime pas ce qu'elle est. A deux heures du matin, au moment de m'endormir, je me suis fait le serment confus de ne jamais devenir une aliénée.

En conséquence, je me suis réveillée une tout autre petite fille. J'étais enfant modèle et je suis devenue répliqueuse et raisonneuse.[23] Ma mère, qui n'était pas très patiente, me donnait beaucoup de taloches.[24] Vingt fois par jour, elle s'exclamait:

—Mon Dieu! Qu'est-ce qui s'est passé dans le corps de cette enfant-là, non?

Une photo prise à la fin de ce séjour en France nous montre au jardin du Luxembourg. Mes frères et sœurs en rang. Mon père, moustachu, vêtu d'un manteau. Ma mère, souriant de toutes ses dents de perle, ses yeux en

---

[17]**les petits-nègres** *les pauvres (en créole).* [18]**pénuries** shortage. [19]**une porte cochère** a carriage entrance. [20]**T'occupe pas** Don't you worry about it. [21]**faire des jeux avec** *se moquer de* [22]**un semblant de** a semblance of. [23]**répliqueuse et raisonneuse** always ready with a quick answer and argumentative. [24]**des taloches** slaps.

amande étirés. Entre ses jambes, moi, maigrichonne,[25] enlaidie[26] par cette mine boudeuse et excédée.[27]

Depuis, j'ai eu tout le temps de comprendre le sens du mot «aliéné» et surtout de me demander si Sandrino avait raison. Mes parents étaient-ils des aliénés? Sûr et certain, ils n'éprouvaient aucun orgueil de leur héritage africain. Ils l'ignoraient. C'est un fait! Pendant nos séjours en France, mon père n'a jamais pris le chemin de la rue des Écoles où il y avait la revue[28] *Présence africaine*. Comme ma mère, il croyait que seule la culture occidentale vaut la peine[29] d'exister et il se montrait reconnaissant[30] envers la France qui leur avait permis de l'obtenir. En même temps, ni l'un ni l'autre n'éprouvait le moindre sentiment d'infériorité à cause de leur couleur. Ils se croyaient les plus brillants, les plus intelligents, la preuve de l'avancement de leur Race de Grands-Nègres.

Est-ce cela être «aliéné»?

5. La grossesse de ma mère

Indifférent comme à son habitude, mon père n'avait pas de préférence. Ma mère, elle, désirait une fille. La famille comptait déjà trois filles et quatre garçons. Cela égaliserait les camps. Passé la honte de tomber enceinte à son âge respectable, ma mère a ressenti une grande joie de son état. Devant sa glace, elle regardait avec ravissement s'arrondir son ventre et rebondir ses seins. Tout le monde lui faisait compliment de sa beauté. C'est qu'une nouvelle jeunesse activait son sang, illuminait sa peau et ses yeux. Ses rides s'estompaient[31] magiquement. Ses cheveux poussaient, poussaient, touffus comme une forêt et elle coiffait ses cheveux en chantant, chose rare, une vieille chanson créole qu'elle avait entendu chanter à sa mère morte cinq ans plus tôt:

Sura an blan
Ka sanmb on pijon blan
Sura an gri,
Ka sanmb on toutewel.[32]

Pourtant son état a vite tourné à la mauvaise grossesse. Quand les nausées ont cessé, les vomissements ont commencé. Puis les insomnies. Puis les crampes.

---

[25]**maigrichonne** scrawny. [26]**enlaidie** made ugly. [27]**cette mine boudeuse et excédée** this sulky and irritated expression. [28]**revue** journal. [29]**vaut la peine** is worth. [30]**reconnaissant** grateful. [31]**ses rides s'estompaient** her wrinkles softened. [32]*Sura en blanc, qui ressemble à un pigeon blanc; sura en gris qui ressemble à une tourterelle.*

A partir du quatrième mois, elle a été épuisée.[33] Tenant son parasol d'un poignet sans force, elle poussait son corps dans la chaleur torride jusqu'à Dubouchage où elle s'obstinait à faire classe. En ce temps-là, on ne connaissait pas ces scandaleux congés de maternité; quatre semaines avant l'accouchement, six semaines après; ou vice versa. Les femmes travaillaient jusqu'à leur délivrance. Quand, épuisée, elle arrivait à l'école, elle se laissait tomber de tout son poids sur un fauteuil dans le bureau de la directrice, Marie Célanie. Dans son for intérieur, celle-ci pensait qu'à quarante ans passés, avec un mari vieux-corps, on ne faisait plus l'amour. C'est bon pour les jeunesses. Pourtant, elle ne disait rien de ses pensées peu charitables. Elle épongeait[34] la sueur du front de son amie et lui donnait à boire de l'alcool de menthe dilué dans de l'eau glacée. Avec ce mélange, ma mère retrouvait sa respiration, et prenait le chemin de sa classe.

Heureusement pour le repos, plus que le dimanche avec sa grand-messe devenue une corvée,[35] il y avait jeudi. Ma mère gardait le lit. Vers dix heures, Gitane, la femme de ménage, montait des brocs d'eau chaude et assistait ma mère à sa toilette. Ensuite elle l'aidait à enfiler une chemise de nuit en coton brodé. Après quoi, ma mère se recouchait et somnolait jusqu'au retour de mon père qui rentrait pour le déjeuner. C'est avec un sentiment de libération que vers deux heures de l'après-midi, après un baiser posé en vitesse sur le front moite, il quittait la chambre à coucher. Il était heureux d'être à l'abri de toutes les dégueulasseries[36] de femmes: règles,[37] grossesses, accouchements, ménopauses! Dans sa satisfaction d'être un homme, il bombait le torse en traversant la place de la Victoire. Les gens le reconnaissaient pour ce qu'il était: un vaniteux. A cette époque, mon père, sans commettre rien de bien coupable, s'est rapproché des amis qu'il avait négligés[38] parce que ma mère ne les aimait pas.

6. La fin du terme de ma mère

Vers son septième mois, les jambes de ma mère ont commencé à enfler. Un matin, elle s'est réveillée les veines très gonflées; elle pouvait à peine bouger. C'était le signe grave qu'elle faisait de l'albumine. Le docteur Mélas lui a prescrit le repos absolu, finie l'école, et un régime très strict, plus un grain de sel. Désormais, ma mère s'est nourrie de fruits. Des bananes. Du raisin. Des pommes France surtout, rondes et rouges. Mon père les commandait par cageots[39] entiers à un ami, commerçant sur les

---

[33]**épuisée** exhausted. [34]**elle épongeait** she sponged up. [35]**corvée** chore. [36]**dégueulasseries** slang for disgusting things. [37]**règles** periods. [38]**négliger** to neglect. [39]**cageots** crates.

quais. La cuisinière les préparait en compote,[40] au four avec la cannelle, en beignets.[41]

Chaque après-midi, vers cinq heures, les bonnes amies de ma mère s'asseyaient autour de son lit et elles lui contaient les faits de la Pointe: les baptêmes, les mariages, les décès. Ma mère, qui en temps normal ne se souciait pas de problèmes sociaux, s'y intéressait moins que jamais. Elle revenait à elle-même: j'avais bougé dans son ventre. Je lui avais décoché son premier coup de pied![42]

Le terme de ma mère a fini par arriver. Elle était tellement énorme qu'elle n'entrait plus dans sa baignoire et passait le temps dans son lit ou sa berceuse.[43]

Cependant, c'était le carnaval et La Pointe était en chaleur. En fait, il y avait deux carnavals. L'un bourgeois, avec demoiselles déguisées et défilés de chars[44] sur la place de la Victoire et l'autre, populaire, le seul qui importait. Le dimanche, les bandes de mas[45] sortaient des faubourgs et convergeaient vers le cœur de la ville. Mas à fèye, mas à konn, mas à goudron. Moko zombi[46] juchés sur leurs échasses.[47] Les fouets claquaient. Les sifflets défonçaient les tympans[48] et le gwoka[49] battait à grands coups. Les mas remplissaient les rues, inventaient mille facéties,[50] caracolaient.[51] La foule se battait sur le trottoir pour les regarder. Les gens de bien, chanceux, se massaient sur les balcons et leur lançaient des pièces. Ces jours-là, on ne pouvait retenir Sandrino à la maison. Il disparaissait. Parfois, les bonnes qui partaient à sa recherche le retrouvaient enivré, les habits maculés de taches[52] qui résistaient à la Javel.[53] Mais c'était rare. En général, il réapparaissait à la nuit et, sans crier, il recevait les raclées à coup de cuir[54] que lui administrait mon père.

7. Ma naissance

Le matin de Mardi gras, vers dix heures, des douleurs ont saisi ma mère: les premières contractions. Bientôt, pourtant, elles se sont espacées et l'ont laissée tranquille. Le docteur Mélas, quéri en hâte,[55] a assuré après un

---

[40]**compote** stewed fruit. [41]**beignet** fritter. [42]**décocher un coup de pied** to kick. [43]**une berceuse** a rocking chair. [44]**défilé de chars** parade of tanks. [45]**mas** *masque de carnaval (en créole).* [46]**moko zombi** *masque sur échasses (en créole).* [47]**juchés sur leurs échasses** perched on their stilts. [48]**défoncer les tympans** to pierce the eardrums. [49]**gwoka** *tambour (en créole).* [50]**inventer mille facéties** to come up with a thousand tricks. [51]**caracoler** to prance or caper around. [52]**taches** spots. [53]**Javel** bleach. [54]**des raclées à coup de cuir** leather belt beatings. [55]**quéri en hâte** fetched in haste.

examen que rien ne se passerait avant le lendemain. A midi, ma mère a mangé de bon appétit les beignets de la cuisinière, en a même redemandé et a bu une coupe de vin mousseux avec mon père. Elle a eu l'énergie de composer un sermon édifiant à l'adresse de Sandrino que Gitane venait de rattraper, la chemise flottant comme un drapeau,[56] à l'angle de la rue Dugommier. Sous peu, le Bon Dieu lui ferait cadeau d'une petite sœur (ou d'un petit frère) qu'il aurait mission de guider de ses conseils et bons exemples. Ce n'était pas le moment de faire le brigand.[57] Sandrino écoutait avec ce scepticisme qu'il réservait à tout ce que disaient mes parents. Il n'avait envie de servir d'exemple à personne et n'avait que faire[58] d'un nouveau-né. Pourtant, m'a-t-il assuré, il m'a aimée tout de suite quand, quelques heures plus tard, il m'a vue tellement laide et chétive dans ma robe digne d'une princesse.

À une heure de l'après-midi, venant de tous les coins des faubourgs, les mas ont envahi La Pointe. Quand les premiers coups de gwoka ont fait trembler les piliers du ciel, comme si elle n'attendait que ce signal-là, ma mère a perdu les eaux. Mon père, mes aînés, les servantes se sont affolés.[59] Pas de quoi! Deux heures plus tard, j'étais née. Le docteur Mélas est arrivé pour me prendre, toute visqueuse,[60] dans ses larges mains. Il devait répéter à qui voulait l'entendre que j'étais passée comme une lettre à la poste.

Il me plaît de penser que mon premier hurlement de terreur a résonné inaperçu[61] au milieu de la joie d'une ville. Je veux croire que ça avait été un signe, signe que je saurais dissimuler les plus grands chagrins sous un abord[62] riant. J'en ai voulu[63] à ma grande sœur Émilia qui elle aussi était née au milieu des pétarades et des feux d'artifice d'un 14 Juillet. Elle volait à ma naissance ce qui lui donnait à mes yeux son caractère unique. J'ai été baptisée en grande pompe un mois plus tard. Selon la coutume des familles nombreuses, mon frère René et ma sœur Émilia étaient mes parrain et marraine.[64] Quand, dix fois par jour, ma mère me faisait le récit des incidents bien ordinaires qui avaient précédé ma naissance, j'étais toute petite assise contre elle, sur ses genoux. Rien ne me faisait comprendre pourquoi je n'étais pas restée à l'intérieur de son ventre. Je n'avais qu'une seule envie: retourner là d'où j'étais venue et, ainsi, retrouver un bonheur que, je le savais, je ne goûterais plus.

---

[56]**la chemise flottant comme un drapeau** his shirt floating like a flag. [57]**brigand** bandit, rascal. [58]**il n'avait que faire** he couldn't be bothered with. [59]**se sont affolés** panicked. [60]**visqueuse** slimy, viscous. [61]**inaperçu** unnoticed. [62]**sous un abord riant** under a happy appearance/guise. [63]**en vouloir** to hold a grudge. [64]**parrain et marraine** godfather and godmother.

1–2

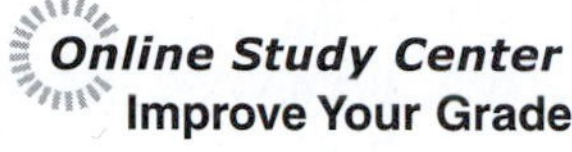

Reading Comprehension

Answer the following questions.

1. Où est-ce que les parents de la narratrice aimaient aller en congés?
2. Que veut dire: la France «était la mère patrie» pour les parents de la narratrice?
3. Quel âge avaient les parents de la narratrice quand elle est née?
4. Comment sa mère a-t-elle réagi au début?
5. Quel effet est-ce que cette réaction a eu sur la narratrice?
6. Les garçons de café pensaient faire un compliment aux parents de la narratrice en leur disant qu'ils parlaient bien le français, mais en réalité, comment les parents réagissaient-ils en entendant cela?

Vocabulary Study

In the following, find the terms that refer to members of a family and make a sentence with them.

père	chagrin
amies	enfants
mère	parents
frère	témoin
la petite dernière	gens

Structures

A. The Use of the Imperfect

> Generally speaking, the imperfect describes a condition or an action in progress in the past. It is used to answer questions like: *What were things or people like? What were people or things doing during a past period or at a given point in the past?*

Rewrite the following sentences in the imperfect.

EXAMPLE: Ma mère pense à Paris.
Ma mère pensait à Paris.

1. Sandrino est mon frère.
2. Il a dix-sept ans.
3. Il aime bien les filles!
4. Mon père commande à boire au café.
5. A cette époque, il habite dans le septième arrondissement.

B. The Use of the *passé composé*

The **passé composé** is used to present conditions or actions as completed events and to answer questions like: *What happened at that moment? What happened next?*

Rewrite the following passage in the **passé composé** using the appropriate auxiliary verb, **avoir** or **être.**

EXAMPLE: Le serveur donne à boire à mes parents.
Le serveur a donné à boire à mes parents.

Ma famille va au café. Nous prenons tous un jus de fruit. Le serveur nous dit: «Vous parlez bien le français!». Ma mère pleure et répond: «Évidemment, nous sommes français!». Elle boit son jus de fruit d'un air fâché. Ensuite, nous partons un peu tristes.

C. The Use of the Imperfect and the *passé composé*

Rewrite the following passage in the past using the imperfect to describe actions in progress or existing conditions and the **passé composé** to express completed events.

Nous arrivons en France en été. Il fait beau et les gens sont heureux parce que la guerre est finie. Mon père loue un appartement dans le septième. Nous y restons plusieurs semaines. Je rencontre des enfants de mon âge et nous jouons ensemble. Ce sont de belles vacances!

3–4

Reading Comprehension

Answer the following questions.

1. Qui était Sandrino et quelle était sa personnalité?
2. Quelles différences y avait-il entre la vie de la famille de la narratrice à Paris et à La Pointe, en Guadeloupe?
3. Quelle est l'attitude des parents de la narratrice face au créole?
4. Pourquoi Sandrino dit-il à sa sœur que leurs parents sont des «aliénés»?
5. En quoi l'explication de Sandrino change-t-elle le comportement de sa sœur?
6. Quelle nouvelle définition la narratrice donne-t-elle au terme d'aliéné en grandissant?

Vocabulary Study

Give a synonym or a definition for each of the following words.

être dans l'embarras	accrocher
comportement	être vissé
s'adosser	foi
figure	serment

Structures

A. The Formation of the *passé composé* of Reflexive Verbs

The verb **être** is used to form the **passé composé** of verbs used reflexively.

Je pose des questions à mon frère.	J'**ai posé** des questions à mon frère. *I asked my brother some questions.*

but:

Je me pose des questions.	Je **me suis posé** des questions. *I asked myself some questions.*

1. Find the reflexive verbs in sections 3 and 4.
2. Rewrite the following sentences in the **passé composé** using **être** when the verb is used reflexively.

EXAMPLE: Ma mère s'inquiète.
Ma mère s'est inquiétée.

1. Sandrino explique la situation.
2. Sandrino s'explique.
3. Sandrino étonne les filles.
4. Sandrino s'étonne parfois!
5. Ma famille trouve un bel appartement à Paris.
6. Ma famille se trouve dans un bel appartement à Paris.
7. Je tourne la tête vers mon frère.
8. Je me tourne vers mon frère.

B. Expressions of Time

Expressions of time must be modified to fit the tense of the sentence.

Aujourd'hui ma mère va chez le médecin parce qu'hier elle ne se sentait pas bien.

Ce jour-là elle est allée chez le médecin parce que la veille elle ne se sentait pas bien.

Présent	**Passé**
aujourd'hui	ce jour-là
hier	la veille
demain	le lendemain
maintenant	à ce moment-là
de nos jours	en ce temps-là

Rewrite the following paragraphs in the past tense making the necessary changes.

A. Aujourd'hui, je vais me promener dans la rue parce qu'hier j'étais trop fatiguée pour sortir. Maintenant, il fait trop beau et je me sens trop bien pour rester dans ma chambre!

B. Demain, après ma promenade, je vais au café avec ma famille. De nos jours, les familles sortent encore souvent ensemble!

5–6

Reading Comprehension

Answer the following questions.

1. Combien d'enfants y avait-il dans la famille de Maryse Condé avant sa naissance?
2. La mère de Condé, madame Boucolon, est-elle toujours malheureuse d'être enceinte? Pourquoi?
3. Que veut dire Condé par «la mauvaise grossesse» de sa mère?
4. Madame Boucolon s'est-elle arrêtée de travailler à cause de sa condition? Pourquoi?
5. Que pensait la directrice de l'école de la condition de madame Boucolon?
6. Pourquoi le jeudi était-il un jour spécial pour la mère de Condé?
7. Qui est-ce que monsieur Boucolon revoyait pendant la grossesse de sa femme?
8. Quel régime le docteur Mélas a-t-il imposé à madame Boucolon à la fin de sa grossesse? Pourquoi?
9. A quelle époque de l'année madame Boucolon a-t-elle accouché?
10. Pourquoi est-ce que monsieur Boucolon punissait son fils chaque année à cette époque?

Vocabulary Study

A. Combine elements from each column to create a logical sentence.

1	2
Mon père administrait	ont commencé à enfler.
Pour le repos	s'est rapproché de ses amis.
Les jambes de ma mère	a fini par arriver.
Ma mère tenait son parasol	dans la glace.
La famille	la sueur de son front.
Elle fredonnait	des raclées à coup de cuir.
Mon père	une vieille chanson créole.
Son état	il y avait jeudi.
La directrice épongeait	d'un poignet sans force.
Ses rides	comptait déjà beaucoup d'enfants.
Le terme de ma mère	s'estompaient.
Ma mère se regardait	a empiré.

B. Find a synonym for the following words, making sure not to alter their meaning in the context of the story.

fredonner	compter	éponger
la glace	s'estomper	

Structures

A. Nouns Derived from Adjectives

In the following sentences, replace the nouns in italics with their corresponding adjectives, using the verb **être,** as shown in the example.

EXAMPLE: On admirait la beauté de ma mère.
Que ma mère était belle!

1. On vantait la *gentillesse* de mes sœurs.
2. La situation de ma mère provoquait un grand *intérêt.*
3. On acclamait la *générosité* de Sandrino.
4. On se plaignait de la *méchanceté* de ma mère.
5. Ma mère avait retrouvé sa *jeunesse.*

B. Adverbs

Adverbs can modify a verb, an adjective, an adverb, or a sentence. Adverbs can indicate space, time, quantity, manner, affirmation, negation, opposition, and doubt.

Pourtant (opposition) *son état a vite tourné à la mauvaise grossesse. Quand les nausées ont cessé, les vomissements ont pris la relève.* ***Puis (time)*** *les insomnies.* ***Puis (time)*** *les crampes.* ***Cependant (opposition)****, elle continuait de travailler parce qu'****en ce temps-là (time)*** *on ne connaissait pas les congés de maternité. Elle travaillait* ***lentement (manner)*** *mais* ***beaucoup (quantity)****. Ce n'était* ***certainement pas (negation)*** *bon pour sa santé! Les docteurs ne le savaient* ***peut-être (doute)*** *pas...*

Translate the following paragraph. Note that the words in italics are adverbs.

Yesterday, my mother went to the doctor. *First*, he told her to drink *a lot* of liquids, and *then*, he told her to eat *a lot* of fruit. *Unfortunately*, she didn't have any fruit at home. *So* she *quickly* went to the market. *There*, she bought *a lot* of fruit and fruit juice.

C. Definite and Indefinite Articles

> Definite articles are used when referring to something specific, already known or implied (*Ma mère a mangé* ***les fruits*** *que Madonne a achetés*), when qualifying an abstract notion (***La patience*** *est une vertu*), a generality (***Les hommes*** *ne comprennent rien!*) or stating likes and dislikes (*Ma mère aimait* ***le vin mousseux*** *et* ***la télévision***). Indefinite articles are used for *a* or *some* when the noun can be counted (*J'ai mangé* ***des oranges****. Combien? Cinq!*).

Fill in the blanks with the correct article.

Ma mère n'aime pas ____ fruits, mais ____ docteur veut qu'elle mange ____ fruits tous ____ jours. ____ femmes enceintes ne sont pas toujours très faciles! Mais bien sûr, il y a ____ exceptions!

7

Reading Comprehension

Answer the following questions.

1. Le docteur avait-il raison de dire que le bébé naîtrait seulement le lendemain?
2. Pourquoi madame Boucolon a-t-elle fait un sermon à Sandrino?
3. Est-ce que Sandrino accepte facilement ce que ses parents lui disent?
4. Comment est-ce que Sandrino a réagi en voyant le bébé?
5. Est-ce que l'accouchement a été difficile?
6. Pourquoi est-ce qu'on n'a pas entendu le premier cri du bébé?
7. À quel autre membre de la famille est-ce que cela est arrivé?
8. Pourquoi Maryse Condé voulait-elle retourner dans le ventre de sa mère?

Vocabulary Study

Put the following words into either the "giving birth" category or the "time" category. Give a definition for each word you put into the "giving birth" category.

vers dix heures	tout de suite
des douleurs	quelques heures plus tard
contractions	à une heure de l'après-midi
bientôt	perdre les eaux
docteur	deux heures plus tard
examen	passer comme une lettre à la poste
à midi	le 14 Juillet
sous peu	un mois plus tard

Structures

The Use of the Conditional Tense to Express the Future

The conditional tense can be used to indicate the future, what is about to happen, in the same way as in English. It is usually a form of the indirect discourse or the implied indirect discourse. In the first case, it is clearly stated that someone said something, in the second, it is only implied.

Le docteur Mélas a assuré que rien ne **se passerait** avant le lendemain. *(Indirect discourse)*

Sous peu, le Bon Dieu lui **ferait** cadeau d'une petite sœur. *(Implied indirect discourse)*

Translate the following sentences, and indicate whether the sentences are in indirect discourse or implied indirect discourse.

1. Sandrino's mother told him he would regret his behavior.
2. Soon he would be the brother of a new born.
3. He would tell her many secrets.
4. His father said he would sing to the baby.
5. Émilia would be the baby's godmother.
6. The baby would never again know the happiness of being in her mother's body.

Communicative Activities

Prepare two of the topics listed below to be discussed in class. You should be ready to quote lines from the text in support of the views expressed. You will be asked to defend your arguments with a partner, in a group, or in front of the whole class.

1. Condé mentionne le concept des congés de maternité. Expliquez en quoi ce système a changé depuis l'enfance de Condé. Quel ton prend Condé pour en parler? Pensez-vous que les congés de maternité sont un bon ou un mauvais système?
2. Le père de Condé est content d'être à l'abri des «dégueulasseries» de femmes et fier d'être un homme. Que veut dire la narratrice par le terme «dégueulasseries de femmes»? Que pensez-vous de ce passage et du personnage du père?
3. La mère de Condé a déjà un certain âge quand elle tombe enceinte pour la dernière fois. La réaction de son amie Sidonie ressemble à sa propre réaction au début de sa grossesse. Expliquez cette réaction et dites ce que vous en pensez.
4. La réaction de la mère change après un certain temps. Résumez ce changement. Comment l'expliquez-vous?

Le cœur à rire et à pleurer (suite)

8. La petite école

À La Pointe, en mon temps, il n'y avait pas de maternelles ni de jardins d'enfants. Aussi, les petites écoles payantes proliféraient. Certaines s'attribuaient des noms pompeux: «Cours privé Mondésir». D'autres, des noms rigolos: «Les Bambinos». Mais la plus cotée,[1] celle où les gens qui se croyaient grands bourgeois envoyaient leurs enfants, était l'école des sœurs Rama, Valérie et Adélaïde. Elle était située dans une petite rue paisible, derrière la cathédrale Saint-Pierre-et-Saint-Paul, au rez-de-chaussée d'une maison haute et basse qui donnait sur une cour plantée de manguiers qui en toute saison ombrageaient les jeux des élèves.[2] Les sœurs Rama étaient deux vieilles demoiselles d'apparence identique au premier coup d'œil.[3] Très noires, presque bleues. Minces, voire sèches. Le cheveu soigneusement tiré en chignon. Toujours vêtues de couleurs sombres comme si elles portaient le deuil. À les examiner de près cependant, on remarquait que Valérie avait un signe de chair[4] au-dessus de la lèvre supérieure, qu'Adélaïde riait avec les dents écartées du bonheur et était tout de même moins compassée.[5] Elle ajoutait parfois un col de dentelle à ses robes et souvent la blancheur de son jupon dépassait.[6]

Valérie comme Adélaïde étaient fort cultivées.[7] Ceux qui avaient accès au bureau qu'elles partageaient au premier étage admiraient les cloisons[8] entièrement tapissées de livres. Tout Victor Hugo. Tout Balzac. Tout Émile Zola. Il y avait aussi un portrait de leur père qui était mort. Il avait été le premier juge d'instruction noir de la Guadeloupe. Ma mère, qui, j'ignore pourquoi, n'aimait pas les sœurs Rama regrettait vivement que cette belle lignée[9] s'apprête à s'éteindre. Pourquoi ni Valérie ni Adélaïde n'avaient-elles trouvé de maris? Ma mère avait une telle réputation que les sœurs Rama ont refusé dans un premier temps de m'accepter dans leur école. Elles ne se sont

---

[1]**la plus cotée** the better thought of. [2]**des manguiers ombrageaient les jeux des élèves** mango trees shaded the children's games. [3]**au premier coup d'œil** at first glance. [4]**signe de chair** *point de beauté,* beauty mark or mole *(en créole).* [5]**compassé** formal, stuffy. [6]**la blancheur de son jupon dépassait** her white slip stuck out. [7]**cultivées** knowledgeable. [8]**cloisons** walls. [9]**lignée** ligneage.

laissé convaincre qu'à condition de pouvoir m'administrer une correction[10] à chaque fois que je le mériterais. Ma mère a beaucoup ronchonné:[11]

—Comment cela une correction? Je ne veux pas qu'on touche mon enfant!

Mais, exceptionnellement, mon père a eu le dernier mot et j'ai fait ma rentrée.[12] Pendant ces premières années, l'école a été pour moi le bonheur. Je n'avais pas encore commencé de la détester, de la considérer comme une prison où l'on doit se conformer à des règles sans signification.

9. Madonne

Dans notre milieu, toutes les mères travaillaient et c'était leur grande fierté. Elles étaient pour la plupart institutrices et ressentaient le plus vif mépris[13] pour le travail manuel qui avait tellement fatigué leurs mères. Pour nous, pas de manmans[14] restant à la maison, nous accueillant avec de gros baisers sur le pas de la porte, après leur journée à laver et repasser le linge avec des carreaux brûlants[15] ou à faire bouillir des racines[16] et, le soir, nous racontant les contes créoles de Zamba ou de Lapin. À cinq ans, nous savions tout des malheurs de Peau d'Âne.[17] À sept, tout de ceux de Sophie.[18] Nos pères, eux aussi, partaient très tôt, cravatés, coiffés de casques coloniaux. C'est donc avec une bonne que nous allions à l'école en troupe d'enfants du même quartier. Cette bonne devait être une personne de toute confiance. L'assemblée des parents a rejeté à l'unanimité plusieurs bonnes pour diverses raisons.

Le choix s'est porté sur Madonne, notre propre bonne, qui avait la cinquantaine. Une grande chabine[19] triste qui laissait ses six enfants se débrouiller[20] comme ils pouvaient sur le morne Udol[21] et qui, dès cinq heures du matin, faisait couler le café dans notre cuisine. Madonne n'était pas sévère. Elle se contentait de marcher devant nous et de frapper de temps à autre dans ses mains à mon intention, car j'étais toujours la dernière, tête levée à m'aveugler[22] avec l'éclat du soleil. Elle me permettait de ramasser des graines d'église[23] sur la place de la Victoire dans l'idée

---

[10]**une correction** a punishment. [11]**ronchonner** to grumble. [12]**faire sa rentrée** to start one's school year. [13]**mépris** contempt. [14]**manmans** *prononciation enfantine du mot* ***mamans***. [15]**repasser le linge avec des carreaux brûlants** ironing the laundry with burning hot tiles. [16]**racines** roots. [17]**Peau d'Âne** *conte de Charles Perrault écrit en 1694.* [18]**Les malheurs de Sophie** *roman de la Comtesse de Ségur écrit en 1864.* [19]**chabine** mulato. [20]**se débrouiller** to manage. [21]**le morne Udol** quartier défavorisé de la Guadeloupe. [22]**à m'aveugler** blinding myself. [23]**graines d'église** rosary beads.

d'en faire un collier. Au lieu d'un chemin direct, elle faisait des tours et des détours. Pour toutes ces raisons, nous nous sommes trouvées bien chagrinées quand le drame est survenu.

Un matin, Madonne a commis la faute impardonnable de ne pas se présenter à son travail. Une de mes sœurs a dû préparer le petit-déjeuner. Une autre, nous conduire à l'école. Vers la fin de la journée, alors qu'on ne l'espérait pas, un de ses garçons s'est présenté chez nous. Il a expliqué dans son mauvais français que sa maman avait dû emmener sa fille, gravement malade, à l'hospice Saint-Jules et que non seulement elle avait besoin d'une avance sur son mois,[24] mais qu'elle demandait plusieurs jours de congé. Ma mère a calculé rapidement, a payé tout ce qu'elle devait[25] et a renvoyé Madonne sur-le-champ,[26] attitude qui a été diversement commentée par les autres parents. Dans leur ensemble, ils ont jugé que ma mère avait tort.[27] On le savait déjà, elle était méchante. Après cela, je crois que ma sœur Thérèse a été chargée de nous mener chez les sœurs Rama. À quelques jours de là, comme, un après-midi, je traînais bonne dernière de la troupe à mon habitude, je me suis trouvée nez à nez avec un garçon massif et haut. Il a murmuré de façon que je sois seule à l'entendre:

—Bou-co-lon (il martelait les trois syllabes de mon nom avec férocité), an ké tchouyé-w![28]

10. Le garçon

Puis, il s'avança sur moi d'un air terrifiant comme s'il allait joindre le geste à la parole. De toute la vitesse de mes jambes, j'ai couru me mettre en sûreté à la tête du petit groupe. Le lendemain matin, je ne l'ai pas vu. Hélas! à quatre heures de l'après-midi, le cœur tremblant de peur, je l'ai reconnu debout à un coin de la rue. Le pire est qu'il avait tout l'air d'un enfant ordinaire. Ni plus sale ni plus en désordre qu'un autre. Chemisette et short kaki, sandalettes aux pieds. Je suis rentrée chez moi, ma main fermement accrochée à celle de Thérèse qui n'en revenait pas.[29] Pendant quelques jours, je ne l'ai pas revu et j'ai voulu croire que j'avais fait un mauvais rêve. Puis, il est réapparu alors que, l'esprit oublieux,[30] je sautais à cloche-pied[31] en me murmurant une histoire. Cette fois, il ne s'est pas contenté de me menacer. Il m'a jetée à terre d'une bourrade[32] dans le côté.

---

[24]**son mois** her month's salary. [25]**devoir** to owe. [26]**renvoyer sur le champ** to fire right away. [27]**avoir tort** to be wrong. [28]**an ké tchouyé-w** *je vais te tuer (en créole).* [29]**qui n'en revenait pas** who couldn't believe it. [30]**l'esprit oublieux** with a forgetful mind. [31]**à cloche-pied** hopping. [32]**une bourrade** a hard shove.

Quand la violence de mes cris a ramené Thérèse auprès de moi, il était parti. Elle a affirmé que je mentais[33] puisque je mentais tout le temps, répétait-on à la maison. Ce manège[34] a duré, me semble-t-il, des semaines. Le garçon se montrait rarement le matin et n'était pas régulier non plus les après-midi. Aussitôt que j'étais persuadée de ne plus jamais le revoir, il réapparaissait, plus effrayant encore. La plupart du temps, il ne pouvait pas me toucher. Aussi, il se contentait de m'adresser de loin les grimaces les plus horribles et les gestes les plus obscènes. J'ai commencé à pleurer dès qu'il me fallait m'aventurer au-dehors et, tout au long du trajet qui menait à l'école, à m'accrocher désespérément aux jupes de Thérèse. Ma mère allait m'emmener consulter le docteur Mélas, car la constance de mon délire l'inquiétait, quand Adélaïde Rama a fini par remarquer un garçon qui tournait fréquemment autour de l'école aux heures de sortie. Quand elle a essayé de l'approcher, il est parti en courant comme s'il avait mauvaise conscience. Sa description correspondait à la mienne. On m'a crue.[35] Désormais, mon père m'a escortée lui-même sur le chemin de l'école. Sa main enserrait mon poignet, sèche comme une menotte de gendarme.[36] Il marchait tellement vite que je devais courir pour garder le même pas que lui. Il traversait les rues de son allure de géant, au nez des voitures qui klaxonnaient pour l'avertir.[37] Mais le but a été atteint:[38] le garçon a pris peur. Il a disparu. À jamais.

Chacun a cherché une explication au mystère. Qui était mon agresseur? Que me voulait-il réellement? Mes parents m'ont offert la leur. Le monde se divisait en deux classes: la classe des enfants bien habillés, bien chaussés, qui s'en vont à l'école pour apprendre et devenir quelqu'un. L'autre classe, celle des scélérats et des envieux[39] qui ne cherchent qu'à leur nuire.[40] La première classe ne doit donc jamais traîner[41] en marchant et à tout instant se protéger.

L'explication de Sandrino m'a bien davantage séduite. Elle était plus convaincante parce que plus romanesque. D'après lui, il avait vu Madonne passer plusieurs fois dans notre quartier, habillée en grand deuil, car sa fille était morte à l'hospice Saint-Jules. Son fils outré du malheur de sa mère et de l'injustice que notre famille lui avait faite, avait pris la résolution de se venger. Il s'était—lâchement peut-être—attaqué à moi, le membre le plus vulnérable.

---

[33]**mentir** to lie. [34]**ce manège** this little game. [35]**on m'a crue** they believed me. [36]**une menotte de gendarme** a policeman's handcuff. [37]**des voitures qui klaxonnaient pour l'avertir** cars that honked to warn him. [38]**le but a été atteint** the goal was reached. [39]**des scélérats et des envieux** villains and envious people. [40]**nuire à quelqu'un** to hurt someone. [41]**traîner** to lag or trail behind.

11. Mon amie Yvelise

Ma meilleure amie, que je connaissais depuis le cours préparatoire à l'école Dubouchage, se nommait Yvelise. Aimante, rieuse, de caractère aussi égal que le mien était lunatique. Je lui enviais son prénom formé par addition de ceux de son père et de sa mère: Yves et Lise. C'est que je n'aimais pas beaucoup le mien. Mes parents me répétaient souvent que c'était celui des deux valeureuses aviatrices qui avaient accompli je ne sais quel raid aérien peu avant ma naissance, mais cela ne m'impressionnait pas du tout.

Quand Yvelise et moi marchions bras dessus bras dessous sur la place de la Victoire, les gens nous demandaient si nous étions jumelles.[42] Nous ne nous ressemblions pas, mais nous étions de la même couleur, pas trop noires noires, pas rouges non plus, de même hauteur, pareillement gringalettes,[43] souvent habillées de robes semblables.

Bien que sa cadette de dix ans, Lise comptait parmi les meilleures amies de ma mère. Elles avaient le même statut envié dans la société, toutes deux étant institutrices, mariées à des hommes à l'aise[44] matériellement. Mais alors que ma mère s'appuyait sur un partenaire sans reproche, Yves était un coureur fini.[45] Lise n'avait jamais pu garder une servante ou une bonne amie excepté ma mère. Yves avait donné un ventre[46] à chacune des petites parentes[47] de la campagne qu'on lui avait confiées pour leur éducation. En fait, quand Lise et ma mère étaient ensemble, ma mère passait le temps à écouter un poignant récit d'infortunes conjugales, et en retour, à donner ses conseils. Elle n'y allait pas par quatre chemins,[48] recommandant le divorce avec forte pension alimentaire.[49] Lise faisait la sourde oreille[50] parce qu'elle adorait son beau nègre, tout voltigeur qu'il était.[51]

Mon bonheur a été complet quand Yvelise a quitté les Abymes et est venue habiter rue Alexandre-Isaac. Une maison voisine de la nôtre et presque aussi belle. Deux étages peinturés en blanc et bleu. Des fleurs en pots sur le balcon. L'électricité. L'eau courante. Sous prétexte de l'aider dans ses devoirs et ses leçons, j'étais constamment chez elle. J'aurais aimé vivre là. Sa mère, absorbée par ses malheurs amoureux, n'était pas sur notre dos. Son père, les rares fois où il était à la maison, se comportait en joyeux bougre,[52] rieur et blagueur. Ce n'était certes pas un sentencieux[53]

---

[42]**jumelles** twins. [43]**gringalette** scrawny. [44]**à l'aise** well off. [45]**un coureur fini** the worst of womanizers. [46]**donner un ventre à quelqu'un** to make someone pregnant. [47]**parentes** female relatives. [48]**elle n'y allait pas par quatre chemins** she didn't beat around the bush. [49]**pension alimentaire** alimony. [50]**faire la sourde oreille** to play deaf. [51]**tout voltigeur qu'il était** in spite of his fluttering about. [52]**un joyeux bougre** a happy chap. [53]**sentencieux** sententious.

comme mon père. Et surtout, pour un oui, pour un non, ses trois frères baissaient leurs shorts et me montraient leur kiki.[54] Parfois même, ils me laissaient toucher.

12. Le Petit Lycée

Le matin, cartable au dos, nous trottions du même trot vers notre nouvelle école, le Petit Lycée. Je me rappelle le bonheur de ces courses dans une ville qui, semblait-il, n'appartenait qu'à nous, les enfants. Les marchandes étalées à même le sol sur leurs larges fessiers offraient des topinambours et des dannikites.[55] On vendait du jus de canne dans des timbales de fer-blanc. Le Petit Lycée venait de s'ouvrir rue Gambetta et nos parents, par pure vanité, s'étaient bousculés[56] pour nous inscrire. Je ne m'y plaisais pas. D'abord, j'avais perdu mon prestige d'enfant-d'une-des-maîtresses. Ensuite, on y était à l'étroit.[57] C'était une ancienne maison bourgeoise qui ressemblait à celle où nous logions. Salles de bains et cuisines avaient été transformées en salles de classe. Nous ne pouvions pas faire notre désordre dans la minuscule cour de récréation où nous jouions sagement à la marelle.[58]

À l'école, tout me séparait d'Yvelise.

Oui, nous étions dans la même classe. Oui, nous étions assises côte à côte dans nos robes souvent pareilles. Mais, tandis que je continuais sans effort d'être première partout, Yvelise était bonne dernière. Si ses parents n'avaient pas été ce qu'ils étaient, elle n'aurait jamais franchi le seuil[59] du Petit Lycée. Yveline ne lisait pas, elle ânonnait.[60] Elle réfléchissait un long moment pour découvrir ce que font mystérieusement 2 et 2. Ses dictées comportaient cinquante fautes. Elle était incapable de retenir une fable de La Fontaine. Quand la maîtresse l'appelait au tableau, dans son désespoir, Yvelise se tordait et gigotait[61] tellement que la classe rugissait de rire. Il n'y avait qu'en musique qu'elle excellait, car le Bon Dieu l'avait dotée d'une voix de rossignol. La maîtresse de piano lui faisait chanter en solo la barcarolle des *Contes d'Hoffmann*. Qu'Yvelise soit mauvaise élève n'affectait en rien nos relations. Cela ne faisait qu'éveiller mon instinct protecteur. J'étais son chevalier Bayard.[62] Celles qui voulaient se moquer d'elle devaient d'abord en découdre avec moi.

---

[54]**kiki** informal term for penis. [55]**dannikite** *galette salée (en créole).* [56]**s'étaient bousculés** had jostled. [57]**on y était à l'étroit** we were in tight quarters. [58]**à la marelle** hopscotch. [59]**franchir le seuil** to cross the threshold. [60]**ânonner** to mumble. [61]**se tordait et gigotait** wiggled about. [62]**chevalier Bayard** the good knight without fear and without reproach.

Je n'étais pas la seule au Petit Lycée à affectionner Yvelise. Pour sa douceur de caractère, notre maîtresse, Mme Ernouville, l'adorait. Si j'étais sa bête noire à cause de mon indiscipline et surtout de ma manière, imitée de Sandrino, de me moquer de tout le monde, même des personnes, précisait-elle, qui en savaient plus que moi, Yvelise était sa petite doudou. Elle avait plus d'une fois engagé la directrice, amie de Lise, à mettre cette dernière en garde contre la mauvaise fréquentation que je représentais. Cette maîtresse-là, moi non plus, je ne la portais pas dans mon cœur. Elle était courte et grasse. Elle était claire de peau comme une albinos et elle parlait avec un accent nasal.

Je croyais mes rapports d'amitié avec Yvelise éternels. Pourtant, par sa méchanceté et la perversité de son esprit, Mme Ernouville a failli y mettre un terme.[63]

13. Le devoir de français

Au mois de décembre, elle nous a donné à écrire un sujet bien peu original: «Décrivez votre meilleure amie.»

Ce devoir m'ennuyait. Je l'ai bâclé[64] et n'y ai plus pensé, après avoir remis mon cahier de français. Quelques jours plus tard, Mme Ernouville en a commencé la correction par cette sentence:

—Maryse, huit heures de colle[65] à cause des quantités de méchancetés que tu as écrites sur Yvelise.

Méchancetés? Là-dessus, elle s'est mise[66] à lire ma rédaction de sa voix graillonneuse:[67] «Yvelise n'est pas jolie. Elle n'est pas non plus intelligente.» Les élèves ont pouffé de rire et, du coin de l'œil, ont regardé Yvelise qui, blessée par cette franchise brutale, avait l'air triste. Mme Ernouville a poursuivi sa lecture. Avec la même maladresse, je me suis ensuite efforcée d'expliquer le mystère de l'amitié entre la cancre et la surdouée.[68] À vrai dire, les choses en seraient restées là, quelques rires d'élèves, une bouderie[69] passagère d'Yvelise trop bonne pour garder longtemps gros cœur. Mais Mme Ernouville avait décidé de faire un rapport à la directrice sur ce qu'elle appelait ma méchanceté. Celle-ci, outrée, a informé la mère d'Yvelise qui a violemment reproché à ma mère l'éducation qu'elle me donnait. J'avais traité sa fille de laideron demeuré.[70]

---

[63]**a failli y mettre un terme** almost put an end to it. [64]**bâcler** to botch. [65]**colle** detention. [66]**se mettre à** *commencer.* [67]**de sa voix graillonneuse** with a hoarse voice. [68]**cancre et surdouée** dunce and gifted child. [69]**une bouderie** a sulk. [70]**laideron demeurée** retarded ugly duckling.

Qu'est-ce que je me croyais, hein? J'étais le digne rejeton d'une famille où l'on pétait plus haut que ses fesses,[71] d'une famille de nègres qui se prenaient pour ce qu'ils n'étaient pas. Ma mère s'est choquée de ces propos. Mon père aussi. À son tour, le père d'Yvelise s'est fâché. Bref, les grandes personnes sont entrées dans la danse et ont oublié l'origine enfantine de cette querelle.[72] La conséquence a été que ma mère m'a interdit de mettre les pieds chez Yvelise.

J'ai dû obéir et j'ai été à l'agonie. Chez l'enfant, l'amitié a la violence de l'amour. Privée d'Yvelise, je ressentais une douleur constante, pénétrante comme un mal aux dents. Je ne dormais plus. Je n'avais plus faim et flottais dans mes robes. Rien ne me distrayait: ni mes jouets tout neufs de la Noël, ni les clowneries de Sandrino, ni même les spectacles en matinée à la Renaissance.[73] Moi qui adorais le cinéma, je ne prêtais plus aucune attention aux films de Shirley Temple. Dans ma tête, je composais mille lettres à Yvelise dans lesquelles je m'expliquais et tentais de m'excuser. Pourtant, m'excuser de quoi? Qu'est-ce qu'on me reprochait? D'avoir dit la vérité? C'est vrai qu'Yvelise était loin d'être une beauté. Sa mère le lui rappelait en soupirant à la moindre occasion. C'est vrai qu'elle ne faisait rien à l'école. Tout le monde le savait. Les congés de Noël ont duré une éternité. Enfin, le Petit Lycée a rouvert ses portes. Yvelise et moi nous sommes retrouvées dans la cour de récréation. À son regard sans joie, à sa bouche sans sourire, j'ai su qu'elle avait souffert autant que moi. Je me suis approchée d'elle et lui ai tendu ma barre de chocolat en murmurant d'une voix suppliante:

—Tu veux la moitié?

Elle a fait oui de la tête et m'a tendu la main du pardon. En classe, nous avons repris nos places habituelles et Mme Ernouville n'a pas osé[74] nous séparer.

Jusqu'aujourd'hui, mon amitié avec Yvelise, après l'éclipse de l'adolescence, a résisté à d'autres drames.

---

[71]**J'étais le digne rejeton d'une famille où l'on pétait plus haut que ses fesses** I was the worthy kid of a family that thought they were all that. [72]**l'origine enfantine de cette querelle** the childish origins of this argument. [73]**les spectacles en matinée à la Renaissance** the morning shows at the theater "La Renaissance". [74]**oser** to dare.

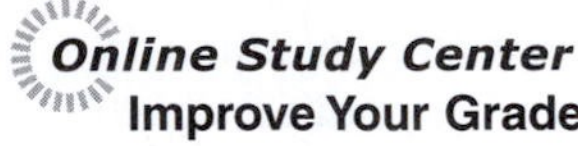

Exercises

Online Study Center
Improve Your Grade

8–9

Reading Comprehension

Answer the following questions.

1. Quelle sorte d'enfants allait à l'école des sœurs Rama?
2. Comment sait-on que les deux sœurs étaient cultivées?
3. Pourquoi les sœurs n'ont-elles pas voulu, au début, accepter Maryse dans leur école?
4. Quelle condition ont-elles posée?
5. Comment les parents de Maryse ont-ils réagi?
6. Quelles sortes d'histoires est-ce que les enfants comme Maryse apprenaient? Pourquoi?
7. Qui accompagnait les enfants à l'école?
8. Pourquoi Madonne ne s'est-elle pas présentée à son travail un jour?
9. Comment la mère de la narratrice a-t-elle réagi?
10. Avec qui est-ce que Maryse s'est retrouvée nez à nez?

Vocabulary Study

Write a complex sentence with each of the verbs or phrases.

Ressentir du mépris pour quelqu'un/quelque chose
Faire bouillir quelque chose
Empêcher quelqu'un ou quelque chose de faire quelque chose
Rejeter quelqu'un ou quelque chose
Laisser quelqu'un faire quelque chose
Se débrouiller
Renvoyer quelqu'un
Traîner
Se trouver nez à nez avec quelqu'un

Structures

A. The Use of *comme si* + Imperfect to Express a Hypothetical State or Action

Rewrite the following sentences by using **comme si** + imperfect.

EXAMPLE: Les sœurs Rama étaient vêtues de couleurs sombres. Elles paraissaient porter le deuil d'épouses et de mères.
Les sœurs Rama étaient vêtues de couleurs sombres comme si elles portaient le deuil d'épouses et de mères.

1. Les sœurs Rama ont refusé Maryse. Elle paraissait être un véritable monstre.
2. Adélaïde a levé la main. Elle paraissait vouloir frapper Maryse.
3. La mère de Maryse s'est fâchée. Adélaïde paraissait vraiment frapper Maryse.
4. Le père de Maryse a parlé aux sœurs. Il paraissait comprendre la situation.
5. Tout le monde s'est calmé. Rien ne paraissait s'être passé.

B. The Present Participle

The present participle can be used in the place of a relative clause.

Pour nous, pas de manmans **restant** à la maison, nous **accueillant** avec de gros baisers sur le pas de la porte, nous **racontant** les contes créoles de Zamba ou de Lapin.

This sentence is equivalent to:

Pour nous, pas de manmans **qui restaient** à la maison, **qui** nous **accueillaient** avec de gros baisers sur le pas de la porte, **qui** nous **racontaient** les contes créoles de Zamba ou de Lapin.

Rewrite the following paragraph using the present participle instead of the relative clause.

Madonne était une grande chabine toujours de bonne humeur, qui faisait le café tous les matins, qui nous accompagnait à l'école, qui me permettait de ramasser des graines d'église, et qui faisait des détours pour nous faire plaisir.

10

Reading Comprehension

Answer the following questions.

1. De quoi avait l'air le garçon qui menaçait Maryse?
2. En général, comment est-ce que le garçon lui faisait peur?
3. Pourquoi est-ce que personne ne l'a crue quand elle a parlé du garçon?
4. Qu'est-ce qui leur a fait changer d'avis?
5. Qu'est-ce qui a mis fin à la situation?
6. Résumez l'explication des parents de Maryse et celle de son frère.

Vocabulary Study

Write a sentence with each of the following words.

parole
cortège
effroi
en désordre
se contenter de
hurlements
mentir
ressurgir
trajet
détaler
poignet
nuire
se venger

Structures

A. The Uses of the Pronoun *me*

> The French pronoun **me** can be a direct pronoun, and indirect pronoun, and a reflexive pronoun.

Indicate which kind of pronoun is being used in the following sentences.

1. Je jouais en me marmonnant une histoire.
2. Le garçon ne pouvait pas me toucher.
3. Il se contentait de m'adresser des grimaces.
4. Je m'accrochais désespérément aux jupes de Thérèse.
5. Ma mère allait m'emmener consulter le docteur Mélas.
6. Finalement, on m'a crue.
7. Désormais, mon père m'a escortée lui-même à l'école.
8. Mes parents m'ont offert leur explication.

B. The Use of Possessive Pronouns

Replace the direct object with a possessive pronoun.

EXAMPLE: Sandrino a changé *son nom.*
Sandrino a changé **le sien**.

1. Personne n'a cru *mon mensonge*.
2. Le garçon portait ses *sandalettes*.
3. Mes parents protégeaient *leur fille*.
4. Sandrino a donné *son explication*.
5. Les sœurs Rama partageaient *leur bureau*.
6. Yvelise, tu m'as donné *ton amitié*.

11–12

Reading Comprehension

Answer the following questions.

1. Pourquoi est-ce que Maryse aimait le nom de sa meilleure amie?
2. Malgré les nombreuses ressemblances entre la vie de la mère de Maryse et celle de la mère d'Yvelise, il y avait une grande différence. Quelle était cette différence?
3. Quels conseils est-ce que madame Boucolon donnait à son amie?
4. Quel événement a rendu la vie de Maryse encore plus heureuse?
5. Pourquoi est-ce que les filles allaient au Petit Lycée?
6. Pourquoi est-ce que Maryse n'aimait pas cette école?
7. Quelles sortes d'élèves étaient les deux filles?
8. Qu'est-ce qui faisait rire les autres filles de la classe?
9. En quoi est-ce qu'Yvelise excellait?
10. Pourquoi est-ce que la maîtresse aimait Yvelise?
11. Est-ce qu'elle aimait Maryse aussi? Pourquoi?
12. Qu'est-ce que la maîtresse a failli faire?

Vocabulary Study

Half the class will pick Column 1, the other half Column 2. For each word in your column, come up with a definition. Your partner or the whole class will have to guess which word matches your definition. Make sure to use starters such as: *c'est ce qu'on fait quand ..., c'est quand ..., c'est là où ..., c'est quelqu'un qui ..., ça sert à ..., c'est pareil que/la même chose que ..., c'est ce qu'il y a ...*

1	2
se nommer	ma naissance
bras dessus bras dessous	aviatrices
institutrices	jumelles
pension alimentaire	un coureur
étages	faire la sourde oreille
les marchandes	un cartable
être à l'étroit	des timbales
cour de recréation	être première
les dictées	une voix
se moquer	la méchanceté

Structures

A. The Use of *ne que*

Ne que can be used instead of **seulement**.

Il **n**'y avait **qu**'en musique qu'Yvelise excellait. (Yvelise excellait seulement en musique.)

Rewrite the sentences replacing **seulement** with **ne que**.

1. J'étais seulement une élève normale au Petit Lycée.
2. J'étais seulement à quinze minutes de l'école.
3. Je connaissais seulement Yvelise.
4. J'avais seulement deux livres.

Translate the following sentences.

1. All my father did was to read.
2. All my sisters did was play.
3. All that it did was to annoy me.
4. All Sandrino did was sleep.

B. The Uses of *plaire*

The verb **plaire (à)** or **se plaire** is often used instead of **aimer** and to express the idea of enjoying oneself. The past participle of **plaire** is **plu.**

La vieille école me plaisait, mais je ne me plaisais pas à la nouvelle école.
I liked the old school, but I didn't enjoy myself at the new one.

Rewrite the following sentences using the verb **plaire.**

1. Je n'aimais pas beaucoup mon nom.
2. Ma mère aimait beaucoup Lise.
3. J'aimais énormément la maison d'Yvelise.
4. Nous n'aimions pas Mme Ernouville.
5. Je n'ai pas aimé la réaction de Mme Ernouville.

Translate the following sentences.

1. I enjoyed myself at the sisters' school but not at the old one.
2. Yvelise enjoyed herself with me.
3. She didn't enjoy herself alone at her house.

13

Reading Comprehension

Answer the following questions.

1. Quel devoir la maîtresse a-t-elle donné à ses élèves?
2. Que pense Maryse de ce devoir?
3. Pourquoi Mme Ernouville a-t-elle puni Maryse?
4. Qu'est-ce qui a aggravé la situation?
5. Comment est-ce que la mère d'Yvelise a réagi?
6. Pourquoi est-ce que Mme Boucolon a interdit à Maryse d'aller chez Yvelise?
7. Pourquoi est-ce que Maryse ne mangeait plus?
8. À quoi voit-on qu'Yvelise n'était pas fâchée contre Maryse, à la rentrée des classes?
9. Maryse et Yvelise sont-elles encore amies?

Vocabulary Study

A. Using the Pictionary concept, on the board, draw a picture to describe a word of the list. The rest of the class will try and guess the word you are drawing.

le devoir de français	les jouets
du coin de l'œil	la cour de récréation
une bouderie	une bouche sans sourire
laideron	une barre de chocolat
entrer dans la danse	faire oui de la tête
mettre les pieds chez quelqu'un	les places
un mal aux dents	

B. Using some of the vocabulary in Part A, summarize in a short paragraph the situation depicted in this section.

Structures

A. The Use of the Infinitive

Occasionally, in English as in French, a verb can be followed by a second verb that is in the infinitive form. Some verbs are followed directly by an infinitive. However, many other verbs require either the preposition **à** or **de** before the infinitive.

Elle **s'est mise** <u>**à**</u> lire.
La conséquence a été que ma mère m'**a interdit** <u>**de**</u> mettre les pieds chez Yvelise.
J'ai dû obéir.

Traduisez les phrases suivantes.

1. I tried to apologize.
2. The teacher accused me of being mean.
3. My mother started hating Lise.
4. Mme Ernouville didn't dare separate us.

B. Negative Structures

Plus, jamais, rien, personne, non plus, ne/ni/ni, are some of the negative structures used in the French language.

Write the opposite of the following sentences.

1. Je dormais encore.
2. J'avais encore faim.
3. Tout me distrayait: les jouets et les livres.
4. Tout le monde s'amusait avec moi.
5. Yvelise faisait tout à l'école.
6. Elle travaillait bien aussi.
7. Elle faisait toujours ses devoirs.

Communicative Activities

A. Prepare two of the topics listed below to be discussed in class. You should be ready to quote lines from the text in support of the views expressed. You will be asked to defend your arguments with a partner, in a group, or in front of the whole class.

1. Pourquoi les enfants de l'école de Maryse ne connaissent-ils pas «les contes créoles de Zamba ou de Lapin», mais plutôt les histoires venant de France? Cet état de chose vous surprend-il ou non? Pourquoi?
2. Quand Madonne a demandé quelques jours de congé et une avance sur son salaire, Mme Boucolon l'a renvoyée. Expliquez en quelques phrases ce comportement du point de vue de Mme Boucolon sous forme de lettre adressée à Madonne, en écrivant votre paragraphe à la première personne du singulier. Une fois votre paragraphe terminé, écrivez la réponse de Madonne. Donnez ensuite votre propre avis sur la situation.
3. Dans la section 10, Maryse nous donne deux explications sur le comportement du petit garçon qui agresse la petite fille quand elle va à l'école. Laquelle croyez-vous la plus plausible? Que pensez-vous de l'autre explication?
4. Condé écrit: «Dans ma tête, je composais mille lettres à Yvelise dans lesquelles je m'expliquais et tentais de m'excuser. Pourtant, m'excuser de quoi? Qu'est-ce qu'on me reprochait? D'avoir dit la vérité?» Que pensez-vous de cette attitude? Maryse a-t-elle raison? Devrait-elle s'excuser? Expliquer votre réponse.

B. Votre meilleur(e) ami(e): racontez en une page une situation difficile avec votre meilleur(e) ami(e). Commencez par décrire cette personne et puis donnez autant de détails que possible sur l'anecdote. En classe, lisez votre texte à votre partenaire qui vous posera un minimum de dix questions sur votre meilleur(e) ami(e) et votre anecdote. Faites ensuite le même travail avec le texte de votre partenaire.

Review Exercises

Review the vocabulary and the grammar points in Part Three. Then rewrite each sentence with the correct form of the word in parentheses.

Quand je ____ (**être**) petite, mes parents ____ (**adorer**) nous emmener à Paris. En général, nous ____ (**se promener**) et nous ____ (**aller**) au café. Les garçons de café ____ (**remarquer**) souvent que mes parents ____ (**bien parler**) le français. Mes parents ____ (**avoir l'habitude**) d'entendre ce genre de commentaire, mais un jour, ma mère ____ (**se fâcher**). Elle ____ (**se lever**) et elle ____ (**partir**). ____ (*use the correct form of* **demain**), elle ____ (**refuser**) de ____ (**retourner**) *à* ce café. Elle ____ (**ne jamais retourner**, *conditional)* ____ *(anymore)* dans ce café. Finies ____ *(article)* limonades et ____ *(article)* glaces! Je ne ____ (**manger**, *conditional*) ____ *(anymore)* ____ (*article*) gâteaux parisiens. Mais de retour en Guadeloupe, j'ai mangé ____ *(article)* pâtisseries tout aussi bonnes, et ____ *(article)* fruits exceptionnels aussi!

Dans ma ville, tous les parents voulaient ____ (**envoyer**) ____ *(possessive pronoun)* enfants chez les sœurs Rama, comme si ce ____ (**être**) la meilleure école du pays. D'abord, les sœurs Rama n'ont pas voulu ____ *(personal pronoun)* ____ (**accepter**) dans leur école, et puis, mon père et ma mère, ____ (**plaider**, *present participle*) pendant des heures, ont finalement réussi à les ____ (**convaincre**). La condition posée par les sœurs était que je ____ devais ____ *(anymore)* faire de bêtises. Je ____ (**n'avoir qu'à**) être sage et ne pas parler en classe. Je n'aimais pas cela ____ (*rewrite using* **plaire**)! Mais je n'étais pas malheureuse: j'étais avec Yvelise. J'avais seulement à m'asseoir à côté d'elle le matin pour être contente ____ (*rewrite using* **ne que**)!

Online Study Center
Improve Your Grade

Part Four

Part Four introduces the reader to the world of fairy tales and tales of anguish. *Le Horla* was written by Guy de Maupassant (1850–1893), the master of French short stories. *Le Horla* is one of many nightmarish stories written by Maupassant, who suffered mental disorder caused by syphilis. At the age of forty-two, he tried to commit suicide by cutting his throat. He died several months later, at the Paris asylum where he had been committed. *Le Horla* is the story of a man who believes he is being haunted by the presence of an invisible being. Then follow two fairy tales. *La Belle et la Bête* is one of the best-remembered tales by Mme Leprince de Beaumont (1711–1780). It is typical of the genre in that it proposes a lesson: beauty is not everything. *Le Chat botté* was probably written by Charles Perrault (1628–1703), who is well known for collecting the so-called Mother Goose stories *(Les contes de la mère l'Oye)* that belong to the oral tradition of French folklore. This masterpiece contains no explicit lesson; it is the story of the financial and social progress of a poor miller's son thanks to a resourceful cat.

The three selections appear in order of increasing complexity in vocabulary, but they should not present any difficulty, particularly as two of the fairy tales are also known in English. Except for *Le Horla,* which has been slightly abridged, the other stories are reproduced in their original version. They all use the **passé simple,** a past tense which replaces in written French the **passé composé,** used in spoken French. It is very important that students learn to recognize—but not produce at this point—this tense, since it is so prevalent in both literary and nonliterary written language.

Study Guide

The following suggestions will help you in your reading of the selections:

1. Glance over the vocabulary exercises before reading the story.
2. Be sure to review the **passé simple** (only for recognition), the immediate future, the past conditional, the subjunctive, and the pluperfect subjunctive. Review also the use and position of pronouns, possessive adjectives, and possessive pronouns.

Le Horla

GUY DE MAUPASSANT

1

Le docteur Marrande, le plus illustre et le plus éminent des aliénistes, avait prié trois de ses confrères et quatre savants, s'occupant de sciences naturelles, de venir passer une heure chez lui, dans la maison de santé qu'il dirigeait, pour leur montrer un des ses malades.

Aussitôt que ses amis furent[1] réunis, il leur dit: «Je vais vous parler du cas le plus bizarre et le plus inquiétant que j'aie jamais rencontré. D'ailleurs, je n'ai rien à vous dire de mon client. Il parlera lui-même.» Le docteur alors sonna. Un domestique fit entrer un homme. Il était très maigre comme le sont certains fous rongés par une pensée malade.

Il salua, s'assit et dit: Messieurs, je sais pourquoi on vous a réunis ici et je suis prêt à vous raconter mon histoire, comme m'en a prié mon ami le docteur Marrande. Pendant longtemps il m'a cru fou. Aujourd'hui il doute. Dans quelque temps, vous saurez tous que j'ai l'esprit aussi sain, aussi lucide, aussi clairvoyant que les vôtres, malheureusement pour moi, et pour vous, et pour l'humanité entière.

Mais je veux commencer par les faits eux-mêmes, par les faits tout simples. Les voici:

J'ai quarante-deux ans. Je ne suis pas marié, ma fortune est suffisante pour vivre avec un certain luxe. Donc, j'habitais une propriété sur les bords de la Seine, près de Rouen. J'aime la chasse et la pêche.[2] Or, j'avais derrière ma maison une des plus belles forêts de France, et devant ma maison un des plus beaux fleuves[3] du monde.

Ma demeure[4] est vaste, peinte en blanc à l'extérieur, jolie, ancienne, au milieu d'un grand jardin planté d'arbres magnifiques et qui monte jusqu'à la forêt.

Mon personnel se compose, ou plutôt se composait d'un cocher, un jardinier, un valet de chambre, une cuisinière et une lingère. Tout ce monde habitait chez moi depuis dix à seize ans, me connaissait, connaissait ma demeure, le pays, tout l'entourage de ma vie. C'étaient de bons et tranquilles serviteurs. Cela importe pour ce que je vais vous dire.

J'ajoute que la Seine, qui longe mon jardin, est navigable jusqu'à Rouen, comme vous le savez sans doute.[5] Je voyais passer chaque jour de grands navires[6] soit à voile, soit à vapeur, venant de tous les coins du monde.

---

[1]**furent** *passé simple* of *être*. [2]**la chasse et la pêche** hunting and fishing. [3]**fleuves** rivers. [4]**demeure** *maison.* [5]**sans doute** probably. [6]**navires** ships.

2

Donc, il y a eu un an à l'automne dernier, je fus pris[7] tout à coup de malaises bizarres et inexplicables. Ce fut d'abord une sorte d'inquiétude[8] nerveuse qui me tenait en éveil[9] des nuits entières. J'avais des inquiétudes inexplicables. J'appelai un médecin qui m'ordonna du bromure de potassium[10] et des douches.

Je me fis donc doucher matin et soir, et je me mis à[11] boire du bromure. Bientôt, en effet, je recommençai à dormir, mais d'un sommeil[12] plus horrible que l'insomnie. À peine couché,[13] je fermais les yeux et m'anéantissais.[14] Oui, je tombais dans le néant, dans un néant absolu, dans une mort de l'être entier dont j'étais tiré brusquement, horriblement par l'épouvantable[15] sensation d'un poids écrasant[16] sur ma poitrine, et d'une bouche qui mangeait ma vie, sur ma bouche. Oh! ces secousses-là![17] je ne sais rien de plus épouvantable.

Figurez-vous un homme qui dort, qu'on assassine, et qui se réveille avec un couteau dans la gorge; et qui râle couvert de sang, et qui ne peut plus respirer,[18] et qui va mourir, et qui ne comprend pas—voilà!

Je maigrissais d'une façon inquiétante, continue; et je m'aperçus soudain que mon cocher, qui était fort gros, commençait à maigrir comme moi.

Je lui demandai enfin:

Qu'avez-vous donc, Jean? Vous êtes malade?

Il répondit:

—Je crois bien que j'ai gagné la même maladie que monsieur.

Je pensais donc qu'il y avait dans la maison une influence fiévreuse[19] due au voisinage du fleuve et j'allais m'en aller pour deux ou trois mois, quand un petit fait très bizarre, observé par hasard, amena pour moi une telle suite de découvertes[20] invraisemblables, fantastiques, effrayantes, que je restai.

Ayant soif un soir, je bus un demi-verre d'eau et je remarquai que ma carafe, posée sur la commode en face de mon lit, était pleine jusqu'au bouchon de cristal.[21]

---

[7]**Je fus** *passé simple* of *être*. [8]**inquiétude** anxiety. [9]**me tenait en éveil** kept me awake. [10]**bromure de potassium** potassium bromide. [11]**je me mis à** *je commençai*. [12]**sommeil** sleep. [13]**à peine couché** no sooner had he gone to bed. [14]**m'anéantissais** I vanished utterly. [15]**épouvantable** dreadful. [16]**un poids écrasant** a crushing weight. [17]**ces secousses-là** those jolts. [18]**respirer** to breathe. [19]**fiévreuse** feverish. [20]**découvertes** discoveries. [21]**bouchon de cristal** crystal stopper.

J'eus, pendant la nuit, un de ces réveils affreux dont je viens de vous parler. J'allumai ma bougie et comme je voulus boire de nouveau, je m'aperçus avec stupeur que ma carafe était vide. Je n'en pouvais croire mes yeux. Ou bien on était entré dans ma chambre, ou bien j'étais somnambule.[22]

3

Le soir suivant, je voulus faire la même épreuve.[23] Je fermai donc ma porte à clef pour être certain que personne ne pourrait pénétrer chez moi. Je m'endormis et je me réveillai comme chaque nuit. *On* avait bu toute l'eau que j'avais vue deux heures plus tôt.

Qui avait bu cette eau? Moi, sans doute, et pourtant je me croyais sûr, absolument sûr, de n'avoir pas fait un mouvement dans mon sommeil profond et douloureux.

Alors j'eus recours à des ruses pour me convaincre que je n'accomplissais point[24] ces actes inconscients. Je plaçai un soir, à côté de la carafe, une bouteille de vieux bordeaux,[25] une tasse de lait dont j'ai horreur, et des gâteaux au chocolat que j'adore.

Le vin et les gâteaux demeurèrent[26] intacts. Le lait et l'eau disparurent. Alors, chaque jour, je changeai les boissons et les nourritures. Jamais *on* ne toucha aux choses solides, compactes, et *on* ne but, en fait de liquide, que du laitage frais et de l'eau surtout.

Mais ce doute poignant restait dans mon âme.[27] N'était-ce pas moi qui me levais sans en avoir conscience, et qui buvais même les choses détestées, pendant le sommeil?

Je me servis alors d'une ruse nouvelle contre moi-même. J'enveloppai tous les objets auxquels il fallait toucher avec des bandelettes de mousseline blanche et je les recouvris encore avec une serviette de batiste.[28]

Puis, au moment de me mettre au lit, je me barbouillai les mains, les lèvres et la moustache avec de la mine de plomb.[29]

À mon réveil, tous les objets étaient restés immaculés bien qu'on y eût touché car la serviette n'était pas posée comme je l'avais mise; et, de plus, on avait bu de l'eau, et du lait. Or j'avais fermé ma porte avec une clef de sûreté et mes volets aussi; personne n'avait pu entrer.

---

[22]**somnambule** sleepwalker. [23]**épreuve** test. [24]**point** *pas*. [25]**bordeaux** a wine produced in the region of Bordeaux. [26]**demeurer** *rester* (or *habiter*, depending on the context). [27]**âme** soul. [28]**une serviette de batiste** a fine linen napkin. [29]**mine de plomb** black lead.

Alors je me posai cette redoutable question: Qui donc était là, toutes les nuits, près de moi?

4

Je sens, messieurs, que je vous raconte cela trop vite. Vous souriez, votre opinion est déjà faite: «c'est un fou.» J'aurai dû vous décrire longuement cette émotion d'un homme qui, enfermé chez lui, l'esprit sain, regarde, à travers le verre d'une carafe, un peu d'eau disparue pendant qu'il a dormi. J'aurais dû vous faire comprendre cette torture renouvelée chaque soir et chaque matin, et cet invincible sommeil, et ces réveils plus épouvantables encore.

Mais je continue.

Tout à coup, le miracle cessa. On ne touchait plus à rien dans ma chambre. C'était fini. J'allais mieux d'ailleurs.[30] La gaieté me revenait, quand j'appris qu'un de mes voisins, M. Legite, se trouvait exactement dans le même état où j'avais été moi-même. Je crus de nouveau à une influence fiévreuse dans le pays. Mon cocher m'avait quitté depuis un mois, très malade.

L'hiver était passé, le printemps commençait. Or, un matin, comme je me promenais près de mes roses, je vis, je vis distinctement, tout près de moi, la tige[31] d'une des plus belles roses se casser comme si une main invisible l'avait cueillie. Elle resta suspendue dans l'air transparent, toute seule, immobile, effrayante, à trois pas de mes yeux.

Saisi d'une épouvante folle, je me jetai sur elle pour la saisir. Je ne trouvai rien. Elle avait disparu. Alors, je fus pris d'une colère furieuse contre moi-même. Il n'est pas permis à un homme raisonnable et sérieux d'avoir de pareilles hallucinations!

Mais était-ce bien une hallucination? Je cherchai la tige. Je la retrouvai immédiatement sur l'arbuste, fraîchement cassée, entre deux autres roses.

Alors je rentrai chez moi, bouleversé. Messieurs, écoutez-moi, je suis calme; je ne croyais pas au surnaturel, je n'y crois pas même aujourd'hui; mais à partir de ce moment-là, je fus certain qu'il existait près de moi un être invisible qui m'avait hanté, puis m'avait quitté, et qui revenait.

---

[30]**d'ailleurs** besides. [31]**tige** stem.

Exercises

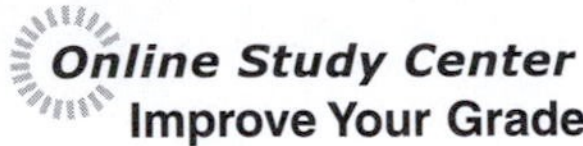

1–2

Reading Comprehension

Answer the following questions.

1. Quelle sorte de docteur était le docteur Marrande?
2. Pourquoi le docteur Marrande a-t-il prié ses collègues de venir à sa maison de santé?
3. Pourquoi le malade est-il maigre?
4. En quoi le docteur a-t-il changé d'avis sur l'état mental de son patient?
5. Où habitait le patient quand il est tombé malade?
6. Quand le patient a-t-il commencé à avoir des malaises bizarres?
7. Qu'est-ce que le docteur lui a prescrit?
8. Qui d'autre a commencé à avoir les mêmes symptômes que le patient?
9. Que s'est-il passé d'épouvantable pendant la nuit?
10. Comment le patient a-t-il essayé d'expliquer ce qui s'est passé?

Vocabulary Study

Write a paragraph about a dream (real or imagined) with the following words and phrases, using one or more in each sentence.

la maigreur	sans doute
la chair	à peine
l'esprit	respirer
tout entier/tout entière	épouvantable

Structures

A. The Formation of the *passé simple*

Whereas the **passé composé** is largely used in spoken French, the **passé simple** is used in written French and is the preferred tense for written narratives. Its endings in the first and third person singular and the third person plural, are:

-ai, -a, -èrent	je **tombai**, il **tomba,** ils **tombèrent (tomber)**
-is, -it, -irent	je **descendis**, il **descendit,** ils **descendirent (descendre)**
-us, -ut, -urent	je **dus**, il **dut,** ils **durent (devoir)**

The stem of the **passé simple** is often similar to that of the past participle, but note some of the more irregular forms:

j'**eus**, il **eut,** ils **eurent (avoir)**
je **fus**, il **fut,** ils **furent (être)**
je **tins**, il **tint,** ils **tinrent (tenir)**
je **vins**, il **vint,** ils **vinrent (venir)**
je **vis**, il **vit,** ils **virent (voir)**

To train yourself to recognize the **passé simple,** rewrite the following sentences in the **passé composé,** making sure to use the correct auxiliary (**avoir** or **être**).

1. Un jour, les amis du docteur furent réunis.
2. Le docteur sonna et…
3. un domestique fit entrer un homme.
4. L'homme dit:
5. «Je fus pris de malaises bizarres.»
6. «J'appelai un médecin.»
7. «Il m'ordonna du bromure de potassium.»
8. «Je recommençai à dormir.»
9. «Je m'aperçus que mon cocher était malade aussi.»
10. «Je voulus partir, mais finalement, je restai.»
11. «J'eus un rêve affreux.»
12. «J'allumai ma bougie pour boire à nouveau.»

B. The Formation of the Pluperfect

The pluperfect is to the **passé composé** what the **passé composé** is to the present. It sets the story being told one step back in time. Its use is necessary when an event happened before other events in a story told in the past.

> On a bu l'eau que le narrateur avait mise sur sa table avant de se coucher. *(The pluperfect is used because the water was set on the table before it was drunk by someone.)*

The pluperfect is a compound tense that is formed as follows: imperfect of **avoir** or **être** + *past participle*.

> Le docteur **avait invité** ses collègues parce que son patient **était devenu** très malade.
>
> Il **n'était** pas **sorti** de sa chambre et il **avait contacté** le docteur qui lui **avait prescrit** des médicaments.

Verbs that use **avoir** in the **passé composé** will also use **avoir** in the pluperfect. Those like **aller** and reflexive verbs, which use **être** in the **passé composé,** will also use **être** in the pluperfect.

Rewrite the following sentences in the pluperfect, using the correct auxiliary **avoir** or **être.**

1. Avant de prescrire d'autres médicaments à son patient, le docteur Marrande prie trois de ses confrères de venir chez lui.
2. Il leur parle du cas de son patient.
3. Son patient maigrit.
4. Le docteur prescrit du bromure.
5. Le patient en boit.
6. Le mal s'arrête.
7. Le mal reprend.
8. Quelqu'un entre dans la chambre du patient.
9. On boit son eau pendant la nuit.
10. Le patient s'inquiète.
11. Il ferme sa porte à clef.
12. La même chose se passe.
13. Le docteur et le patient veulent raconter cette histoire aux autres docteurs, avant de chercher un autre remède.

C. The Use of the Superlative

The superlative designates the extreme positive or negative degree of a quality or attribute in a comparison of two or more items. It is expressed in English by "the most" or "the least."

Le docteur Marrande était **le plus illustre** et **le plus éminent** des aliénistes.

Or, j'avais derrière ma maison **une des plus belles** forêts de France, et devant ma maison **un des plus beaux** fleuves du monde.

Les choses que j'ai vécues cette année sont **les plus épouvantables** de ma vie!

The superlative can also be used with a noun or a verb.

La France est le pays qui a **le plus de** belles **forêts**.

De toutes les personnes que je connais, c'est le docteur Marrande qui **parle le moins**.

When used with *rien*, the superlative expresses an extreme notion.

Je ne sais **rien de plus épouvantable!**

Il n'y a **rien de plus beau** que la forêt derrière ma maison!

Using the adjectives in the following list, and *rien de plus/rien de moins*, make up six sentences explaining how you feel about life as a college student.

beau/belle	amusant	dangereux
intéressant	cher	stupide

D. The Use of the Past Subjunctive *(subjonctif passé)* with the Superlative

When using a relative pronoun after the superlative, use the past subjunctive in the relative clause. **Jamais** is usually a part of this structure. The past subjunctive is formed by using the subjunctive of the auxiliary **avoir** or **être** plus the past participle.

Je vais vous parler du cas le plus bizarre et le plus inquiétant **que j'aie** jamais **rencontré**.

Je vais vous parler du cas le plus bizarre et le plus inquiétant **qui** se **soit** jamais **produit**.

Cette forêt est le plus bel endroit **où** je **sois** jamais **allé**.

Using the list below, recount some unforgettable days/events/people in the narrator's life, using the superlative followed by a relative clause with the subjunctive. Make the necessary changes and make sure you follow the placement rule for the adjectives.

EXAMPLE: docteur/intelligent/rencontrer →
C'est le docteur le plus intelligent qu'il ait jamais rencontré.

1. jour/effrayant/vivre
2. forêt/beau/se promener
3. créature/monstrueux/voir
4. peur/grande/avoir
5. médicament/efficace/prendre

3–4

Reading Comprehension

Answer the following questions.

1. Que fait le narrateur le soir suivant? (Il s'agit ici du deuxième narrateur, c'est-à-dire, du patient.)
2. À quelles ruses le narrateur a-t-il recours pour savoir si quelqu'un vient boire dans sa chambre pendant la nuit?
3. Pourquoi, d'après le narrateur, est-ce que les collègues du docteur Marrande ne le croient pas?
4. Pourquoi le narrateur pense-t-il être responsable de la réaction des collègues du docteur?
5. Quel est le miracle auquel le narrateur fait allusion?
6. Que se passe-t-il dans le jardin du narrateur?
7. Pourquoi le narrateur se fâche-t-il contre lui-même?
8. En quel sentiment la colère se transforme-t-elle? Pourquoi?

Vocabulary Study

On your own or with a partner, make up a third ruse (first ruse: setting water and milk out at night; second ruse: wrapping the liquid containers in white towels and covering hands and mouth with black lead) using at least three verbs from the following list. Your ruse may have some similarities to the ones in the text.

avoir recours	barbouiller
accomplir	enfermer
envelopper	se casser
recouvrir	se jeter

Structures

A. Reflexive Pronouns with the Infinitive

When a reflexive verb is used in the infinitive, the pronoun matches the subject, not the verb. In other words, the same pronoun is used as the one used when the reflexive verb is conjugated. The pronoun is always placed in front of the infinitive.

J'eus recours à des ruses pour **me convaincre** que je n'accomplissais point ces actes inconscients.
Je vis la tige d'une des plus belles roses **se casser.**

Change the following sentences as in the example.

EXAMPLE: Je me lève tôt le matin. (j'aime)
J'aime me lever tôt le matin.

1. Je me réveille pendant la nuit. (j'ai peur de)
2. Je me vois dans le miroir. (j'espère)
3. Je m'endors. (je veux)
4. Je me calme. (j'ai besoin de)
5. Les collègues du docteur se posent des questions. (ils doivent)
6. Le docteur Marrande s'inquiète pour moi. (il va)
7. «Reposez-vous.» (vous devez)

B. Uses of the Past Conditional

The past conditional is expressed most commonly in English by *should have* and *could have*. To form this structure, you must conjugate *devoir* and *pouvoir* in the past conditional. To do so, use the present conditional form of *avoir* plus the past participle of *devoir* or *pouvoir* and then add the infinitive form of the verb you wish to conjugate.

j'aurais dû/pu + *infinitive*
tu aurais dû/pu + *infinitive*
il/elle/on aurait dû/pu + *infinitive*
nous aurions dû/pu + *infinitive*
vous auriez dû/pu + *infinitive*
ils/elles auraient dû/pu + *infinitive*

J'aurais dû vous décrire longuement cette émotion.
J'aurais dû vous faire comprendre cette torture renouvelée.
J'aurais pu en parler au docteur plus tôt.
Je n'aurais pas dû prendre de bromure.
J'aurais pu changer de maison.

Give your opinion or some advice to the patient. Rewrite the following sentences according to the model below.

EXAMPLE: Je n'ai pas fermé ma porte à clef.
Vous auriez dû/pu fermer votre porte à clef.

1. Je n'ai pas bu de lait.
2. J'ai laissé ma fenêtre ouverte.
3. Je n'ai pas fini mon livre.
4. Je n'ai pas expliqué la situation au docteur.
5. J'ai eu très peur!
6. Je n'ai pas appelé les domestiques.
7. J'ai parlé à l'être invisible.

C. Other Uses of the Past Conditional

More generally, the past conditional is formed using the conditional of *avoir* or *être* plus the past participle of the verb you want to conjugate. The agreement rules that apply to *passé composé* also apply to the past conditional. When the past conditional is used in the main clause, the pluperfect is usually used in the dependent clause.

J'**aurais fermé** la fenêtre si j'avais entendu l'être invisible.
Je l'**aurais fermée** avant d'aller dormir.
Je **serais resté** dans un hôtel si j'avais compris la situation.

A. The doctor (D) helps the narrator (N) understand the situation better by asking him questions about it, following the example.

EXAMPLE: fermer la fenêtre
D: —*Si vous aviez su que l'être invisible était là, est-ce que vous auriez fermé la fenêtre?*
N: —*Oui, je l'aurais fermée.*

Si vous aviez su que l'être invisible était là…

1. mettre du lait sur la table
2. laisser la porte de la chambre ouverte
3. demander au domestique de rester
4. téléphoner au docteur
5. quitter votre maison
6. aller chez un de vos amis

B. Si vous aviez perçu la présence de l'être invisible chez vous, qu'est-ce que vous auriez fait? Donnez au moins quatre réponses chacun(e) au conditionnel passé.

D. The Pluperfect Subjunctive

This tense, ***le plus-que-parfait du subjonctif,*** is used with any structure that requires the subjunctive and indicates an action that is completed. This archaic tense is not used in conversation; it is only found in literature today. It is formed with the imperfect of the subjunctive of the auxiliary plus the past participle.

Avoir: j'eusse, tu eusses, il/elle eût, nous eussions, vous eussiez, ils/elles eussent *(plus the past participle)*
Être: je fusse, tu fusses, il/elle fût, nous fussions, vous fussiez, ils/elles fussent *(plus the past participle)*

Tous les objets étaient demeurés immaculés bien qu'on y **eût touché**.
La fenêtre était grande ouverte, bien que je l'**eusse fermée**.

Put the following sentences in the past.

EXAMPLE: La porte est ouverte bien que j'aie dit au domestique de la fermer.
La porte était ouverte bien que j'eusse dit au domestique de la fermer.

1. Le livre est par terre bien que je l'aie mis sur la table.
2. La lampe n'est pas cassée bien qu'elle soit tombée.
3. La carafe est vide bien que je n'aie pas bu d'eau.
4. Je me sens malade bien que je n'aie pas attrapé de virus.
5. Les collègues de Marrande me trouvent bizarre bien qu'ils ne m'aient jamais rencontré avant.

Communicative Activities

Answer each question with a short paragraph.

1. Le doute est un des thèmes principaux de ce passage. Quelle méthode l'auteur emploie-t-il pour montrer que le narrateur doute de lui?
2. Vous est-il jamais arrivé de douter de vous-même comme le fait le narrateur? Dans quelle situation? Comment cela s'est-il terminé?
3. D'autres personnes ont-elles jamais douté de vous? Dans quelle situation? Comment cela s'est-il terminé?

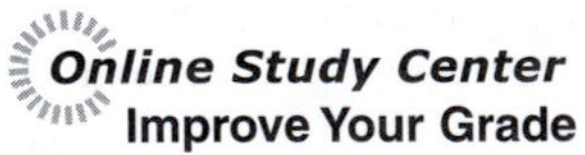

Le Horla (suite)

5

Un peu plus tard, j'en eus la preuve.

Entre mes domestiques d'abord éclataient tous les jours des querelles furieuses[1] pour mille causes futiles en apparence, mais pleines de sens[2] pour moi maintenant.

Un verre se brisa tout seul, sur le dressoir de ma table à manger, en plein jour.

Le valet de chambre accusa la cuisinière, qui accusa la lingère, qui accusa je ne sais qui.

Des portes fermées le soir étaient ouvertes le matin. On volait du lait, chaque nuit, dans l'office.[3]—Ah!

Quel était-il? De quelle nature? Une curiosité énervée, mêlée de colère et d'épouvante, me tenait[4] jour et nuit dans un état d'extrême agitation.

6

Mais la maison redevint calme encore une fois; et je croyais de nouveau à des rêves quand se passa la chose suivante:

C'était le 20 juillet, à neuf heures du soir. Il faisait très chaud; j'avais laissé ma fenêtre grande ouverte, ma lampe allumée sur ma table, et je m'étais étendu[5] dans un grand fauteuil où je m'endormis.

Après avoir dormi environ quarante minutes, je rouvris les yeux, sans faire un mouvement, réveillé par je ne sais quelle émotion confuse et bizarre. Je ne vis rien d'abord, puis tout à coup il me sembla qu'une page du livre venait de tourner toute seule. Aucun souffle d'air n'était entré par la fenêtre. Je fus surpris; et j'attendis. Au bout de quatre minutes environ, je vis, je vis, oui, je vis messieurs, de mes yeux, une autre page se soulever et se rabattre sur la précédente comme si un doigt l'avait feuilletée. Mon

---

[1]**des querelles furieuses éclataient** angry arguments broke out. [2]**pleines de sens** filled with meaning. [3]**office** pantry. [4]**me tenait** held me. [5]**je m'étais étendu** I had lain down.

fauteuil semblait vide, mais je compris qu'il était là, *lui!* Je traversai ma chambre, d'un bond pour le prendre, pour le toucher, pour le saisir, si cela se pouvait… Mais mon siège se renversa comme si on avait fui[6] devant moi; ma lampe aussi tomba et s'éteignit, le verre brisé; et ma fenêtre brusquement poussée comme si un malfaiteur[7] l'avait saisie en se sauvant alla frapper sur son arrêt… Ah!…

Je me jetai sur la sonnette et j'appelai. Quand mon valet de chambre arriva, je lui dis:

«J'ai tout renversé et j'ai tout brisé. Donnez-moi de la lumière.»

7

Je ne dormis plus, cette nuit-là. Et cependant j'avais pu encore être le jouet[8] d'une illusion! Au réveil les sens demeurent troubles. N'était-ce pas moi qui avais fait tomber mon fauteuil et ma lumière en me précipitant comme un fou?

Non, ce n'était pas moi! Je le savais. Et cependant je voulais le croire.

Attendez. L'Être! Comment le nommerais-je? L'Invisible. Non, cela ne suffit pas. Je l'ai baptisé le Horla. Pourquoi? Je ne sais pas. Donc le Horla ne me quittait guère.[9] J'avais jour et nuit la sensation, la certitude de la présence de cet insaisissable voisin, et la certitude aussi qu'il prenait ma vie, heure par heure, minute par minute.

L'impossibilité de le voir m'exaspérait et j'allumais toutes les lumières de mon appartement, comme si j'avais pu le découvrir dans cette clarté.

Je le vis enfin.

Vous ne me croyez pas. Je l'ai vu cependant.

J'étais assis devant un livre, ne lisant pas, mais guettant[10] celui que je sentais près de moi. Certes, il était là. Mais où? Que faisait-il? Comment l'atteindre?

En face de moi mon lit, un vieux lit de chêne à colonnes. À droite ma cheminée. À gauche ma porte que j'avais fermée avec soin. Derrière moi une très grande armoire à glace, qui me servait chaque jour pour me raser et pour m'habiller.

Donc je faisais semblant[11] de lire; pour le tromper, car il m'observait lui aussi; et soudain je sentis qu'il était là, frôlant[12] mon oreille.

---

[6]**fuir** to flee. [7]**malfaiteur** criminal. [8]**être le jouet** to be the victim. [9]**guère** hardly. [10]**guettant** watching. [11]**faire semblant** to pretend. [12]**frôlant** brushing against.

Je me dressais, en me tournant si vite que je faillis tomber.[13] Eh bien… on y voyait comme en plein jour… et je ne me vis pas dans la glace! Elle était vide, claire, pleine de lumière. Mon image n'était pas dedans… Et j'étais en face… Je voyais le grand verre limpide, du haut en bas! Et je regardais cela avec des yeux affolés,[14] et je n'osais plus avancer, sentant bien qu'il se trouvait entre nous, lui, et qu'il m'échapperait encore, mais que son corps imperceptible avait absorbé mon reflet.

8

Comme j'eus peur! Puis voilà que tout à coup je commençai à m'apercevoir dans une brume,[15] au fond du miroir, comme à travers une nappe d'eau,[16] et il me semblait que cette eau glissait de gauche à droite, lentement, rendant plus précise mon image de seconde en seconde. C'était comme la fin d'une éclipse. Ce qui me cachait[17] ne paraissait point posséder de contours nettement arrêtés, mais une sorte de transparence opaque s'éclaircissant peu à peu.

Je pus enfin me voir complètement ainsi que je fais chaque jour en me regardant.

Je l'avais vu. L'épouvante m'en était restée, qui me fait encore frissonner.

Le lendemain j'étais ici,[18] où je priai qu'on me garde.

Maintenant, messieurs, je conclus.

Le docteur Marrande, après avoir longtemps douté, se décida à faire, seul, un voyage dans mon pays.

Trois de mes voisins, à présent, sont malades comme je l'étais. Est-ce vrai?

Le médecin répondit:—C'est vrai!

—Vous leur avez conseillé de laisser de l'eau et du lait chaque nuit dans leur chambre pour voir si ces liquides disparaîtraient. Ils l'ont fait. Ces liquides ont-ils disparu comme chez moi?

Le médecin répondit avec une gravité solennelle:—Ils ont disparu.

Donc, messieurs, un Être, un Être nouveau, qui sans doute se multipliera bientôt comme nous nous sommes multipliés, vient d'apparaître sur la terre!

---

[13]**je faillis tomber** I very nearly fell. [14]**affolés** scared. [15]**brume** fog. [16]**comme à travers une nappe d'eau** as through a patch of water. [17]**ce qui me cachait** what was hiding me. [18]**ici** *à la maison de santé du docteur*.

9

Ah! vous souriez! pourquoi? parce que cet Être est invisible. Mais notre œil, messieurs, est un organe tellement élémentaire qu'il peut distinguer à peine ce qui est indispensable à notre existence. Ce qui est trop petit lui échappe, ce qui est trop grand lui échappe, ce qui est trop loin lui échappe. Il ignore les milliards de petites bêtes qui vivent dans une goutte d'eau. Il ignore les habitants, les plantes et le sol des étoiles voisines; il ne voit pas même le transparent.

Placez devant lui une glace sans tain[19] parfaite, il ne la distinguera pas et nous jettera dessus comme l'oiseau pris dans une maison, qui se casse la tête contre les vitres. Donc, il ne voit pas les corps solides et transparents qui existent pourtant, il ne voit pas l'air dont nous nous nourrissons, ne voit pas le vent qui est la plus grande force de la nature.

Quoi d'étonnant à ce qu'il ne voit pas un corps nouveau, à qui manque sans doute la seule propriété d'arrêter les rayons lumineux.

Apercevez-vous l'électricité? Et cependant elle existe!

Cet être, que j'ai nommé le Horla, existe aussi.

Qui est-ce? Messieurs, c'est celui que la terre attend, après l'homme! Celui qui vient nous détrôner, nous dompter, et se nourrir de nous peut-être comme nous nous nourrissons des bœufs et des sangliers.

Depuis des siècles, on le pressent, on le redoute et on l'annonce! La peur de l'Invisible a toujours hanté nos pères.

Il est venu.

Toutes les légendes de fées, des gnomes, des rôdeurs de l'air insaisissables et malfaisants, c'était de lui qu'elles parlaient. Il était pressenti[20] par l'homme inquiet et tremblant déjà.

Et tout ce que vous avez fait vous-mêmes, messieurs, depuis quelques ans, ce que vous appelez l'hypnotisme, la suggestion, le magnétisme—c'est lui que vous annoncez!

Je vous dis qu'il est venu. Il rôde[21] inquiet lui-même comme les premiers hommes, ignorant encore sa force et sa puissance qu'il connaîtra bientôt.

Et voici, messieurs, pour finir, un fragment de journal qui m'est tombé sous la main[22] et qui vient de Rio de Janeiro. Je lis: «Une sorte d'épidémie de folie semble sévir[23] depuis quelques temps dans la province de San Paulo. Les habitants de plusieurs villages se sont sauvés abandonnant leurs

---

[19]**glace sans tain** two-way mirror. [20]**pressenti** foreboded. [21]**rôder** to wander about. [22]**Il m'est tombé sous la main** I came across. [23]**semble sévir** seems to rage.

terres et leurs maisons et se prétendant poursuivis[24] et mangés par des vampires invisibles qui se nourrissent de leur souffle[25] pendant leur sommeil et qui ne boiraient que de l'eau, et quelquefois du lait!»

J'ajoute: «Quelques jours avant la première atteinte du mal dont j'ai failli mourir, je me rappelle parfaitement avoir vu passer un grand trois-mâts brésilien… Je vous ai dit que ma maison est au bord de l'eau… toute blanche… Il était caché sur ce bateau sans doute… Je n'ai plus rien à ajouter, messieurs.»

Le docteur Marrande se leva et murmura:

—Moi non plus. Je ne sais pas si cet homme est fou ou si nous le sommes tous les deux… ou si… si notre successeur est réellement arrivé…

---

[24]**se prétendant poursuivis** claiming to be pursued. [25]**souffle** breath.

Exercises

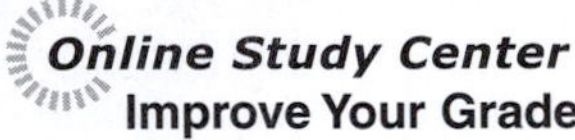

5–7

Reading Comprehension

Answer the following questions.

1. Pourquoi les domestiques du narrateur se disputent-ils?
2. Quel nouvel événement inexplicable se produit chez le narrateur?
3. Quels objets tombent lorsque le narrateur essaie d'attraper l'Être invisible?
4. Comment le narrateur explique-t-il les dégâts *(damages)* à son domestique?
5. Comment le narrateur nomme-t-il l'Être qu'il sent autour de lui?
6. Pourquoi le narrateur faisait-il semblant de lire?
7. Pourquoi le narrateur ne se voit-il pas dans la glace?

Vocabulary Study

A. Match the words from each column that have similar meanings.

1	2
se briser	se casser
querelle	criminel
lingère	épier
voler	horreur
épouvante	prendre
de nouveau	encore
malfaiteur	faire tomber
renverser	intouchable
insaisissable	attraper
guetter	miroir
atteindre	domestique
glace	dispute

B. Fill in the blanks with the appropriate words or phrases.

au bout d'environ quatre minutes	*jour et nuit*
le matin	*le 20 juillet*
tous les jours	*à neuf heures*
le soir	*chaque jour*

(1)_____ sur terre me paraît difficile à supporter, 24 heures sur 24, (2)_____. (3)_____, quand je me lève, je souffre, et (4)_____, quand je me couche, je souffre. L'autre jour, pour être exact, (5)_____, tout a recommencé. Cette nuit-là, (6)_____ du soir, j'ai entendu du bruit près de ma fenêtre. Puis rien! Et (7)_____, à nouveau ce bruit inquiétant qui me donne la nausée (*nausea*) à chaque fois que je l'entends… (8)_____ sont comme celui-là. Il n'y a pas de répit…

Structures

A. The Pluperfect

The pluperfect is the past of the **passé composé**. It is not to be mistaken for a descriptive verb in the imperfect followed by an adjective.

Pluperfect:

J'**avais laissé** ma fenêtre grande ouverte.
Je m'**étais étendu** dans un grand fauteuil.

Imperfect:

J'**étais** assis devant un livre quelconque.
J'**étais** fatigué à cause de ma mauvaise nuit.

Indicate which of the following sentences are in the form of the pluperfect, and which ones are in the imperfect.

1. Aucun souffle d'air n'était entré par la fenêtre.
2. J'en étais surpris et inquiet.
3. Je m'étais assis sur une chaise près de la fenêtre.
4. Et cependant, j'avais pu être encore le jouet d'une illusion.
5. N'était-ce pas moi qui avais fait tomber mon fauteuil?
6. J'étais fâché à l'idée que ça avait peut-être été moi.
7. Un jour je compris que le corps de l'Être avait absorbé mon reflet.

B. The Expression *Comme si*

This expression is usually followed by the imperfect *(Le docteur regarde son patient **comme s'il** ne le **comprenait** pas)* or the pluperfect *(Il a fait un bond **comme s'il avait entendu** un bruit effrayant)*, but in literary texts, it can also be followed by the pluperfect of the subjunctive mode.

> Je regardais dans le miroir **comme si** j'**eusse pu** y voir l'Être.
> J'entendis du bruit **comme si** on **eût fui** devant moi.
> Ma bouteille disparut **comme si** un malfaiteur l'**eût saisie**.

Change the verbs following **comme si** to the pluperfect.

EXAMPLE: C'était comme si on eût ouvert ma porte d'une main invisible.
C'était comme si on avait ouvert ma porte d'une main invisible.

1. C'était comme si quelqu'un m'eût parlé pendant mon sommeil.
2. C'était comme si la carafe d'eau se fût renversée.
3. C'était comme si l'Être eût voulu habiter chez moi.

8–9

Reading Comprehension

Answer the following questions.

1. À quel moment le narrateur a-t-il décidé de se rendre à la maison de santé?
2. Combien de voisins du narrateur sont atteints de la même maladie que lui?
3. Quel argument le narrateur emploie-t-il pour convaincre les docteurs de la possibilité de l'existence d'un Être nouveau?
4. Qui est le Horla, selon le narrateur?
5. Quelles sont les sciences paramédicales ou occultes[26] du XIXe siècle qui annoncent la venue de cet Être?
6. L'Être est-il sûr de lui et de sa puissance?
7. D'où l'Être vient-il, selon le narrateur?
8. Le docteur est-il certain de l'existence de l'Être?

---

[26]**sciences occultes** disciplines dealing with supernatural phenomena.

Vocabulary Study

A. Indiquez par *h* ou *H* quels verbes correspondent à l'homme (h) et quels verbes correspondent au Horla (H). Faites ensuite une phrase avec chacun des verbes en utilisant le sujet qui convient.

rôder	dompter	redouter
annoncer	se nourrir	détrôner
pressentir		

B. Write a detailed definition for each of the following words. You will then read your definitions one at a time to your partner, taking turns. Your partner will try and pick from the list the word that corresponds to your definition.

brume	invisible	vampire
eau	vitre	murmurer
éclipse	air	successeur
liquides	électricité	

Structures

Expressing *To make* + adverb/verb/noun/adjective

Someone or something can make us cry or make us sad. While the English language uses the verb *make* both with a verb and with an adjective, French uses two different verbs: ***faire*** followed by an adverb, a noun, and a verb, and ***rendre*** followed by an adjective.

Cette eau **rendait** plus **précise** mon image.
Cette épouvante me **fait** encore **frissonner**.
L'absence de l'Être m'a **fait plaisir**.

Determine whether you should use ***faire*** or ***rendre*** with the words of the following list, and then write a sentence with each expression.

triste	rire
pleurer	parler
honte	heureux/heureuse
frissonner	peur
fou/folle	malade

Communicative Activities

In short paragraphs, answer the following questions and be prepared to defend your arguments.

A. C'est le docteur qui a le dernier mot de l'histoire. Relisez sa dernière phrase (page 173) et expliquez ce que cette phrase, provenant du docteur, ajoute de crédibilité au récit du narrateur.

B. De nombreux textes de science-fiction ont raconté des événements qui se sont réellement produits: la conquête de la lune, le clonage, etc.
   1. Donnez le nom de romans ou de films qui ont annoncé des événements qui se sont réellement produits.
   2. Croyez-vous qu'un être qui ressemblerait au Horla pourrait arriver un jour sur notre planète? Expliquez votre réponse.

C. Relisez les quatre derniers paragraphes du récit et, individuellement ou en paires, écrivez en deux ou trois paragraphes votre propre conclusion.

Review Exercises

Review the vocabulary and the grammar points covered in the story, then fill in the blanks or rewrite each sentence with the correct form of the word in parentheses.

Le docteur Marrande ____ (passé simple *of* **demander**) à ses collègues de venir à sa maison de santé. Il leur ____ (passé simple *of* **expliquer**) le problème de son patient. Son patient ____ (*pluperfect of* **avoir**) des hallucinations et lui ____ (*pluperfect of* **téléphoner**) pour lui demander son aide. Il n'y avait ____ (*superlative with* **rien**) triste que cet homme angoissé! C'était le cas ____ ____ (*superlative*) intéressant et angoissant que le docteur ____ (**jamais voir**). Le patient voulait ____ (**se reposer**) dans la maison de santé.

Le docteur dit au patient qu'il ____ (*past conditional of* **devoir**) venir plus tôt à la clinique parce qu'il y ____ (*past conditional of* **être**) bien soigné. Le narrateur lui en ____ (passé simple *of* **être**) reconnaissant, bien qu'il ____ (**ne plus** + *pluperfect of the subjunctive of* **être**) assez lucide pour vraiment lui répondre. _____ (*hardly*) ____ -il ____ (passé antérieur *of* **finir**) de raconter son histoire aux autres docteurs qu'il ____ (passé simple *of* **s'endormir**).

Online Study Center
Improve Your Grade

La Belle et la Bête

MADAME LEPRINCE DE BEAUMONT

1

Il y avait une fois[1] un marchand qui était extrêmement riche. Il avait six enfants, trois garçons et trois filles, et comme ce marchand était bon père, il leur donna toutes sortes de maîtres pour faire leur éducation.

Ses filles étaient très belles; mais la cadette[2] surtout se faisait admirer, et on ne l'appelait, quand elle était petite, que la Belle Enfant; en sorte que[3] le nom lui resta, ce qui donna beaucoup de jalousie à ses sœurs. Cette cadette, qui était plus belle que ses sœurs, était aussi meilleure qu'elles. Les deux aînées[4] avaient beaucoup d'orgueil,[5] parce qu'elles étaient riches: elles faisaient les dames[6] et ne voulaient pas recevoir les visites des autres filles de marchands; il leur fallait[7] des gens de qualité pour leur compagnie. Elles allaient tous les jours au bal, à la comédie,[8] à la promenade, et se moquaient de leur cadette, qui employait la plus grande partie de son temps à lire de bons livres.

Comme on savait que ces filles étaient très riches, plusieurs gros marchands[9] les demandèrent en mariage; mais les deux aînées répondirent qu'elles ne se marieraient jamais, sauf avec un duc ou, au moins, avec un comte. La Belle remercia ceux qui voulaient l'épouser; mais elle leur dit qu'elle était trop jeune, et qu'elle souhaitait tenir compagnie à son père pendant quelques années.

Un jour, le marchand perdit sa fortune, et il ne lui resta qu'une petite maison de campagne[10] bien loin de la ville.

Il dit en pleurant à ses enfants qu'il fallait aller demeurer dans cette maison et y travailler comme des paysans.[11] Les amis des deux filles aînées ne voulurent plus les regarder quand elles furent pauvres. Personne ne les aimait à cause de leur orgueil et on disait:

«Elles ne méritent pas qu'on les plaigne;[12] elles n'ont qu'à faire les dames en gardant les moutons.»

Mais en même temps tout le monde disait:

«Pour la Belle, nous regrettons beaucoup son malheur: c'est une si bonne fille! Elle parlait aux pauvres gens avec tant de bonté! Elle était si douce, si gentille!»

---

[1]**Il y avait une fois** Once upon a time there was. [2]**cadette** younger sister. [3]**en sorte que** so that. [4]**aînée** *n.* elder sister. [5]**beaucoup d'orgueil** excessive pride. [6]**faisaient les dames** put on airs. [7]**il leur fallait** they had to have. [8]**à la comédie** to the theater. [9]**gros marchands** big (wealthy) merchants. [10]**maison de campagne** house in the country. [11]**paysan** peasant. [12]**Elles ne… plaigne** they don't deserve any pity.

Il y eut même plusieurs gentilshommes qui voulurent l'épouser; mais elle leur dit qu'elle ne pouvait abandonner son pauvre père dans son malheur, et qu'elle le suivrait à la campagne pour le consoler et l'aider à travailler.

2

La pauvre Belle avait été bien malheureuse de perdre sa fortune; mais elle s'était dit à elle-même:

«Même si je pleurais, mes larmes ne me rendraient pas mon bien,[13] il faut essayer d'être heureuse sans fortune.»

Quand ils furent arrivés à la maison de campagne, le marchand et ses trois fils cultivèrent la terre. La Belle se levait à quatre heures du matin, nettoyait[14] la maison et préparait les repas de la famille. Elle eut d'abord beaucoup de peine,[15] car elle n'était pas habituée à travailler comme une servante; mais au bout de deux mois elle devint plus forte, et la fatigue lui donna une santé[16] parfaite. Quand elle avait fait son travail, elle lisait, elle jouait du clavecin,[17] ou bien elle chantait. Ses deux sœurs, au contraire, s'ennuyaient à mort;[18] elles se levaient à dix heures du matin, se promenaient toute la journée, regrettant leurs beaux habits[19] et les compagnies:

«Voyez notre cadette, elle a l'âme si basse et si stupide qu'elle est contente de sa malheureuse situation.»

Le bon marchand ne pensait pas comme ses filles. Il admirait la vertu de cette jeune fille, surtout sa patience; car ses sœurs, non contentes de lui laisser faire tout le travail, l'insultaient à tout moment.

Il y avait un an que cette famille vivait dans la solitude lorsque le marchand reçut une lettre lui annonçant l'arrivée d'un navire chargé de marchandises qui lui appartenaient. Folles de joie,[20] les deux aînées le prièrent de leur apporter toutes sortes de vêtements et de bijoux.[21] La Belle ne demandait rien; car elle pensait en elle-même que tout l'argent des marchandises ne suffirait pas pour acheter ce que ses sœurs souhaitaient.

«Tu ne me pries pas de t'acheter quelque chose? lui demanda son père.

—Puisque[22] vous avez la bonté de penser à moi, lui dit-elle, je vous prie de m'apporter une rose, car il n'y en a pas ici.»

---

[13]**ne me rendraient pas mon bien** will not bring back my wealth. [14]**nettoyer** to clean. [15]**peine** trouble. [16]**santé** health. [17]**clavecin** harpsichord. [18]**s'ennuyaient à mort** were bored to death. [19]**habits** clothes. [20]**fou (folle) de joie** overjoyed. [21]**bijoux** jewels. [22]**puisque** since.

3

Le marchand partit; mais quand il fut arrivé, il perdit toutes ses marchandises dans un procès,[23] et il revint aussi pauvre qu'avant.

Il n'avait plus que trente milles à faire[24] pour arriver à sa maison; mais, comme il fallait traverser une grande forêt, il se perdit.

Il neigeait horriblement, le vent était si fort qu'il le jeta deux fois à bas[25] de son cheval; et, la nuit étant venue, il pensa qu'il mourrait de faim ou de froid,[26] ou qu'il serait mangé par des loups[27] qu'il entendait hurler[28] autour de lui. Tout à coup, il vit une grande lumière qui sortait d'un palais qui était tout illuminé. Arrivé à ce château, il fut bien surpris de ne trouver personne. Son cheval qui le suivait, voyant une grande écurie[29] ouverte, entra dedans. Le marchand l'attacha, et marcha vers la maison où il ne trouva personne; mais étant entré dans une grande salle, il y trouva un grand feu et une table chargée de mets,[30] où il n'y avait qu'un couvert.

Comme la pluie et la neige l'avaient mouillé jusqu'aux os,[31] il s'approcha du feu pour se sécher,[32] et attendit le maître de la maison. Personne ne vint. Onze heures ayant sonné[33] il ne put résister à la faim et prit un poulet[34] qu'il mangea en deux bouchées[35] et en tremblant; et, devenu plus hardi,[36] il sortit de la salle et traversa plusieurs grands appartements[37] magnifiquement meublés.[38] À la fin, il trouva une chambre où il y avait un bon lit; et comme il était minuit passé et qu'il était fatigué, il se coucha et s'endormit.

4

Il était dix heures du matin quand il s'éveilla, et il fut bien surpris de trouver un habit propre[39] à la place du sien qui était sale.[40] Il regarda par la fenêtre et ne vit plus de neige, mais des fleurs admirables.

Il rentra dans la grande salle où il avait soupé et vit une petite table où il y avait du chocolat.

---

[23]**procès** lawsuit. [24]**il n'avait plus… à faire** he had only thirty miles to go. [25]**jeta à bas** threw off. [26]**mourrait de faim ou de froid** would starve or freeze to death. [27]**loups** wolves. [28]**hurler** to howl. [29]**écurie** stable. [30]**chargée de mets** covered with dishes of food. [31]**mouillé jusqu'aux os** drenched to the bone. [32]**se sécher** to dry oneself. [33]**onze heures ayant sonné** when the clock struck eleven. [34]**poulet** chicken. [35]**manger en deux bouchées** to eat up in two bites. [36]**devenu plus hardi** getting bolder. [37]**appartement** here: room. [38]**meublé** furnished. [39]**propre** clean. [40]**sale** dirty.

«Je vous remercie, madame la fée, dit-il tout haut,[41] d'avoir eu la bonté de penser à mon déjeuner.»[42]

Après avoir pris son chocolat, il sortit pour aller chercher son cheval; en passant sous des roses, il se souvint que la Belle lui en avait demandé et cueillit[43] une branche où il y en avait plusieurs. En même temps, il entendit un grand bruit et vit venir à lui une bête horrible.

«Vous êtes bien ingrat,[44] lui dit la Bête d'une voix terrible; je vous ai sauvé la vie en vous recevant dans mon château, et puis vous me volez mes roses que j'aime mieux que toutes choses au monde. Il faut mourir pour réparer cette faute; je ne vous donne qu'un quart d'heure pour demander pardon à Dieu.»

Le marchand se jeta à genoux[45] et dit à la Bête:

«Monseigneur, pardonnez-moi; je ne croyais pas vous offenser en cueillant une rose pour une de mes filles qui m'en avait demandé.

—Je ne m'appelle pas Monseigneur, répondit le monstre, mais la Bête. Je n'aime pas les compliments, moi; je veux qu'on dise ce qu'on pense; ne croyez donc pas me toucher avec des flatteries. Mais vous m'avez dit que vous aviez des filles; je veux vous pardonner, à condition qu'une de vos filles meure à votre place. Partez. Et si vos filles refusent de mourir pour vous, jurez[46] que vous reviendrez dans trois mois.»

Le marchand n'avait pas l'intention de sacrifier une de ses filles mais il pensa:

«Au moins, j'aurai le plaisir de les embrasser encore une fois.»

Il jura donc de revenir et la Bête lui dit qu'il pouvait partir quand il voudrait.

«Mais, ajouta-t-elle, je ne veux pas que tu t'en ailles les mains vides.[47] Retourne dans la chambre où tu as couché, tu y trouveras un grand coffre[48] vide; tu peux y mettre tout ce que tu voudras, je le ferai porter chez toi.»

Ayant trouvé une grande quantité de pièces d'or,[49] le marchand remplit le grand coffre, le ferma. Puis, il prit son cheval et en peu d'heures il arriva dans sa petite maison.

En revoyant ses enfants, le marchand se mit à pleurer. Il tenait à la main la branche de roses qu'il apportait à la Belle: il la lui donna et lui dit:

«La Belle, prenez ces roses, elles coûteront bien cher à votre malheureux père.»

Et il leur raconta l'aventure qui lui était arrivée.

---

[41]**tout haut** in a loud voice. [42]**déjeuner** here: breakfast. [43]**cueillir** to pick. [44]**ingrat** ungrateful. [45]**se jeta à genoux** fell down on his knees. [46]**jurer** to swear. [47]**vide** empty. [48]**coffre** chest. [49]**pièce d'or** gold coin.

Exercises

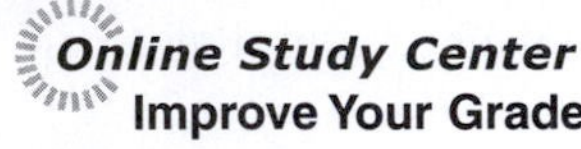

1–4

Reading Comprehension

Answer the following questions.

1. Pourquoi les sœurs étaient-elles jalouses de la Belle?
2. Quelles étaient les occupations des sœurs et celles de la Belle?
3. Avec qui les deux sœurs ne voulaient-elles pas se marier?
4. Que répondait la Belle quand on voulait l'épouser?
5. Pourquoi toute la famille a-t-elle été obligée de quitter la ville?
6. Que faisaient le père et ses enfants à la campagne?
7. Qu'est-ce que les enfants ont demandé à leur père quand il est redevenu riche?
8. Comment le marchand a-t-il perdu ses marchandises?
9. Qu'a-t-il fait après être entré dans la forêt?
10. De quoi avait-il peur en traversant la forêt?
11. Quel temps faisait-il quand il s'est réveillé?
12. Qui est arrivé quand le marchand a cueilli les roses?
13. Pourquoi devait-il mourir?
14. Quelle promesse a-t-il dû faire?
15. Pourquoi est-il retourné dans la chambre à coucher avant de partir?

Vocabulary Study

A. Select the word or expression in Column 1 that is opposite in meaning to each term in Column 2.

1	2
haut	se coucher
vide	flatterie
content	rempli
perdre	aîné(e)
se lever	bas
s'éveiller	trouver
faire des compliments	malheureux
tenir compagnie	s'endormir
insulte	se moquer
cadet (cadette)	abandonner

B. Write sentences using one or several of the following phrases concerning time.

à tout moment
à dix heures du matin/soir
toute la journée
un jour
tous les jours
en même temps
la plus grande partie (la plupart) du temps
il y avait (il était) une fois
dans trois mois
en peu d'heures

C. Study the following expressions, then select the appropriate expression from the list to replace the near-equivalents expressed in italics in the sentences below.

extrêmement
tout
être fou de joie
être mouillé jusqu'aux os
se mettre à
tant de
en une bouchée
mourir de faim
mourir de froid
trembler

1. Le marchand *commence à* pleurer.
2. Le marchand mange le poulet *très vite*.
3. Le vent est *très* fort.
4. Le château est *complètement* illuminé.
5. Le pauvre cheval est *très mouillé*.
6. Les sœurs ont *beaucoup d'*orgueil.
7. Il n'y a rien à manger et j'*ai très faim*.
8. La Belle *a beaucoup de joie*.
9. Il neige et le marchand *a très froid*.
10. Le marchand *a très peur* en voyant la Bête.

Structures

A. The Use of the Subjunctive with *à condition que*

The subjunctive is used after **à condition que.**

À condition qu'une de vos filles **meure** à votre place.
Provided one of your daughters dies in your place.

Complete the following sentences with the appropriate form of the subjunctive of the verb in parentheses.

À condition…

1. qu'elle ____ (prendre) votre place.
2. que vous ____ (revenir) ici.
3. que vous ____ (dire) ce que vous pensez.
4. que tu ____ (être) bon.
5. que nous ____ (avoir) de la patience.
6. que tu t'en ____ (aller) d'ici.
7. qu'elle ____ (faire) ce que je dirai.
8. qu'elle se ____ (souvenir) de la rose.

B. The Use of the Subjunctive with *mériter, regretter, vouloir, souhaiter, attendre, être surpris*

Complete the following sentences with the appropriate form of the subjunctive of the verb in parentheses.

1. Elles ne méritent pas qu'on les ____ (recevoir).
2. Je regrette que vous ____ (avoir) perdu votre fortune.
3. Le marchand était surpris que personne ne ____ (venir) souper avec lui.
4. Le monstre ne voulait pas que le marchand ____ (partir) les mains vides.
5. Je souhaite que tu ____ (prendre) de l'or.
6. Attendez que je ____ (faire) porter le coffre chez vous.

C. The Use of the Conditional in Indirect Discourse

The conditional replaces the future in indirect discourse.

«Je **suivrai** mon père», dit la Belle.	La Belle dit qu'elle **suivrait** son père.

Rewrite the following sentences according to the model below and make all the necessary changes.

EXAMPLE: Les deux aînées répondirent: «Nous ne nous marierons jamais, sauf avec un duc.»
*Les deux aînées répondirent **qu'elles ne se marieraient jamais,** sauf avec un duc.*

1. La Belle déclara: «Il faudra travailler.»
2. Les sœurs crièrent: «On ne nettoiera pas la maison.»
3. La Belle répondit: «Je ne me marierai jamais.»
4. Les fils annoncèrent: «Nous n'irons plus en promenade.»
5. La Belle pensa: «Mes sœurs auront beaucoup de peine.»
6. Le marchand répéta: «Elles ne seront pas contentes.»
7. La Belle et la Bête affirmèrent: «Nous essaierons d'être heureux.»
8. La fée expliqua: «La fortune reviendra.»

D. Possessive Adjectives

Possessive adjectives agree with the nouns they introduce.

Singular		Plural	
Masculine	*Feminine*	*Masculine*	*Feminine*
mon	**ma**	**mes**	
ton	**ta**	**tes**	
son	**sa**	**ses**	
notre	**notre**	**nos**	
votre	**votre**	**vos**	
leur	**leur**	**leurs**	

Fill in the blanks with the correct form of the possessive adjective.

1. Le marchand aimait ____ six enfants.
2. Les enfants avaient ____ maîtres.
3. Les aînées se promenaient avec ____ compagnie.
4. La Belle était toujours avec ____ livres.
5. Le père perdit ____ fortune.
6. Le marchand entre avec ____ cheval.
7. «Cette rose est pour ____ fille», dit le marchand.
8. «Vous avez volé ____ roses», dit le monstre.
9. «Merci d'avoir pensé à ____ déjeuner», dit le marchand.
10. «Une de ____ filles doit mourir à ____ place», dit le monstre au marchand.

E. Possessive Pronouns

Possessive pronouns agree with the nouns they replace.

Singular		Plural	
Masculine	*Feminine*	*Masculine*	*Feminine*
le mien	**la mienne**	**les miens**	**les miennes**
le tien	**la tienne**	**les tiens**	**les tiennes**
le sien	**la sienne**	**les siens**	**les siennes**
le nôtre	**la nôtre**	**les nôtres**	**les nôtres**
le vôtre	**la vôtre**	**les vôtres**	**les vôtres**
le leur	**la leur**	**les leurs**	**les leurs**

Fill in the blanks by replacing the words in italics with the correct form of the possessive pronoun.

EXAMPLE: Il trouva un habit propre à la place de son *habit*.
Il trouva un habit propre à la place ***du sien.***

1. Les nouveaux habits étaient propres. *Ses habits* étaient sales.
2. Le monstre donna au marchand de l'or pour *ses enfants*.
3. Votre maison est plus belle que *ma maison*.
4. Vos fleurs sont plus belles que *mes fleurs*.
5. Voici mon couvert. Où sont *leurs couverts*?
6. Ma chambre est grande. Et *ta chambre*?
7. Ma sœur est là. *Tes sœurs* ne sont pas venues?
8. Notre compagnie est noble. *Sa compagnie* est basse.

F. Verbs Followed by an Infinitive

French verbs are frequently followed by an infinitive. There are three patterns:

1. *main verb + infinitive:*

aimer	**laisser**
aller	**souhaiter**
croire	**voir**
entendre	**vouloir**
falloir (il faut)	**pouvoir**

2. *main verb* + **à** + *infinitive:*

aider à	**passer son temps à**
se mettre à	

3. *main verb* + **de** + *infinitive:*

essayer de	**prier de**
jurer de	**refuser de**
mériter de	**remercier de**

NOTE: Only verbs appearing in the story are listed.

Complete the following sentences using the appropriate pattern.

1. La Belle aidait son père ____ vivre heureux.
2. Il fallait essayer ____ faire le travail.
3. Elle ne voulait pas ____ se marier.
4. Elle aimait ____ jouer du clavecin.
5. Les sœurs aînées refusaient ____ recevoir les filles de marchands.
6. Elles laissaient ____ faire à leur sœur tout le travail.
7. Elles ne méritaient pas ____ recevoir des bijoux.
8. La Belle pria son père ____ lui apporter une rose.
9. Le marchand voulut ____ aller chercher son cheval.
10. Il entendit ____ approcher quelqu'un.
11. Il vit ____ venir à lui un monstre.
12. Je ne croyais pas ____ vous offenser.
13. Le marchand jura ____ revenir.
14. La Bête lui demanda ____ remplir le coffre.
15. En revoyant ses enfants, le marchand se mit ____ pleurer.

Communicative Activity

Prepare the topic below to be discussed in class. You should be ready to quote lines from the text in support of the views expressed.

En quoi la Belle est-elle différente de ses sœurs?

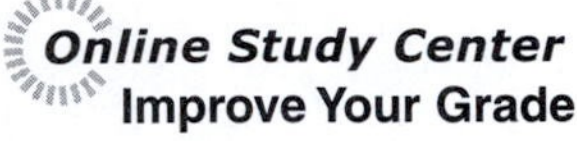

La Belle et la Bête (suite)

5

Les deux aînées insultèrent alors la Belle, qui ne pleurait pas.

«Voyez ce que produit l'orgueil de cette petite créature! disaient-elles. Pourquoi ne demandait-elle pas des vêtements comme nous? Mais non, mademoiselle voulait se distinguer. Elle va causer la mort de notre père et elle ne pleure pas!

—Pourquoi pleurerais-je la mort de notre père? Il ne périra pas. Si le monstre veut bien accepter une de ses filles, en mourant j'aurai la joie de sauver mon père et de lui montrer ma tendresse.

—Non, ma sœur, lui dirent ses trois frères, vous ne mourrez pas; nous irons trouver ce monstre et nous périrons sous ses coups[1] si nous ne pouvons pas le tuer.

—Ne l'espérez pas, mes enfants, leur dit le marchand; la force de la Bête est trop grande. Je ne veux pas exposer la Belle à la mort. Je suis vieux, il ne me reste que quelque temps à vivre.

—Je vous assure, mon père, lui dit la Belle, que vous n'irez pas à ce palais sans moi; vous ne pouvez pas m'empêcher[2] de vous suivre.»

Ses sœurs en étaient contentes parce que les vertus de cette cadette leur avaient inspiré beaucoup de jalousie. Le marchand était si occupé de la douleur de perdre sa fille qu'il ne pensait pas au coffre qu'il avait rempli d'or. Aussitôt qu'il fut dans sa chambre, il fut étonné de le trouver à côté de son lit. D'abord il ne voulut pas distribuer cet or à ses deux aînées; mais la Belle l'encouragea à le faire parce que deux gentilshommes voulaient les épouser. Elle pria son père de les marier; car elle était si bonne qu'elle les aimait et leur pardonnait de tout son cœur le mal qu'elles lui avaient fait.

Les deux méchantes filles se frottèrent les yeux avec un oignon pour pleurer lorsque la Belle partit avec son père; mais ses frères pleuraient sincèrement, aussi bien que le marchand: il n'y avait que la Belle qui ne pleurait pas, parce qu'elle ne voulait pas augmenter leur douleur.

---

[1]**coup** blow. [2]**empêcher** to prevent.

Le cheval prit la route du palais et, en arrivant le soir, il alla tout seul à l'écurie. Le marchand entra avec sa fille dans la grande salle où ils trouvèrent une table magnifiquement servie avec deux couverts.

Le marchand n'avait pas le cœur de manger; mais la Belle, essayant de paraître tranquille, se mit à table et le servit.

6

Quand ils eurent soupé, ils entendirent un grand bruit, et le marchand dit adieu à sa fille en pleurant, car il pensait que c'était la Bête. La Belle trembla en voyant cette horrible figure; puis elle se calma. Le monstre lui demanda si elle était venue volontairement; elle lui dit que oui.

«Vous êtes bien bonne, lui dit la Bête, et je vous suis bien obligé. Votre père doit partir demain matin et ne plus revenir. Adieu, la Belle.

—Adieu, la Bête», répondit-elle, et tout de suite le monstre se retira.

Pendant son sommeil,[3] la Belle vit une dame qui lui dit:

«Je suis contente de votre bon cœur, la Belle; la bonne action que vous faites, en donnant votre vie pour sauver celle de votre père, sera récompensée.»

La Belle, en s'éveillant, raconta ce rêve à son père; cela le consola un peu mais quand il dut se séparer de sa chère fille, il pleura à grands cris. Lorsqu'il fut parti, la Belle s'assit dans la grande salle, et se mit à pleurer aussi; mais comme elle avait beaucoup de courage, elle se recommanda à Dieu, pensant que la Bête la mangerait le soir. Elle voulut se promener en attendant, et visiter ce beau château. Elle fut très surprise de trouver une porte sur laquelle il y avait écrit: *Appartement de la Belle*. Elle ouvrit cette porte et elle fut éblouie[4] par la magnificence qui y régnait; mais ce qui frappa le plus sa vue[5] fut une grande bibliothèque,[6] un clavecin et plusieurs livres de musique.

«On ne veut pas que je m'ennuie, dit-elle tout bas,[7] si je n'avais qu'un jour à rester ici, on ne m'aurait pas préparé tout cela.»

Elle ouvrit la bibliothèque et vit un livre où il y avait écrit en lettres d'or:

Souhaitez, commandez, vous êtes ici la reine et la maîtresse.

«Hélas! dit-elle, je ne souhaite rien que de revoir mon pauvre père et de savoir ce qu'il fait en ce moment.» Elle avait dit cela en elle-même.

---

[3]**sommeil** sleep. [4]**ébloui** dazzled. [5]**frappa sa vue** struck her eye. [6]**bibliothèque** bookcase. [7]**tout bas** softly.

Quelle fut sa surprise, en jetant les yeux sur[8] un grand miroir, d'y voir sa maison où son père arrivait avec un visage extrêmement triste; ses sœurs faisaient des grimaces pour paraître tristes, mais il était évident que la mort de la Belle leur donnait de la joie. Un moment après, tout cela disparut. La Belle pensa que la Bête était bien bonne et qu'elle n'avait rien à craindre d'elle.

À midi, elle trouva la table mise, et elle entendit un excellent concert, mais aucun musicien n'était visible.

Le soir, comme elle allait se mettre à table, elle entendit le bruit que faisait la Bête et elle trembla.

«La Belle, lui dit ce monstre, voulez-vous bien que je vous regarde manger?

—Vous êtes le maître, répondit la Belle.

—Non, continua la Bête, il n'y a ici de maîtresse que vous; vous n'avez qu'à me dire de m'en aller si je vous ennuie;[9] je sortirai tout de suite. Dites-moi: n'est-ce pas que vous me trouvez laid?[10]

—Cela est vrai, dit la Belle, car je ne sais pas mentir; mais je crois que vous êtes très bon.

—Vous avez raison, dit le monstre, et en plus, je n'ai pas d'esprit[11] car je ne suis qu'une bête.

—On n'est pas bête quand on croit ne pas avoir d'esprit: un sot[12] n'a jamais su cela.

—Mangez donc, la Belle, lui dit le monstre, et essayez de ne pas vous ennuyer dans votre maison; car tout ceci est à vous. J'aurais du chagrin si vous n'étiez pas contente.

—Je suis très contente de votre bon cœur: quand j'y pense, vous ne me paraissez plus si laid.

—Oh! oui, répondit la Bête, j'ai le cœur bon, mais je suis un monstre.

—Il y a bien des hommes qui sont plus monstres que vous, dit la Belle; et je vous aime mieux avec votre figure que ceux qui, avec la figure d'homme, cachent un cœur faux,[13] corrompu, ingrat.

—Si j'avais de l'esprit, continua la Bête, je vous ferais un grand compliment pour vous remercier, mais je suis stupide, et tout ce que je peux vous dire, c'est que je vous suis bien obligé.»

La Belle mangea de bon appétit. Elle n'avait presque plus peur du monstre; mais elle trembla de nouveau[14] quand il lui dit:

«La Belle, voulez-vous être ma femme?»

---

[8]**jetant les yeux** glancing at. [9]**ennuyer** to bother. [10]**laid** ugly. [11]**esprit** mind. [12]**sot** idiot. [13]**faux (fausse)** false. [14]**de nouveau** again.

Elle ne répondit pas tout de suite: elle avait peur d'exciter la colère[15] du monstre en le refusant; elle lui dit en tremblant:

«Non, la Bête.»

Il fit alors un sifflement épouvantable[16] et lui dit adieu. Il sortit de la chambre en se retournant de temps en temps pour la regarder encore.

La Belle, se voyant seule, sentit une grande compassion pour cette pauvre bête.

«Hélas! disait-elle, c'est bien dommage[17] qu'elle soit laide, elle est si bonne!»

---

[15]**colère** anger. [16]**il fit… épouvantable** he then uttered a frightful hiss. [17]**c'est bien dommage** what a pity indeed.

5–6

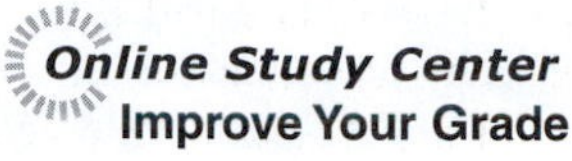

Reading Comprehension

Answer the following questions.

1. Pourquoi la Belle ne pleurait-elle pas?
2. Comment ses frères voulaient-ils sauver leur père?
3. Pourquoi les deux sœurs étaient-elles contentes de la décision de la Belle?
4. Pourquoi la Belle voulait-elle que son père donne de l'or à ses sœurs?
5. Pourquoi les deux sœurs ont-elles pris un oignon?
6. Qu'ont fait le père et sa fille en arrivant au palais?
7. Quelle a été la réaction de la Belle en voyant la Bête?
8. De quoi a-t-elle rêvé pendant la nuit?
9. Qu'a-t-elle trouvé pendant sa promenade?
10. Comment a-t-elle pu voir son père et ses sœurs?
11. De quoi la Belle et la Bête ont-elles parlé?
12. Qu'a fait le monstre quand la Belle lui a dit qu'elle ne voulait pas se marier avec lui?

Vocabulary Study

With a partner, create a short story using the following words and phrases.

avoir la joie de
pardonner de tout son cœur
faire une bonne action
s'ennuyer
avoir du chagrin
mentir
exciter la colère de quelqu'un
pleurer à grands cris
ingrat
ennuyer quelqu'un
faire du mal à quelqu'un
corrompu
sot
avoir du courage

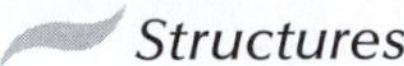

Structures

A. The Position of Pronouns with Verbs + Infinitive

The pronouns **le, la, les, lui, leur, en,** and **y** are placed in front of the infinitive used with a conjugated verb.

Je vais suivre mon père.
Je vais **le** suivre.

Rewrite the following sentences replacing the words in italics with their corresponding pronouns.

1. Je ne veux pas exposer mes trois filles *à la mort*.
2. Il ne voulait pas distribuer *l'or* à ses aînées.
3. Il ne voulait pas donner *d'or* à ses aînées.
4. La Belle ne voulait pas augmenter *la douleur*.
5. Le père et la fille vont aller *au palais*.
6. La Belle pria son père de marier *ses filles*.

B. The Use of the Subjunctive with *c'est dommage*

Rewrite the following sentences according to the example.

EXAMPLE: La Bête est laide.
C'est dommage que la Bête ***soit*** *laide.*

1. La Bête fait un sifflement.
2. La Bête veut épouser la Belle.
3. La Bête a du chagrin.
4. Le monstre dit adieu.
5. Il ne peut pas l'épouser.
6. Les sœurs font des grimaces.
7. Les musiciens sont invisibles.
8. La Belle ne suit pas le monstre.

C. The Use of the Immediate Future

Rewrite the following sentences in the immediate future according to the example.

EXAMPLE: Elle causera la mort de son père.
Elle va causer la mort de son père.

1. Je sauverai mon père.
2. Mon père ne mourra pas.
3. Je le suivrai au palais.
4. Elle partira avec lui.
5. Le cheval prendra la route du palais.
6. Le père et la fille se mettront à table.
7. La fille aura assez de courage.

D. The Use of Demonstrative Pronouns

Demonstrative pronouns agree with the nouns they replace

Singular		**Plural**	
Masculine	*Feminine*	*Masculine*	*Feminine*
celui	**celle**	**ceux**	**celles**

Rewrite the following sentences replacing the words in italics with the corresponding demonstrative pronouns.

EXAMPLE: Le palais du roi et *le palais* de la Bête.
Le palais du roi et ***celui*** *de la Bête.*

1. La figure de la Belle est différente de *la figure* de la Bête.
2. Vous donnez votre vie pour sauver *la vie* de votre père.
3. La tête du père est plus chère que *les têtes* des deux sœurs.
4. Le clavecin de la Bête était plus beau que *le clavecin* de son père.
5. Les grimaces des sœurs sont aussi laides que *les grimaces* d'un cœur faux.

Expressing Your Ideas

Write a short paragraph on how well the Beast treats the Beauty. Your paragraph will be evaluated for grammatical accuracy and vocabulary usage. It should be at least fifty-five words in length.

Prepare one of the statements listed below to be discussed in class. You should be ready to quote lines from the text in support of the view expressed.

1. La Belle domine sa peur et aime de plus en plus son séjour au château.
2. La Bête n'est pas vraiment une bête.

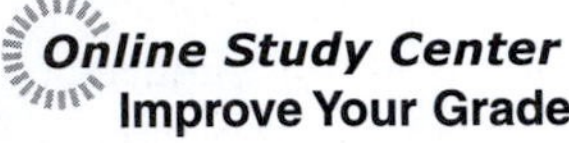

La Belle et la Bête (suite)

7

La Belle passa trois mois dans ce palais avec assez de tranquillité. Tous les soirs, la Bête lui rendait visite. Chaque fois, la Belle découvrait de nouvelles bontés dans ce monstre; l'habitude[1] de le voir l'avait accoutumée[2] à sa laideur et elle regardait souvent sa montre[3] pour voir s'il était bientôt neuf heures, s'il allait bientôt venir.

Il n'y avait qu'une chose qui faisait de la peine[4] à la Belle, c'est que le monstre, avant de se coucher, lui demandait toujours si elle voulait être sa femme, et paraissait plein de douleur lorsqu'elle lui disait que non. Elle lui dit un jour:

«Vous me faites du chagrin, la Bête; je voudrais pouvoir vous épouser, mais je suis trop sincère pour vous faire croire que cela arrivera un jour; je serai toujours votre amie, essayez de vous contenter de[5] cela.

—Il le faut bien,[6] continua la Bête. Je sais que je suis bien horrible; mais je vous aime beaucoup. Promettez-moi que vous ne me quitterez jamais.»

La Belle rougit[7] en l'entendant; elle avait vu que son père était malade du chagrin de l'avoir perdue, et elle souhaitait le revoir.

«J'ai tant envie de revoir mon père, dit-elle, que je mourrai de douleur si vous me refusez ce plaisir.

—J'aime mieux mourir moi-même, dit le monstre, que de vous donner du chagrin; je vous enverrai chez votre père, vous y resterez, et votre pauvre Bête en mourra de douleur.

—Non, lui dit la Belle en pleurant; je vous aime trop pour vouloir causer votre mort: je vous promets de revenir dans une semaine. Vous m'avez fait voir que mes sœurs sont mariées et que mes frères sont partis pour l'armée; mon père est tout seul, permettez-moi de rester chez lui une semaine.

---

[1]**habitude** habit. [2]**accoutumer** to accustom. [3]**montre** watch. [4]**faisait de la peine** grieved. [5]**se contenter de** to be happy with. [6]**il le faut bien** I have no choice. [7]**rougit** blushed.

—Vous y serez demain matin, lui dit la Bête; mais souvenez-vous de votre promesse. Vous n'aurez qu'à mettre votre bague[8] sur une table en vous couchant quand vous voudrez revenir. Adieu, la Belle.»

Quand elle se réveilla le matin, elle se trouva dans la maison de son père. Le marchand et sa fille se tinrent embrassés plus d'un quart d'heure, tellement leur joie était grande.

La servante lui dit qu'elle venait de trouver dans la chambre un grand coffre plein de robes d'or, avec des diamants. La Belle remercia la Bête de ses attentions; elle prit la moins riche de ces robes, voulant donner les autres à ses sœurs. Le coffre disparut alors et son père lui dit que la Bête voulait que la Belle garde tout pour elle; et aussitôt les robes revinrent à la même place.

La Belle s'habilla[9] et, pendant ce temps, ses sœurs arrivèrent avec leurs maris. L'aînée avait épousé un jeune gentilhomme beau comme l'amour;[10] mais il était si amoureux de sa propre figure qu'il se regardait dans le miroir du matin au soir. La seconde avait épousé un homme qui avait beaucoup d'esprit; mais il s'en servait[11] pour critiquer tout le monde, à commencer par sa femme.

Elles furent pleines de jalousie en voyant leur sœur habillée comme une princesse et en apprenant qu'elle était heureuse au palais du monstre.

Pour se venger d'elle, elles décidèrent de la faire rester plus d'une semaine. Elles lui firent tant de caresses que la Belle promit de rester encore une semaine. La dixième nuit qu'elle passa chez son père, elle rêva qu'elle était dans le jardin du palais, et qu'elle voyait la Bête couchée sur l'herbe, et près de mourir, qui lui reprochait son ingratitude.

La Belle se réveilla en pleurant.

«Ne suis-je pas bien méchante, disait-elle, de donner du chagrin à une bête qui a pour moi tant de bontés?[12] Est-ce sa faute si elle est laide et si elle a peu d'esprit? Elle est bonne, cela vaut mieux[13] que tout le reste. Pourquoi n'ai-je pas voulu l'épouser? Je serais plus heureuse avec elle que mes sœurs avec leurs maris. Ce n'est ni la beauté ni l'esprit d'un mari qui rendent une femme contente; c'est la bonté du caractère.»

À ces mots, la Belle se leva, mit la bague sur la table, et se coucha. Quand elle se réveilla le matin, elle vit avec joie qu'elle était dans le palais de la Bête. Elle s'habilla magnifiquement pour lui plaire et attendit neuf heures du soir avec impatience; la Bête ne parut pas.

---

[8]**bague** ring. [9]**s'habiller** to get dressed. [10]**beau comme l'amour** as handsome as can be. [11]**s'en servait** used it. [12]**a des bontés** is good. [13]**cela vaut mieux** it is worth more.

Craignant d'avoir causé sa mort, elle courut partout, pleine de désespoir. Dans le jardin, elle trouva la pauvre Bête couchée dans l'herbe, inanimée. Elle prit de l'eau dans un canal à côté et lui en jeta sur la tête.

La Bête ouvrit les yeux et dit à la Belle:

«Vous avez oublié votre promesse et j'ai voulu me laisser mourir de faim; mais je meurs content, puisque j'ai le plaisir de vous revoir encore une fois.»

—Non, ma chère Bête, vous ne mourrez pas, lui dit la Belle; vous vivrez pour devenir mon époux:[14] je vous donne ma main; je ne pourrais pas vivre sans vous voir.»

Après avoir dit cela, la Belle vit le château brillant de lumière, tout lui annonçait une fête. Elle se retourna vers sa chère Bête, dont le danger la faisait trembler. Quelle fut sa surprise! La Bête avait disparu, et elle ne vit plus à ses pieds qu'un prince plus beau que l'amour, qui la remerciait d'avoir fini son enchantement.[15]

«Une méchante fée m'avait condamné à rester sous la figure d'une bête, expliqua-t-il, jusqu'à ce qu'une belle fille consente à m'épouser. Il n'y avait que vous dans le monde assez bonne pour vous laisser toucher par la bonté de mon caractère. En vous offrant ma couronne, je ne peux m'acquitter des obligations que je vous ai.»[16]

La Belle donna la main à ce beau prince et ils allèrent ensemble au château. Elle y retrouva son père et toute sa famille que la belle dame qui lui était apparue dans les rêves avait transportés au château.

«La Belle, lui dit cette dame qui était une grande fée, venez recevoir la récompense de votre bon choix: vous avez préféré la vertu à la beauté et à l'esprit, vous méritez de trouver toutes ces qualités réunies en une même personne. Vous allez devenir une grande reine: j'espère que le trône ne détruira pas vos vertus. Pour vous, dit la fée aux deux sœurs de la Belle, je connais votre cœur et votre malice. Devenez des statues; mais conservez toute votre raison sous la pierre qui vous enveloppera. Vous resterez à la porte du palais de votre sœur et vous verrez son bonheur.»

Dans le moment, la fée donna un coup de baguette[17] qui transporta tous ceux qui étaient dans cette salle dans le royaume du prince. Ses sujets le virent avec joie et il épousa la Belle, qui vécut avec lui très longtemps et dans un bonheur parfait, parce qu'il était fondé sur la vertu.

---

[14]**époux** husband. [15]**enchantement** bewitchment. [16]**En vous offrant ma couronne...** By offering you my crown, I cannot really repay you for what I owe you. [17]**donna un coup de baguette** waved her wand.

Exercises

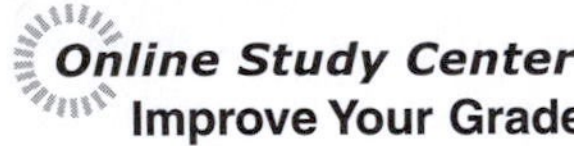

7

Reading Comprehension

Answer the following questions.

1. Pourquoi la Belle regardait-elle souvent sa montre?
2. Pourquoi a-t-elle rougi?
3. Quelle promesse a-t-elle dû faire à la Bête avant de partir?
4. Comment pouvait-elle revenir au palais?
5. Qu'y avait-il dans le coffre?
6. Qui les deux sœurs avaient-elles épousé?
7. Comment se sont-elles vengées de leur sœur cadette?
8. Pourquoi la Belle était-elle désespérée en retournant au palais?
9. Qu'a-t-elle dit à la Bête en la revoyant?
10. Comment le prince a-t-il expliqué sa transformation?
11. Quelle a été l'intervention de la fée?
12. Comment se termine ce conte de fée?

Vocabulary Study

Tell your partner more about yourself using the following phrases.

EXAMPLE: aimer mieux faire une chose que de faire une autre chose
J'aime mieux jouer du piano que d'étudier.

préférer une personne ou une chose à une personne ou à une chose
je ne pourrais pas vivre sans
essayer de se contenter de
avoir le plaisir de faire quelque chose
permettre à quelqu'un de faire quelque chose
mériter de faire
remercier quelqu'un d'avoir fait quelque chose
avoir envie de

Structures

A. The Use of the Imperfect

The imperfect is used to describe:

1. a condition
   Il **était** sept heures. La Belle **avait** faim.
2. an action in progress or continuing
   Pendant que la Belle **dormait,** elle fut transportée chez son père.
3. a repeated or habitual action
   Tous les soirs la Bête lui **demandait** de l'épouser.
4. indirect discourse
   La Belle lui dit qu'elle **voulait** rendre visite à son père.

Rewrite the following sentences in the imperfect. Indicate the reason for using the imperfect by noting the appropriate number corresponding to the reasons as they are given above.

EXAMPLE: La Bête est bonne.
*La Bête **était** bonne. (1)*

1. Tous les soirs la Bête vient voir la Belle.
2. La Belle regarde souvent sa montre.
3. Le monstre lui demande toujours de devenir sa femme.
4. Il lui dit qu'il l'aime.
5. La Belle souhaite revoir son père.
6. Son père est seul.
7. Il y a un coffre dans la chambre.
8. Pendant que la Belle s'habille, ses sœurs arrivèrent.
9. Le mari de la sœur se regarde dans le miroir du matin au soir.

B. The Use of the *passé simple*

To describe completed events or actions, the **passé simple** is used in written French, while the **passé composé** is used in spoken French.

Le marchand **est entré** dans la grande salle. *(spoken French)*
Le marchand **entra** dans la grande salle. *(written French)*

Rewrite the following sentences choosing the form of the verb that best suits the context.

La Belle ____ (**passa/passait**) trois mois dans le palais. La Bête ____ (**vint/venait**) la regarder manger tous les jours. Avant de se coucher, il lui ____ (**demanda/demandait**) toujours si elle ____ (**voulut/voulait**) être sa femme. Elle lui ____ (**dit/disait**) chaque fois que non. Un jour, elle ____ (**voulut/voulait**) partir. Son père ____ (**fut/était**) malade de chagrin. Quand elle se ____ (**réveilla/réveillait**) le matin, elle ____ (**revit/revoyait**) son père et elle ____ (**l'embrassa/l'embrassait**). Bientôt ses sœurs ____ (**arrivèrent/arrivaient**). Elles ____ (**décidèrent/décidaient**) de la faire rester trop longtemps. La dixième nuit, la Belle ____ (**rêva/rêvait**) que la Bête ____ (**fut/était**) près de mourir. Elle ____ (**mit/mettait**) sa bague et ____ (**se réveilla/se réveillait**) dans le palais. Elle ____ (**trouva/trouvait**) la Bête couchée dans l'herbe. Elle lui ____ (**dit/disait**) qu'elle ____ (**l'aima/l'aimait**). La Bête ____ (**disparut/disparaissait**). À sa place, il y ____ (**eut/avait**) un beau prince. Ils ____ (**allèrent/allaient**) au château qui (**fut/était**) brillant de lumière. Les deux sœurs ____ (**devinrent/devenaient**) des statues. Le prince ____ (**épousa/épousait**) la Belle.

C. The Moods Used with *souhaiter/espérer*

Rewrite the following sentences using the subjunctive first with **souhaiter** and then the indicative with **espérer.**

EXAMPLE: Vous revenez.
Je souhaite que vous ***reveniez.***
J'espère que vous ***reviendrez.***

1. Nous revenons.
2. Vous tenez votre promesse.
3. Elle peut revenir.
4. Vous devenez une grande reine.
5. Les sœurs sont punies.
6. Tu n'as pas de chagrin.
7. Le prince et la princesse vivent heureux.
8. La Bête ne meurt pas.

Expressing Your Ideas

A. Write a paragraph in French on the lesson contained in this fairy tale using the elements provided in the text. Your paragraph will be evaluated for grammatical accuracy and vocabulary usage. It should be at least sixty words in length.

B. Write a paragraph in French giving your opinion on the following statement, and explain if its lesson still rings true today:

«Ce n'est ni la beauté ni l'esprit d'un mari qui rendent une femme contente; c'est la bonté du caractère.»

Communicative Activities

Choose one of the following parts: **la Belle, la Bête, le père, les deux sœurs, la fée.** After preparing the corresponding lines, perform one of the following scenes with other classmates.

1. La Bête rend visite à la Belle tous les soirs et lui demande de l'épouser.
2. La Belle retourne chez son père. Elle est victime de la jalousie et de la vengeance de ses sœurs.
3. Le monologue de la Belle après son rêve.
4. La Belle retrouve la Bête au jardin. Il lui explique ce qui s'est passé.
5. La fée annonce la récompense de la Belle et la punition des deux sœurs.

Review Exercises

Review the grammar points covered in the exercises following *La Belle et la Bête*. Then complete each sentence in the passage using the correct form of the words in parentheses.

Pendant que la cadette ____ **(lit/lisait)** de bons livres, ses deux sœurs ____ **(allèrent/allaient)** au bal. Elles disaient qu'elles ne se ____ **(marieront/marieraient)** jamais, sauf avec un duc. Un jour, le marchand dit en ____ **(pleurer)** qu'ils ____ **(allèrent/allaient)** demeurer dans une maison de campagne et qu'il faudrait ____ (*a pronoun to refer to* **dans une maison de campagne**) travailler. Les gens disaient: Les aînées ne méritent pas qu'on les ____ (*form of* **plaindre**) mais c'est dommage que la Belle ____ (*form of* **être**) malheureuse. Mais la Belle se disait: Je ____ (*immediate future of* **travailler**). Sa vie était dure; au contraire, ____ (*replace* **la vie** *with demonstrative pronoun*) de ses sœurs était facile. Pendant que le marchand traversait la forêt, il ____ **(neigea/neigeait).** Il mourait ____ (*preposition*) froid et ____ (*preposition*) faim. Arrivé au château, il ____ **(mangea/mangeait)** du poulet et ____ **(s'endormit/s'endormait).** Le lendemain, il trouva un habit propre à la place du ____ *(possessive pronoun)*. En passant sous les roses, il en ____ **(cueillit/cueillait)** une pour ____ *(possessive adjective)* fille. La Bête lui pardonna cela à condition qu'une de ____ *(possessive adjective)* filles ____ (*form of* **mourir**) à sa place. Le marchand accepta, ____ *(preposition)* se disant à ____ ____ (*personal pronoun* + **même**):

«J'espère que je ____ (*form of* **revoir**) mes enfants mais je ne souhaite pas qu'ils ____ (*form of* **mourir**) à ma place.»

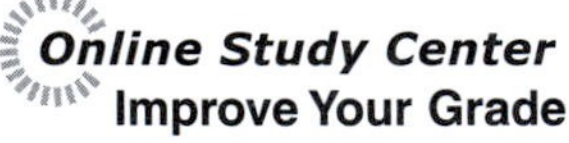

Le Chat botté

CHARLES PERRAULT

Un meunier[1] ne laissa pas beaucoup de biens aux trois enfants qu'il avait: son moulin,[2] son âne[3] et son chat.[4] L'aîné eut le moulin, le second eut l'âne, et le cadet n'eut que le chat. Ce dernier ne pouvait pas se consoler d'avoir un si pauvre lot.

«Mes frères, disait-il, pourront gagner leur vie en se mettant ensemble; pour moi, lorsque j'aurai mangé mon chat, il faudra que je meure de faim.»

Le chat, qui l'entendit, lui dit alors d'un air sérieux:

«Ne craignez rien, mon maître, vous n'avez qu'à me donner un sac et me faire faire des bottes pour aller dans la forêt, et vous verrez que votre lot n'est pas si mauvais.»

Le maître du chat l'écouta avec un certain scepticisme; mais il l'avait vu faire tant de stratagèmes pour prendre des rats et des souris,[5] comme quand il se pendait[6] par les pieds, ou qu'il se cachait dans la farine[7] pour faire le mort,[8] qu'il accepta sa demande. Lorsque le chat eut ce qu'il avait demandé, il mit ses bottes, et mettant son sac à son cou, il alla dans un endroit de la forêt où il y avait beaucoup de lapins.[9] Il mit de la salade verte dans son sac, et restant couché et parfaitement immobile, il attendit qu'un jeune lapin encore innocent entre dans le sac pour manger ce qu'il y avait mis. Quelques instants après, un jeune lapin sans expérience s'approcha pour manger la salade. Aussitôt le chat le prit et le tua sans pitié.

Tout glorieux,[10] il alla chez le roi et demanda à lui parler. On le fit monter à l'appartement de sa Majesté, où étant entré il fit une grande révérence[11] au roi, et lui dit:

«Voilà, Sire, un lapin que Monsieur le Marquis de Carabas (c'était le nom qu'il avait inventé pour son maître) vous envoie comme présent.

—Dis à ton maître, répondit le roi, que je le remercie, et qu'il me fait plaisir.»

Une autre fois, il alla se cacher dans un champ de blé,[12] tenant toujours son sac ouvert; et lorsque deux perdrix[13] y furent entrées, il ferma le sac et les prit toutes deux. Il alla ensuite les présenter au roi, comme il avait fait avec le lapin. Le roi reçut encore avec plaisir les deux perdrix et lui fit donner un présent. Le chat continua ainsi pendant deux ou trois mois à porter de temps en temps au roi du gibier[14] de la chasse de son maître.

Un jour que le roi devait aller à la promenade sur le bord de la rivière avec sa fille, la plus belle princesse du monde, le chat dit à son maître:

---

[1]**meunier** miller. [2]**moulin** mill. [3]**âne** donkey. [4]**chat** cat. [5]**souris** mouse. [6]**se pendait** suspended himself. [7]**farine** flour. [8]**faire le mort** to play possum. [9]**lapin** rabbit. [10]**tout glorieux** filled with pride. [11]**révérence** bow. [12]**champ de blé** wheat field. [13]**perdrix** partridge. [14]**gibier** game.

«Si vous voulez suivre mon conseil, votre fortune est faite: vous n'avez qu'à vous baigner dans la rivière à l'endroit que je vous montrerai et ensuite me laisser faire.»

Le marquis de Carabas fit ce que son chat lui conseillait, sans savoir à quoi cela serait bon. Dans le temps qu'il se baignait, le roi passait, et le chat commença à crier de toutes ses forces:[15]

«Au secours,[16] au secours, voilà Monsieur le Marquis de Carabas qui se noie!»[17]

A ce cri le roi mit la tête à la portière,[18] et reconnaissant le chat qui lui avait apporté tant de fois du gibier, il ordonna à ses gardes d'aller vite au secours de Monsieur le Marquis de Carabas.

Pendant qu'on retirait le pauvre marquis de la rivière, le chat s'approcha du carrosse[19] et dit au roi que dans le temps que son maître se baignait, des voleurs avaient emporté ses habits (en réalité, le chat les avait cachés sous une grosse pierre). Le roi ordonna aussitôt à ses officiers d'aller chercher un de ses plus beaux habits pour Monsieur le Marquis de Carabas. Le roi lui fit mille compliments, et comme les beaux habits qu'on venait de lui donner ajoutaient à sa distinction naturelle (car il était beau et bien fait), la fille du roi tomba follement amoureuse de lui après deux ou trois regards un peu tendres qu'il lui jeta. Le roi voulut qu'il monte dans son carrosse, et qu'il les accompagne à la promenade.

Le chat, ravi de voir que son plan commençait à réussir, partit devant,[20] et ayant rencontré des paysans dans un pré,[21] il leur dit:

«Bonnes gens, si vous ne dites pas au roi que ce pré appartient à Monsieur le Marquis de Carabas, vous serez tous coupés en petits morceaux.»

Le roi demanda à qui était le pré.

«C'est à Monsieur le Marquis de Carabas», dirent-ils tous ensemble, car la menace du chat leur avait fait peur.

«Vous avez là une belle terre, dit le roi au marquis.

—Vous voyez, Sire, répondit le marquis, c'est un pré qui me rapporte[22] beaucoup d'argent tous les ans.»

Le chat, qui allait toujours devant, rencontra d'autres paysans, et leur dit:

«Bonnes gens, si vous ne dites pas que tous ces champs de blé appartiennent à Monsieur le Marquis de Carabas, vous serez tous coupés en petits morceaux.»

---

[15]**de toutes ses forces** as loud as he could. [16]**Au secours!** Help! [17]**se noie** is drowning. [18]**portière** door. [19]**carrosse** carriage. [20]**partit devant** went ahead. [21]**pré** meadow. [22]**rapporter** to bring in.

Le roi, qui passa un moment après, voulut savoir à qui appartenaient tous les champs de blé qu'il voyait.

«C'est à Monsieur le Marquis de Carabas», répondirent les paysans, et le roi s'en réjouit[23] encore avec le marquis.

Le chat, qui allait devant le carrosse, disait toujours la même chose à tous ceux qu'il rencontrait; et le roi était étonné des grands biens du marquis.

Le chat arriva enfin dans un beau château dont le maître était un ogre, le plus riche de la région, car toutes les terres par où le roi avait passé appartenaient à ce château. Après s'être bien informé qui était cet ogre, et ce qu'il savait faire, le chat demanda à lui parler, disant qu'il n'avait pas voulu passer si près de son château sans avoir l'honneur de lui faire la révérence. L'ogre le reçut poliment.

«On m'a assuré, dit le chat, que vous aviez le don[24] de vous changer en toutes sortes d'animaux, que vous pouviez par exemple vous transformer en lion, en éléphant?

—Cela est vrai, répondit l'ogre, et pour vous le montrer, vous allez me voir devenir lion.»

Le chat fut si effrayé[25] de voir un lion devant lui, qu'il grimpa[26] aussitôt sur le toit du château, non sans peine et sans péril, à cause de ses bottes qui n'étaient pas très bonnes pour marcher dessus. Quelque temps après, le chat, ayant vu que l'ogre avait de nouveau sa forme ordinaire, descendit et avoua[27] qu'il avait eu bien peur.

«On m'a assuré encore, dit le chat, mais je ne peux pas le croire, que vous aviez aussi le pouvoir[28] de prendre la forme des plus petits animaux, par exemple, de vous changer en un rat, en une souris; je vous avoue que je trouve cela tout à fait impossible.

—Impossible? continua l'ogre, vous allez voir.»

Et en même temps il se changea en une souris, qui se mit à courir sur le plancher.[29] Aussitôt le chat se jeta dessus, et la mangea.

Cependant le roi, qui vit en passant le beau château de l'ogre, voulut entrer dedans. Le chat, qui entendit le bruit du carrosse qui arrivait, courut au-devant[30] et dit au roi:

«Que votre Majesté soit la bienvenue dans le château de monsieur le Marquis de Carabas.

—Comment, Monsieur le Marquis, s'écria le roi, ce château est encore à vous!»

---

[23]**s'en réjouit** rejoiced in it. [24]**don** gift. [25]**effrayé** frightened. [26]**grimpa** climbed. [27]**avoua** confessed. [28]**pouvoir** power, capacity. [29]**plancher** floor. [30]**courut au-devant** ran out to meet them.

Le marquis donna la main à la jeune princesse, et suivant le roi qui montait le premier, ils entrèrent dans une grande salle où ils trouvèrent un magnifique repas que l'ogre avait fait préparer pour ses amis qui devaient venir le voir ce même jour-là, mais qui n'avaient pas osé entrer, sachant que le roi y était. Le roi, charmé des bonnes qualités du marquis, de même que sa fille qui était folle de lui, et voyant les grands biens qu'il possédait, lui dit, après avoir bu quelques verres de vin:

«Voulez-vous épouser ma fille?»

Le marquis, faisant de grandes révérences, accepta l'honneur que lui faisait le roi, et épousa la princesse. Le chat devint un grand seigneur, et ne courut plus après les souris, sauf pour s'amuser.

Exercises

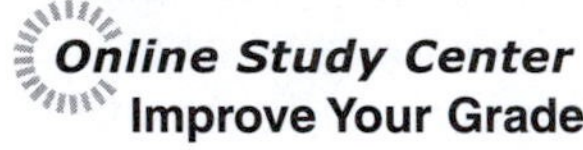

Online Study Center
Improve Your Grade

Reading Comprehension

Answer the following questions.

1. Quels biens reçurent l'aîné des enfants, le second et le cadet?
2. Que dit le cadet à propos du chat qu'il avait reçu?
3. Que demanda le chat à son maître?
4. Quels étaient les stratagèmes du chat pour prendre des souris?
5. Quel était son stratagème pour prendre le lapin?
6. Que fit-il après avoir pris le lapin?
7. De quelle façon prit-il les perdrix et à qui les donna-t-il?
8. Que devait faire le cadet pour que sa fortune soit faite?
9. Que cria le chat botté en voyant arriver le roi et la princesse?
10. Comment le chat expliqua-t-il la disparition des habits de son maître?
11. Quelle fut la réaction de la princesse en voyant le marquis?
12. Que devaient dire les paysans qui travaillaient dans un pré?
13. Pourquoi le roi était-il étonné?
14. À qui appartenait le beau château?
15. Que demanda le chat à l'ogre?
16. Que fit le chat en voyant l'ogre transformé en lion?
17. Et que fit-il quand l'ogre se transforma en souris?
18. Que décida le roi au repas?
19. Comment finit ce conte de fée?

Vocabulary Study

A. Vocabulary Usage

Study the following words, and then select the appropriate word from the list to replace the near-equivalents in parentheses in the sentences below.

un lapin	le gibier	la farine
une perdrix	se noyer	un pré
une souris	un moulin	se baigner
un âne	un paysan	le blé

1. Les ____ (hommes qui cultivent) cultivent du ____ (céréale).
2. ____ (l'animal domestique) porte les sacs de blé.
3. Le meunier demeure au ____ (maison du meunier).
4. Il fait de la ____ (substance blanche) avec le blé.
5. Il y a beaucoup d'herbe dans un ____ (endroit couvert d'herbe).
6. Dans une rivière, on peut ____ (nager).
7. Si on ne sait pas nager, on ____ (mourir).
8. Après la chasse, on mange le ____ (animaux sauvages tués à la chasse).
9. Le ____ (animal sauvage à longues oreilles) aime la salade.
10. La ____ (oiseau sauvage) est un oiseau.
11. Les chats aiment beaucoup courir après les ____ (animaux plus petits que les rats).

Study the following expressions, then select the expression that corresponds to each of the situations presented below.

Au secours!
Impossible? Vous allez voir!
Soyez le bienvenu!
Ne craignez rien.
Bonnes gens, vous serez tous coupés en petits morceaux.
Vous avez là une belle terre.
J'ai eu bien peur.
C'est à Monsieur le Marquis de Carabas.

1. On veut inviter quelqu'un à entrer.
2. Le chat veut menacer des paysans.
3. Le roi fait des compliments sur un pré.
4. Le chat avoue sa frayeur.
5. Le chat dit à son maître de ne pas avoir peur.
6. Quelqu'un se noie dans la rivière.
7. Le roi demande à qui appartient la terre.
8. Le chat dit à l'ogre que c'est impossible.

B. The Meanings of *faire*

Translate the following sentences after studying the uses of **faire** in the story. Remember that **faire** + *infinitive* is usually translated by: *to make (have) someone do something* or *to have (get) something done or made.*

EXAMPLES: Le roi faisait travailler les paysans.
The king made the peasants work.

Le jeune meunier a fait faire des bottes.
The young miller had boots made.

1. Le chat faisait le mort pour attraper les souris.
2. On a fait monter le chat à l'appartement du roi.
3. L'ogre a fait monter le chat sur le toit quand il est devenu un lion.
4. Le marquis a fait plaisir au roi.
5. Le chat a donné les perdrix au roi comme il avait fait avec le lapin.
6. Le roi a fait donner un présent au chat.
7. La fortune de son maître était faite.
8. L'ogre a fait préparer un repas.
9. Le marquis a fait de grandes révérences.
10. Le roi lui faisait beaucoup d'honneur.
11. Le roi lui a fait mille compliments.
12. Le chat a fait dire aux paysans que les champs appartenaient au marquis de Carabas.
13. Sa menace a fait peur aux paysans.
14. Le chat a entendu le carrosse qui faisait du bruit.

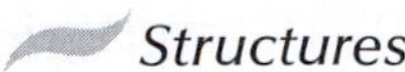

Structures

A. The Construction *n'avoir qu'à*

The construction **n'avoir qu'à** is followed by the infinitive.

Vous **n'avez qu'à me donner** des bottes.
All you have to do is give me boots.

Rewrite the following sentences according to the example.

EXAMPLES: Donnez-moi un sac.
*Vous **n'avez qu'**à me donner un sac.*

Baignez-vous.
*Vous **n'avez qu'**à vous baigner.*

1. Laissez-moi faire.
2. Écoutez-moi.
3. Dites-moi pourquoi.
4. Changez-vous en souris.
5. Cachez-vous.
6. Faites-moi des bottes.
7. Approchez-vous.
8. Suivez-moi.

B. The Use of the Past Infinitive

The past infinitive is formed with **avoir** or **être,** followed by the past participle.

Il a mangé. ⟶ **Après avoir mangé…**
Il est monté. ⟶ **Après être monté…**
Il s'est baigné. ⟶ **Après s'être baigné…**

Rewrite the following sentences changing the words in italics to past infinitives as in the example.

EXAMPLE: *Il a couru* devant. Il est arrivé au château.
*Après **avoir couru** devant, il est arrivé au château.*

1. *Il est descendu.* Il avoua qu'il avait eu peur.
2. *Il s'est transformé* en souris. Il a été mangé par le chat.
3. *Il a compris* le plan du chat. Il a consenti à se baigner dans la rivière.
4. *Il s'est informé* sur les talents de l'ogre. Il lui a rendu visite.
5. *Il a parlé* au roi. Il est revenu chez lui.
6. *Il s'est marié* avec la princesse. Le marquis est devenu extrêmement riche.

C. The Use of *de* after a Superlative Construction

The preposition **de** is used after a superlative construction, even if the reference group describes a place. *Note:* In this construction, **du** is translated *in*.

C'est la plus belle princesse **du** monde.
*She is the most beautiful princess **in** the world.*

Rewrite the following sentences according to the examples, then translate them.

EXAMPLES: La belle princesse **dans** le royaume.
*La plus belle princesse **du** royaume.*

Le château magnifique **dans** la région.
*Le château le plus magnifique **de** la région.*

1. Le jeune fils dans le moulin.
2. Le chat intelligent dans le monde.
3. Le lapin innocent dans la forêt.
4. Les belles perdrix dans le pré.
5. Les beaux habits dans l'appartement.
6. Les beaux champs de blé dans le pays.

D. The Use of the Relative Pronouns *ce qui* and *ce que*

Compare these sentences:

Ce qui montre l'intelligence du chat, c'est...
What shows the cat's intelligence is...

Ce que le chat montre, c'est...
What the cat shows is...

Ce qui is the subject of **montre,** whereas **ce que** is its object.

Complete the following sentences, using **ce qui** or **ce que** and make all necessary changes.

1. Le maître ne savait pas ____ le chat voulait faire.
2. Le chat n'a pas dit ____ il voulait faire.
3. _____ est certain, c'est que le chat a réussi.
4. L'ogre ne savait pas ____ lui arriverait.
5. Le marquis a fait ____ le chat lui conseillait.
6. Le marquis a fait ____ était naturel.
7. Les paysans ne comprenaient pas ____ se passait.
8. Les paysans ne savaient pas ____ le chat cachait.

Communicative Activities

Prepare one of the topics listed below to be discussed in class. You should be ready to quote lines from the text in support of the views expressed.

1. *Le Chat botté* a toutes les caractéristiques du conte de fée, mais il n'y a pas de leçon explicite. Quelles sont ces caractéristiques? Pourquoi cette histoire continue-t-elle de charmer?
2. Donnez des exemples de l'intelligence que montre le chat en dupant d'abord le gibier animal (les souris et les rats, les lapins, les perdrix); puis en dupant le gibier humain (le roi et la princesse, les paysans, l'ogre). C'est vraiment lui, le maître.

Review Exercises

Review the vocabulary and the grammar points covered in *Le Chat botté*. Then rewrite each sentence with the correct forms of the words in parentheses.

Le chat dit à son maître qu'il n'avait qu' ____ *(preposition)* lui donner des ____ *(noun)*. Le lapin est entré dans le ____ *(noun)* pour manger ____ **(ce qui/ce que)** le chat y avait mis. Après ____ *(past infinitive of* **tuer**) le lapin, le chat le porta au roi. La fille du roi était la plus belle princesse ____ *(preposition)* monde. Après ____ ____ *(past infinitive of* **s'approcher**) du carrosse, le chat fit une ____ *(noun)*. La princesse tomba amoureuse du marquis, ____ **(ce qui/ce que)** n'est pas difficile à comprendre. L'ogre se changea ____ *(preposition)* lion, puis il se transforma ____ *(preposition)* souris. Le chat menaça les paysans de les ____ *(verb)* ____ *(preposition)* ____ *(adjective)* ____ *(noun)*.

Online Study Center
Improve Your Grade

Vocabulary

To facilitate very early reading, this vocabulary includes all irregular verb forms and nearly identical cognates. Identical cognates have been excluded. Idioms are listed under the key words.

Abbreviations

adj.	adjective	*m.*	masculine
adv.	adverb	*n.*	noun
art.	article	*p.p.*	past participle
cond.	conditional	*p.c.*	passé composé
conj.	conjunction	*p.s.*	passé simple
f.	feminine	*pl.*	plural
fut.	future	*prep.*	preposition
imperf.	imperfect	*pres. ind.*	present indicative
imperf. subj.	imperfect subjunctive	*pres. part.*	present participle
imper.	imperative	*pres. subj.*	present subjunctive
inf.	infinitive	*pron.*	pronoun
inter.	interrogative	*rel. pron.*	relative pronoun
inv.	invariable	*sing.*	singular

a *pres. ind.* **avoir**

à to, at, on, with, in, into, by, of, for, from

abbé *m.* priest, abbé

abîme *m.* abyss

aboiement *m.* bark, barking

abord: d'abord (at) first

abri *m.* shelter

absolument absolutely, entirely

accomplir to accomplish, carry out; **s'accomplir** to be accomplished

accorder to grant, allow, accord

accouchement *m.* childbirth

accoucher to give birth, help give birth

accourir (*for forms, see* **courir**) to come running up

accoutumer: s'accoutumer to get accustomed

accrocher to hang; **raccrocher** to hang up

accueillant *pres. part.* **accueillir** greeting, welcoming, receiving
acheter to buy; **acheter à** to buy from
adieu good-bye; **faire ses adieux** to say good-bye
adroit(e) clever
aérien, aérienne aerial
affaire *f.* affair; *pl.* dealings, business; **raconter son affaire** to tell one's story
affectionner to be fond of
affectueusement affectionately
affirmer to swear to, assert
affreux, affreuse hideous, horrible
âgé(e) aged, old; **âgé de cent ans** a hundred years old
agent *m.* agent; **agent de police** *m.* policeman
agir to act; **il s'agit de** *(impersonal)* it is about, concerns
ai, as, a *pres. ind.* **avoir**
aide *f.* help
aider to help
aie, ait *pres. subj.* **avoir**
aigu, aiguë sharp, keen, piercing
aiguille *f.* needle
aille *pres. subj.* **aller**
ailleurs elsewhere; **d'ailleurs** besides
aimant(e) *adj.* loving
aimer to like, love; **aimer mieux** to prefer, like better
aîné *m.,* **aînée** *f.* elder; eldest brother (sister)
ainsi thus, so, consequently
air *m.* air, look, appearance; **avoir l'air** to seem, look like, resemble
ajouter to add
aliéné *m.* lunatic
allemand(e) German
aller (*pres. part.* **allant;** *p.p.* **allé;** *pres. ind.* **vais, vas, va, allons, allez, vont;** *pres. subj.* **aille, allions, aillent;** *imperf.* **allais;** *imper.* **va, allez, allons;** *fut.* **irai;** *p.s.* **allai;** *p.c. with auxiliary* **être**) to go, get along (in health); **aller au-devant de** to go to meet; **aller chercher** to fetch, go for (get); **allons!** come now! well! nonsense!; **allons donc!** come now; **allons-y** let's go; **s'en aller** to go away, leave; **aller** + *inf.* to be about to + *inf.*
allumer to light
alors so, then, at that time
alors que while
âme *f.* soul
amener to bring
ami *m.,* **amie** *f.* friend
amitié *f.* friendship
amour *m.* love
amoureux, amoureuse in love; *n.m.* and *f.* lover, sweetheart; **devenir (tomber) amoureux de** to fall in love with
an *m.* year
ancien, ancienne old, former
âne *m.* donkey
anglais(e) English
année *f.* year
annonce *f.* announcement
anxieux, anxieuse uneasy, anxious
apercevait *imperf.* **apercevoir**
apercevoir (*pres. part.* **apercevant;** *p.p.* **aperçu;** *pres. ind.* **aperçois, aperçois, aperçoit, apercevons, apercevez, aperçoivent;** *pres. subj.* **aperçoive, apercevions, aperçoivent;** *imperf.* **apercevais;** *imper.* **aperçois, apercevez, apercevons;** *fut.* **apercevrai;** *p.s* **aperçus**) to see, perceive; **s'apercevoir** to see, perceive, realize
aperçut *p.s.* **apercevoir**
apparaître (*for forms, see* **paraître**) to appear
appareil *m.* telephone, apparatus, instrument, set
appartenir (*for forms, see* **tenir**) to belong

appartient *pres. ind.* **appartenir**
apparut *p.s.* **apparaître**
appeler (*pres. part.* **appelant;** *p.p.* **appelé;** *pres. ind.* **appelle, appelles, appelle, appelons, appelez, appellent;** *pres. subj.* **appelle, appelions, appeliez, appellent;** *imperf.* **appelais;** *imper.* **appelle, appelez, appelons;** *fut.* **appellerai;** *p.s.* **appelai**) to call; **s'appeler** to be named, called
apporter to bring
apprendre (*for forms, see* **prendre**) to learn, teach, inform
apprêter (s') to get ready to do something
appris *p.p.* **apprendre**
approcher to approach, bring near; **s'approcher de** to approach
appuyer to press, push; **s'appuyer à (sur)** lean against (on)
après after, afterward; **d'après** according to
après-midi *m.* afternoon
arbuste *m.* shrub
argent *m.* silver, money; **argent massif** solid silver
armoire *f.* wardrobe
arrêt *m.* stop, safety catch
arrêté(e) fixed
arrêter to stop, arrest; **s'arrêter** to stop
arrière *m.* rear, stern
arrivée *f.* arrival
arriver (*p.c. with auxiliary* **être**) to arrive, happen
arrondir (s') to become round
assassiner to murder
asseoir (*pres. part.* **asseyant [assoyant];** *p.p.* **assis;** *pres. ind.* **assieds [assois], assieds [assois], assied [assoit], asseyons [assoyons], asseyez [assoyez], asseyent [assoient];** *pres. subj.* **asseye [assoie], asseyions [assoyions], asseyiez [assoyiez], asseyent [assoient];** *imperf.* **asseyais [assoyais];** *imper.* **assieds [assois], asseyez [assoyez], asseyons [assoyons];** *fut.* **assiérai [assoirai)];** *p.s.* **assis**) to sit; **s'asseoir** to sit (down)
asseyent *pres. ind.* and *pres. subj.* **asseoir**
assez enough, rather
assieds-toi *imper.* **s'asseoir**
assiette *f.* plate
assis *p.p.* and *p.s.* **asseoir;** *adj.* seated, sitting
assister to attend; **assister à** to be present at, witness
assit *p.s.* **asseoir**
attacher to attach, fasten, tie
atteindre to reach, attain
atteinte *f.* attack
attendre (*for forms, see* **descendre**) to wait (for), expect; **s'attendre à** to expect, await
attirer to attract, draw
attribuer (s') to give (oneself) something
au = à + le
aucun(e) no, not any; *pron.* none
au-devant ahead
aujourd'hui today
auprès de beside, near, close to
auquel = à + lequel *pron.*
aurai, auras, aura *fut.* **avoir**
aurais, aurait *cond.* **avoir**
aussi also, too, as, and so, therefore *(at the beginning of a sentence);* **aussi… que** as… as
aussitôt at once, immediately; **aussitôt que** as soon as, no sooner
autant as much; **autant que** as much (many) as
auteur *m.* author
autour around, round; **autour de** around
autre other, another; **je n'ai rien d'autre** I have nothing else
autrefois formerly, in the past

aux = à + les
avait *imperf.* **avoir**
avancer to move/bring forward; **s'avancer** to move on
avant before; **avant de** before; **avant que** before
avant *m.* bow, head (of a ship)
aventurer (s') to venture
avec with
avenir *m.* future
aviateur *m.*, **aviatrice** *f.* aviator
avocat *m.* lawyer
avoir (*pres. part.* **ayant;** *p.p.* **eu;** *pres. ind.* **ai, as, a, avons, avez, ont;** *pres. subj.* **aie, aies, ait, ayons, ayez, aient;** *imperf.* **avais;** *imper.* **aie, ayez, ayons;** *fut.* **aurai;** *p.s.* **eus**) to have, get, possess; **avoir l'air de** to look like, resemble, appear, have the appearance of; **avoir besoin de** to need; **avoir faim** to be hungry; **avoir froid** to be cold; **avoir honte** to be ashamed; **avoir raison** to be right; **avoir tort** to be wrong; **il y a** (**avait,** *etc.*) there is, are (was, were); **il y a** ago; **il y avait** + *word expressing time* + **que** since, for; **qu'avez-vous donc?** what's the matter with you? **qu'est-ce qu'il y a?** what is the matter? **quel âge avez-vous?** how old are you? **avoir huit ans** to be eight years old
avouer to confess
ayant *pres. part.* **avoir**
ayez *imper.* and *pres. subj.* **avoir**

bague *f.* ring
baignoire *f.* bath
bain *m.* bath; **salle de bain** bathroom
baiser *m.* kiss
baisser to lower, bend down, bow, get low
bal *m.* ball (dance)
balancer to balance, sway, flutter, swing
balcon *m.* balcony
banc *m.* bench
bande *f.* strip, tape, gang
bandelette *f.* strip of cloth
baptiser to name
barbe *f.* beard
barbouiller to smear
barre *f.* bar, rung, line; **barre de chocolat** chocolate bar
barreau *m.* small bar, rail
bas, basse *adj.* low; *n.m.* bottom; *adv.* low; **à voix basse** in a low voice; **en bas** below, downstairs; **là-bas** yonder, over there, down there; **de bas en haut** from bottom to top, **tout bas** very softly
bateau *m.* boat, ship
baptême *m.* baptism
bâtir to build
bâton *m.* stick, club; **bâton de vieillesse** old age stick
battre (se) to fight
beau, bel, belle fine, beautiful, handsome; **beau-père** *m.* father-in-law
beaucoup much, many, a good deal, greatly
bel, belle *see* **beau**
bénéficier to enjoy, have, benefit from
besoin *m.* need; **avoir besoin (de)** to need
bête *f.* beast, animal
bête stupid
bien *adv.* quite, very, indeed, thoroughly, very willingly; **eh bien!** well! very well!; **bien que** although; **être bien** to be comfortable
bien *m.* good, land; **faire le bien** to do good
bientôt soon; **à bientôt!** see you soon!
bienvenu *m.* welcome; **soyez le bienvenu!** welcome!

bijou *m.* jewel
blagueur *m.,* **blagueuse** *f.* joker
blanc, blanche white
blé *m.* wheat
bleu(e) blue
bœuf *m.* ox, beef
boire (*pres. part.* **buvant;** *p.p.* **bu;** *pres. ind.* **bois, bois, boit, buvons, buvez, boivent;** *pres. subj.* **boive, buvions, boivent;** *imperf.* **buvais;** *imper.* **bois, buvez, buvons;** *fut.* **boirai,** *p.s.* **bus**) to drink
bois *imper.* and *pres. ind.* **boire**
boisson *f.* drink
bois *m.* wood; *pl.* woods
bon, bonne good, kind; **à quoi bon?** what is the good (of)? what use is it?
bond *m.* leap, jump
bonheur *m.* happiness, good luck
bonne *f.* maid
bonté *f.* goodness, kindness, good will
bord *m.* board, edge, shore, side; **à bord** on board (ship)
botte *f.* boot
bouche *f.* mouth
bouchée *f.* mouthful
bouclé(e) curly
boudeux, boudeuse sulky
bouger to move, budge, stir
bougie *f.* candle
boulet *m.* cannon ball
bouleversé(e) overwhelmed, distraught
bourse *f.* purse
bousculer to shove, bump into
bout *m.* end, tip, hem; **au bout de** after
bouton *m.* button; **boutons de manchette** cufflinks
bras *m.* arm
brave brave; **un brave homme** a good man
brillant(e) shining, gleaming
briller to shine, gleam, glisten, sparkle
briser to break; **se briser** to break
broc *m.* pitcher
brodé(e) embroidered
brûlant(e) burning
brûler to burn
brun(e) brown
brusque sudden
brusquement suddenly
bu *p.p.* **boire**
bureau *m.* study, desk, department, office
but *p.s.* **boire**
buvais *imperf.* **boire**
buvant *pres. part.* **boire**

ça = cela; ah ça! I say! here!; **comme ça** that way
çà *adv.* here; **çà et là** here and there
cacher to hide; **se cacher** to hide
cachot *m.* dungeon, dark cell
cadavre *m.* corpse
cadet *m.,* **cadette** *f.* younger brother (sister)
caisse *f.* cash, cashier's desk, box
caissière *f.* cashier
calculer to work out, calculate
campagne *f.* country
cannelle *f.* cinnamon
canot *m.* boat
car for, because
caresse *f.* caress; **faire des caresses** to show affection
carrosse *m.* carriage
cartable *m.* satchel
cas *m.* case; **en tout cas** at any rate
casier *m.* set of pigeonholes
casquette *f.* cap
casser to break; **se casser** to break
casserole *f.* saucepan
cause *f.* cause; **à cause de** because of
ce *pron.* it, that, he, she, they

ce, cet, cette *adj.* this, that; **ces** *pl.* those
ceci *pron.* this
cela *pron.* that
celle, celui *pron.* she, he, this (one), that (one), the one; **celui-ci** this one, the latter; **ceux, celles** *pl.* those, these
cent hundred
cependant however, still, yet, nevertheless, meanwhile
certitude *f.* certainty
cesse: sans cesse continually
cesser to cease, stop
ceux *pl.* **celui**
chacun *m.,* **chacune** *f. pron.* each, each one, everybody
chagrin *m.* grief; **faire du chagrin** to hurt
chair *f.* flesh, meat
chaise *f.* chair
chaleur *f.* heat, warmth; **en chaleur** in heat
chambre *f.* room
champ *m.* field
changement *m.* change
chanson *f.* song
chant *m.* song
chanter to sing
chanteur *m.* singer
chapeau *m.* hat
chaque each, every
charbon *m.* coal
charge *f.* load, burden
charger to load, burden, entrust; **se charger de** to take care of
charmant(e) charming
chasser to hunt, drive away (out, off), discharge, dismiss
chat *m.,* **chatte** *f.* cat
château *m.* castle
chaud(e) warm
chauffé(e) heated
chaussé(e) *adj.* with shoes on
chef *m.* chief, head
chemin *m.* way, path; **chemin de fer** *m.* railroad; **passez votre chemin!** go on your way!
cheminée *f.* chimney, fireplace
chemise *f.* shirt; **chemise de nuit** nightgown
chêne *m.* oak
cher, chère dear
chercher to look for, seek, search; **chercher à** + *inf.* to try to; **aller chercher** to fetch; **faire chercher** to send for; **venir chercher** to come for
chérir to love
cheval *m.* horse (*pl.* **chevaux**)
chevaucher to ride
cheveu *m.* hair (*pl.* **cheveux**)
chez *prep.* at, in, into or to the house or office of; **chez vous** at home, in your home (house)
chic *inv.* with class, swell, nice
chien *m.,* **chienne** *f.* dog
chiffre *m.* figure, number
chignon *m.* hair bun
choisir to choose, select
choix *m.* choice
choquer to shock, offend
chose *f.* thing; **autre chose** something else; **quelque chose** *m.* something
-ci *distinguishes between "this" and "that"* **(-là); en ce moment-ci** at this moment; **à ce moment-là** at that moment
ciel *m.* sky, heaven
cimetière *m.* churchyard, cemetery
cinq five
cinquantaine *f.* about fifty
cinquante fifty
cirque *m.* circus
citoyen *m.* citizen
civière *f.* litter, stretcher
clair(e) clear, light
claquer: faire claquer to bang, crack

clarté *f.* light, brightness
clavecin *m.* harpsichord
clef, clé *f.* key; **fermer à clef** to lock
cloche *f.* bell
cocher *m.* coachman
cochon *m.* pig
cœur *m.* heart; **de tout son cœur** heartily
coffre *m.* chest
coi: se tenir coi to keep still
coiffer to put on a hat, to do somebody's hair
coin *m.* corner
col *m.* collar
colère *f.* anger; **être en colère** to be angry; **mettre en colère** to make angry
collier *m.* necklace
colline *f.* hill
combat *m.* fight, struggle
combien how much (many)
comédie *f.* comedy; **aller à la comédie** to go to the play
comme as, like, how; **comme ci, comme ça** so-so; **comme pour** as though to
commencement *m.* beginning
commencer to begin
comment how; **comment!** what!
commerçant *m.* merchant, salesman
commettre (*for forms, see* **mettre**) to commit
commis *p.p.* **commettre**
commode *f.* chest of drawers
communication *f.* communication, connection, paper; **couper la communication** to hang up the receiver
compagnie *f.* company
compagnon *m.* companion
compatriote *m.* or *f.* compatriot, fellow citizen
complice *m.* or *f.* accomplice
compliment *m.* compliment; **compliments!** congratulations!
comportement *m.* behavior
comporter to comprise, be made of
composé(e) compound
composer to compose; **se composer** to be composed, consist
comprendre (*for forms, see* **prendre**) to understand
compris *p.p.* **comprendre**
comprit *p.s.* **comprendre**
compte: au compte at the expense
compter to count, expect, have
comptoir *m.* counter
concevoir (*pres. part.* **concevant;** *p.p.* **conçu;** *pres. ind.* **conçois, conçois, conçoit, concevons, concevez, conçoivent;** *pres. subj.* **conçoive, concevions, conçoivent;** *imperf.* **concevais;** *imper.* **conçois, concevez, concevons;** *fut.* **concevrai;** *p.s.* **conçus**) to conceive, understand, devise
conclure to conclude, end
conducteur *m.* driver (private)
conduire (*pres. part.* **conduisant;** *p.p.* **conduit;** *pres. ind.* **conduis, conduis, conduit, conduisons, conduisez, conduisent;** *pres. subj.* **conduise, conduisions, conduisent;** *imperf.* **conduisais;** *imper.* **conduis, conduisez, conduisons;** *fut.* **conduirai;** *p.s.* **conduisis**) to lead, take, conduct, drive (a vehicle)
conduise *pres. subj.* **conduire**
conduisit *p.s.* **conduire**
conduit *p.p.* and *pres. ind.* **conduire**
confiance *f.* faith, trust; **avoir confiance** to trust
confier to entrust, confide; **se confier** to confide
confrère *m.* colleague
congé *m.* leave
connaissait *imperf.* **connaître**
connaissance *f.* knowledge, acquaintance, consciousness

connaître (*pres. part.* **connaissant;** *p.p.* **connu;** *pres. ind.* **connais, connais, connaît, connaissons, connaissez, connaissent;** *pres. subj.* **connaisse, connaissions, connaissent;** *imperf.* **connaissais;** *imper.* **connais, connaissez, connaissons;** *fut.* **connaîtrai;** *p.s.* **connus**) to know
connu *p.p.* **connaître**
conscience *f.* conscience, consciousness; **avoir conscience de** to be aware of
conseil *m.* advice
conseiller to advise
consens *pres. ind.* **consentir**
consentir (*for forms, see* **sentir**) to consent
conspirer to plot
constamment constantly
conte *m.* tale
couteau *m.* knife
contenir (*for forms, see* **tenir**) to contain
content(e) pleased, happy, satisfied
contenter de (se) to be satisfied with
continu(e) continuous
contour *m.* outline, contour
contraire *m.* contrary
contre against, close to
convaincre (*pres. part.* **convainquant;** *p.p.* **convaincu;** *pres. ind.* **convaincs, convaincs, convainc, convainquons, convainquez, convainquent;** *pres. subj.* **convainque, convainquions, convainquent;** *imperf.* **convainquais;** *imper.* **convaincs, convainquez, convainquons;** *fut.* **convaincrai;** *p.s.* **convainquis**) to convince
corde *f.* rope
corps *m.* body
corrompu(e) corrupt
cortège *m.* procession
côte *f.* coast
côté *m.* side, direction; **à côté de** next to, beside; **de ce côté-là** in that direction; **de l'autre côté** on the other side; **du côté de** in the direction of; **de son côté** on his side, as for him
cou *m.* neck
couche *f.* layer
coucher to lay; **se coucher** to lie (down), go to bed, set (sun, moon)
couler to run (for water)
couleur *f.* color
couloir *m.* hall, corridor; **couloir d'entrée** entrance hall
coup *m.* blow, slap, kick, stroke, knock, shot, clap (thunder), trick; **tout à coup** suddenly; **coup sur coup** one after another; **coup d'œil** glance
coupable guilty
coupe *f.* shallow cup, champagne glass
couper to cut
cour *f.* court, yard, courtyard; **cour de récréation** *f.* playground
courageux, courageuse courageous, brave
courant(e) *adj.* running; *n.m.* current, stream
coure *pres. subj.* **courir**
courir (*pres. part.* **courant;** *p.p.* **couru;** *pres. ind.* **cours, cours, court, courons, courez, courent;** *pres. subj.* **coure, courions, courent;** *imperf.* **courais;** *imper.* **cours, courez, courons;** *fut.* **courrai;** *p.s.* **courus**) to run
couronne *f.* crown
courrait *cond.* **courir**
courrier *m.* mail, correspondence, mail boat
cours *m.* course, stream; **au cours (de)** during
course *f.* errand, race
court(e) short

courut *p.s.* **courir**
couteau *m.* knife
coûteux, coûteuse costly
couvert *p.p.* **couvrir**
couvert *m.* place setting (knife and fork); **mettez un couvert de plus** set another place
couvrir (*pres. part.* **couvrant;** *p.p.* **couvert;** *pres. ind.* **couvre, couvres, couvre, couvrons, couvrez, couvrent;** *pres. subj.* **couvre, couvrions, couvrent;** *imperf.* **couvrais;** *imper.* **couvre, couvrez, couvrons;** *fut.* **couvrirai;** *p.s.* **couvris**) to cover, drown
craindre (*pres. part.* **craignant;** *p.p.* **craint;** *pres. ind.* **crains, crains, craint, craignons, craignez, craignent;** *pres. subj.* **craigne, craignions, craignent;** *imperf.* **craignais;** *imper.* **crains, craignez, craignons;** *fut.* **craindrai;** *p.s.* **craignis**) to fear, be afraid
craquer to crack, groan
cravaté *adj.* wearing a tie
creuser to dig
crier to scream, exclaim
croire (*pres. part.* **croyant;** *p.p.* **cru;** *pres. ind.* **crois, crois, croit, croyons, croyez, croient;** *pres. subj.* **croie, croyions, croient;** *imperf.* **croyais;** *imper.* **crois, croyez, croyons;** *fut.* **croirai;** *p.s.* **crus**) to believe, think
croiser to cross; **se croiser** to pass each other
croix *f.* cross
croquer to eat
croyant *pres. part.* **croire**
croyons *pres. ind.* and *imper.* **croire**
cru *p.p.* **croire**
cruche *f.* jug
crut *p.s.* **croire**
cueillir to pick (flowers)
cuillère *f.* spoon
cuire to cook; **faire cuire** cook
cuisine *f.* kitchen
cuisinier *m,* **cuisinière** *f.* cook
cuisse *f.* thigh
cuivre *m.* copper
culot *m.* impudence; **avoir du culot** to be impudent
culture *f.* culture, crop, cultivation

dame *f.* lady; **faire les dames** to put on airs
dans in, within, into
davantage *adv.* more
de *prep.* of, from, by, with, in, to, than, some, any
de l', de la, des, du *art.* of (from) the, some, any
débattre: se débattre to struggle
debout standing, upright; **debout!** get up!; **se tenir debout** to stand up
débris *m.* debris, wreckage, remnant, rubbish
décès *m.* death
déchirer to tear, rend
décidé(e) resolved
décidément! *(interjection)* to be sure! one thing is sure!
décider to decide
découdre (en) to fight
découper to cut up
découverte *f.* discovery
découvrir (*for forms, see* **couvrir**) to discover
décrire (*for forms, see* **écrire**) to describe
décrocher to unhook, lift off
dedans within, inside
défaut *m.* fault
défendre (*pres. part.* **défendant;** *p.p.* **défendu;** *pres. ind.* **défends, défends, défend, défendons, défendez, défendent;** *pres. subj.*

défende, défendions, défendent; *imperf.* **défendais;** *imper.* **défends, défendez, défendons;** *fut.* **défendrai;** *p.s.* **défendis**) to defend, forbid

déferler to sweep through

défilé *m.* march, parade

dégager: se dégager to disentangle oneself

dégât *m.* damage

dégoûtant(e) *adj.* disgusting

déguisé(e) disguised

dehors outside

déjà already

déjeuner to have lunch (breakfast)

déjeuner *m.* lunch, breakfast; **petit déjeuner** breakfast

délire *m.* delirium

délivrer to free, liberate

demain tomorrow

demande *f.* request

demander to ask (for)

demeure *f.* home, house

demeurer to live, inhabit, remain, stay

demi(e) half

demoiselle *f.* young (or unmarried) lady, miss

dent *f.* tooth

dentelle *f.* lace

départ *m.* departure, leaving

dépêcher: se dépêcher to hurry

dépenser to spend

déplaire to be disliked

dépoli(e) frosted, ground (glass)

déposer to set down

depuis since, for; **depuis que** since

déranger: se déranger to take the trouble

dernier, dernière last

derrière *adv.* and *prep.* behind, rear

des = de + les

dès: dès que as soon as

descendre (*pres. part.* **descendant;** *p.p.* **descendu;** *pres. ind.* **descends, descends, descend, descendons, descendez, descendent;** *pres. subj.* **descende, descendions, descendent;** *imperf.* **descendais;** *imper.* **descends, descendez, descendons;** *fut.* **descendrai;** *p.s.* **descendis**) to go down, descend

désert(e) deserted

désespoir *m.* despair

déshabiller: se déshabiller to undress

désirer to desire, wish

désordre *m.* untidiness

désormais henceforth

dessous under, underneath, beneath; **au-dessous de** underneath

dessus above, on top; **au-dessus de** above, on top of, over

détour *m.* meander

détrôner to dethrone, depose

détruire (*pres. part.* **détruisant;** *p.p.* **détruit;** *pres. ind.* **détruis, détruis, détruit, détruisons, détruisez, détruisent;** *pres. subj.* **détruise, détruisions, détruisent;** *imperf.* **détruisais;** *imper.* **détruis, détruisez, détruisons;** *fut.* **détruirai;** *p.s.* **détruisis**) to destroy

deux two

deuxième second

devant in front of, before; **partir devant** to go ahead

devenir (*for forms, see* **venir**) to become, grow

deviendra *fut.* **devenir**

devienne *pres. subj.* **devenir**

deviens *pres. ind.* **devenir**

devint *p.s.* **devenir**

devoir (*pres. part.* **devant;** *p.p.* **dû;** *pres. ind.* **dois, dois, doit, devons, devez, doivent;** *pres. subj.* **doive, devions, doivent;** *imperf.* **devais;** *fut.* **devrai;** *p.s.* **dus**) must, have to, expect to, owe (money, etc.)

devoir *m.* duty; **devoirs** *m. pl.* homework
devriez *cond.* **devoir**
diamant *m.* diamond
dictée *f.* dictation
dicter to dictate
Dieu God; **mon Dieu!** my goodness! Heavens!
difficile difficult, hard to please
digne worthy
dimanche *m.* Sunday
diminuer to decrease, diminish, lessen
dire (*pres. part.* **disant;** *p.p.* **dit;** *pres. ind.* **dis, dis, dit, disons, dites, disent;** *pres. subj.* **dise, disions, disent;** *imperf.* **disais;** *imper,* **dis, dites, disons;** *fut.* **dirai;** *p.s.* **dis**) to say, tell; **dites donc!** listen, tell me; **vouloir dire** to mean
diriger to direct; **se diriger** to make one's way, go in the direction
dis *pres. ind.* and *p.s.* **dire**
disait *imperf.* **dire**
disant *pres. part.* **dire**
discours *m.* speech
discuter to discuss; **inutile de discuter** no use arguing
dise *pres. subj.* **dire**
disparaissent *pres. ind.* and *subj.* **disparaître**
disparaître (*for forms, see* **paraître**) to disappear, vanish
disparu *p.p.* **disparaître**
distinguer to distinguish, make out
distraction *f.* amusement, pastime
distraire to distract, entertain
dit *pres. ind.* and *p.s.* **dire**
divan *m.* sofa
dix ten
dixième tenth
doigt *m.* finger
dois *pres. ind.* **devoir**
domestique *m.* or *f.* servant
dommage *m.* damage, shame, pity; **c'est dommage!** it's a pity
dompter to tame
don *m.* gift
donc therefore, indeed, so
donner to give, strike, deal (a blow), devote; **donner sur** to face, look out upon
dont of whom (which), whose, with which
dormir (*pres. part.* **dormant;** *p.p.* **dormi;** *pres. ind.* **dors, dors, dort, dormons, dormez, dorment;** *pres. subj.* **dorme, dormions, dorment;** *imperf.* **dormais;** *imper.* **dors, dormez, dormons;** *fut.* **dormirai;** *p.s.* **dormis**) to sleep
dos *m.* back
dort *pres. ind.* **dormir**
dos *m.* back
dot *f.* dowry
doté(e) endowed with
doucement gently, quietly
douceur *f.* sweetness, softness, gentleness
douleur *f.* pain, grief, suffering
douloureux, douloureuse painful, agonizing, sorrowful
doute *m.* doubt; **sans doute** no doubt, probably
douter to doubt
doux, douce sweet, gentle, soft; **douce amie** sweetheart
douzaine *f.* dozen
drap *m.* sheet
drapeau *m.* flag
se dresser to stand up
droit(e) straight, right; **tout droit devant lui** straight ahead of him
droit *m.* right, law; **licence en droit** law degree
droite *f.* right hand, right side; **à droite** at (on) the right
du = de + le

dû *pp.* **devoir**
dur(e) hard
durement hard
durer to last
dut, durent *p.s.* **devoir**

eau *f.* water; **eau courante** running water
ébloui(e) dazzled
écarter: s'écarter to step back
échange *m.* exchange
échapper to escape; **échapper à quelqu'un** to escape somebody; **s'échapper** to escape; **s'échapper de prison** to escape from prison
échelle *f.* ladder
échouer to fail
éclaircir (s') to clear up
éclairer to light (up)
éclat *m.* burst, sound, sparkle
éclater to burst, break out, ring
école *f.* school
écolier *m.* schoolboy, student
économie *f.* economy; **économies** *f.pl.* savings
écouter to listen
écran *m.* screen
écraser to crush
écrier: s'écrier to exclaim, cry out
écrire (*pres. part.* **écrivant;** *p.p.* **écrit;** *pres. ind.* **écris, écris, écrit, écrivons, écrivez, écrivent;** *pres. subj.* **écrive, écrivions, écrivent;** *imperf.* **écrivais;** *imper.* **écris, écrivez, écrivons;** *fut.* **écrirai;** *p.s.* **écrivis**) to write
écrit *pres. ind.* and *p.p.* **écrire**
écrivait *imperf.* **écrire**
écrivit *p.s.* **écrire**
éducation *f.* education, upbringing
effet *m.* effect; **en effet** indeed
efficace efficient
efforcer (s') to try hard
effrayant(e) *adj.* frightening
effrayé(e) frightened
égaliser to equalize, make even; **égaliser les camps** to make the sides even
église *f.* church
élève *m.* or *f.* pupil, student
élevé(e): bien élevé(e) well-mannered
élever to raise; **s'élever** to arise, rise
éloigner to take away
emballer to pack away
embarras *m.* trouble
embrasser to kiss, embrace
émerveillé(e) amazed
emmener to take away
empêcher to prevent, keep (from)
employer (*pres, part,* **employant;** *p.p.* **employé;** *pres. ind.* **emploie, emploies, emploie, employons, employez, emploient;** *pres. subj.* **emploie, employions, emploient;** *imperf.* **employais;** *imper.* **emploie, employez, employons;** *fut.* **emploierai;** *p.s.* **employai**) to use, utilize, employ
emporter to carry away
emprunter to borrow
en *prep.* in, into, at, to, by, while, on, off; *pron.* of her (him, it, them), with it, from there, some, any; + *gerund* (= *pres. part.*) by, while, in doing something
enchantement *m.* spell
encore again, yet, still; **encore un** another
endormi *p.p.* **endormir**
endormir (*for forms, see* **dormir**) to put to sleep, make sleep; **s'endormir** to go to sleep, fall asleep
endroit *m.* place, spot; **à l'endroit** frontwards
enfance *f.* childhood
enfant *m.* or *f.* child
enfermer to lock in, shut up (in)
enfiler to slip on

enfin finally, at last, well; **mais enfin** come now
enfler to swell
enfoncer: s'enfoncer to sink (in), go deep into
enfuir (*for forms, see* **fuir**) to flee; **s'enfuir** to flee
engager to pledge, commit; **s'engager** to enter
enivré(e) inebriated
enlaidi(e) made ugly
enlever to take away, remove
ennemi *m.* enemy
ennuyer (*pres. part.* **ennuyant;** *p.p.* **ennuyé;** *pres. ind.* **ennuie, ennuies, ennuie, ennuyons, ennuyez, ennuient;** *pres. subj.* **ennuie, ennuyions, ennuient;** *imperf.* **ennuyais;** *imper.* **ennuie, ennuyez, ennuyons;** *fut.* **ennuierai;** *p.s.* **ennuyai**) to bore, tire, bother; **s'ennuyer** to be bored
ennuyeux, ennuyeuse boring, tedious, dull
énorme huge, enormous
ensemble together
enserrer to hold tight, clasp
ensuite then, afterward, next
entendre (*for forms, see* **descendre**) to hear; **c'est entendu** of course, O.K.; **se faire entendre** to make oneself heard
entourer to surround
entier, entière *adj.* full, entire, in its entirety
entraîner to carry along
entre between, among; **un d'entre eux** one of them
entrée *f.* entrance, entry; **porte d'entrée** entrance way, gateway
entrer to enter, go in (into); **faire entrer** to show in
entretenir to support, keep up
entr'ouvert(e) half open, ajar
envahir to invade
envelopper to wrap
envers toward; **à l'envers** backwards
envie *f.* envy, longing, desire; **avoir envie de** to long for, feel like
envier to envy
environ about
envoler: s'envoler to fly away, take off
envoyer (*pres. part.* **envoyant;** *p.p.* **envoyé;** *pres. ind.* **envoie, envoies, envoie, envoyons, envoyez, envoient;** *pres. subj.* **envoie, envoyions, envoient;** *imperf.* **envoyais;** *imper.* **envoie, envoyez, envoyons;** *fut.* **enverrai;** *p.s.* **envoyai**) to send
épais, épaisse thick, dense
épaisseur *f.* thickness
épaule *f.* shoulder
épouser to marry
épouvantable frightful
épouvante *f.* fright
époux *m.* husband
éprouver to feel, suffer
épreuve *f.* test, trial
équilibre *m.* balance, equilibrium, stability, harmony
es, est *pres. ind.* **être**
escalier *m.* staircase, stairs
espacé(e) spaced out
espèce *f.* sort, kind
espérer to hope
espoir *m.* hope
esprit *m.* mind, spirit, wit; **avoir l'esprit tranquille** to rest assured
épuisé(e) exhausted
essayer to try
essuyer: s'essuyer to wipe (oneself)
estomper (s') to become blurred
et and
étage *m.* story, floor
étaient *imperf.* **être**
état *m.* state

été *p.p.* **être**
été *m.* summer
éteignit *p.s.* **éteindre**
éteindre (*pres. part.* **éteignant;** *p.p.* **éteint;** *pres. ind.* **éteins, éteins, éteint, éteignons, éteignez, éteignent;** *pres. subj.* **éteigne, éteignions, éteignent;** *imperf.* **éteignais;** *imper.* **éteins, éteignez, éteignons;** *fut.* **éteindrai;** *p.s.* **éteignis**) to extinguish, put out; **s'éteindre** to go out, die
éteint *p.p.* **éteindre**
êtes *pres. ind.* **être**
étoile *f.* star
étonnant(e) *adj.* astonishing
étonnement *m.* astonishment
étonner to astonish
étrange strange
étranger *m.,* **étrangère** *f.* stranger, foreigner; *adj.* foreign
être (*pres. part.* **étant;** *p.p.* **été;** *pres. ind.* **suis, es, est, sommes, êtes, sont;** *pres. subj.* **sois, sois, soit, soyons, soyez, soient;** *imperf.* **étais;** *imper.* **sois, soyez, soyons;** *fut.* **serai;** *p.s.* **fus**) to be; **être à** to belong to; **être** *m.* being
étroit(e) narrow
étude *f.* study
étudier to study
eu *p.p.* **avoir**
eut *p.s.* **avoir**
eût *imperf. subj.* **avoir**
eux they, them; **eux-mêmes** themselves
évader: s'évader to escape
évanoui(e) unconscious
évasion *f.* escape
éveiller to wake up; **s'éveiller** to wake up
éviter to avoid
expérience *f.* experiment
expliquer to explain
face *f.* face; **en face de** opposite, in front of
fâché(e) angry
fâcher: se fâcher to get (become) angry; **se fâcher contre** to be angry with (at)
facile easy
façon *f.* way, manner; **à sa façon** in one's own manner
faible weak, feeble
faiblesse *f.* weakness, yielding
faillir to nearly do something; **elle faillit l'emporter** she nearly carried it off
faim *f.* hunger; **avoir faim** to be hungry
faire (*pres. part.* **faisant;** *p.p.* **fait;** *pres. ind.* **fais, fais, fait, faisons, faites, font;** *pres. subj.* **fasse, fassions, fassent;** *imperf.* **faisais;** *imper.* **fais, faites, faisons;** *fut.* **ferai;** *p.s.* **fis**) to make, do; **faire** + *inf.* to cause (have, make) someone do something, or something be done; **faire attention** to pay attention; **faire de son mieux** to do one's best; **faire des kilomètres** to walk miles; **faire entrer** to show in; **faire mal** to hurt, injure, do harm; **faire du mal à quelqu'un** to injure, do harm (to); **faire le mal** to do evil; **faire marcher** to set going, start; **faire mourir** to kill, put to death; **faire une bonne nuit** to have a good night's sleep; **faire peur** to frighten, scare; **faire de la peine** to hurt; **faire de la place** to make room; **faire plaisir** to give pleasure; **faire une promenade** to take a walk; **faire des questions** to ask questions; **faire savoir** to inform; **faire semblant** to pretend; **faire un somme** to take a nap; **faire venir** to send for; **faire voir** to show; **se faire** to take place,

happen, become, come about; **se faire entendre** to be heard; **ça ne vous fait rien** it does not matter to you; **comment se fait-il?** how come?; **faites-vous arrêter** get yourself arrested; **il fait chaud** it is warm; **il fait froid** it is cold; **il fait mauvais temps** the weather is bad; **le mariage se fait** the wedding takes place; **pourquoi faire** what for; **que faire?** what is to be done?; **qu'est-ce que ça me fait?** what difference does that make to me?; **s'il se peut faire** if it can be done; **il se fait tard** it is getting late

faisais, faisait *imperf.* **faire**

faisant *pres. part.* **faire**

fait *p.p.* and *pres. ind.* **faire**

fait *m.* fact

faites *pres. ind.* **faire**

falloir *(impersonal)* to be necessary, must

fasse *pres. subj.* **faire**

fatigué(e) tired, weary

fatiguer to tire; **se fatiguer** to get (become) tired

faubourg *m.* suburb

faudra *fut.* **falloir**

faudrait *cond.* **falloir**

faut *pres. ind.* **falloir**

faute *f.* mistake, fault

fauteuil *m.* armchair

faux, fausse false, wrong

femme *f.* woman, wife; **femme de ménage** cleaning woman

fenêtre *f.* window

fer *m.* iron; **chemin de fer** railroad

ferai *fut.* **faire**

ferme *adv.* fast, firmly

fermer to close, shut

fermement firmly

festin *m.* feast

fête *f.* holiday, feast, celebration

feu *m.* fire; **feux d'artifice** *m. pl.* fireworks

feuille *f.* leaf, sheet, page

feuilleter to leaf through

fiancé *m.,* **fiancée** *f.* betrothed

fiancer to engage, betroth; **se fiancer** to get engaged

fidèle faithful, loyal

fidèlement faithfully

fier, fière proud

fierté *f.* pride

fiévreux, fiévreuse feverish

figure *f.* face

fil *m.* thread; wire

filer to spin

filet *m.* net

fille *f.* girl, daughter

fils *m.* son

fin *f.* end

finir to finish, end; **finir de parler** to finish speaking; **finir par** + *inf.* to finally do something, end up doing something; **en finir avec** to have done with, put an end to; **finissons-en!** let's put an end to it!

finissait *imperf.* **finir**

fit, firent *p.s.* **faire**

fixe fixed, staring

fleur *f.* flower

fleuve *m.* river

flotter to float

foi *f.* faith

fois *f.* time; **une fois** once; **à la fois** at a time, at the same time

fol, folle *see* **fou**

fonction *f.* function, duty, office; **relever de ses fonctions** to relieve someone of their duties

fonctionnaire *m.* official, state employee

fond *m.* bottom, back; **au fond** in the back; **gagner le fond** to go backstage

for intérieur (dans son) *m.* deep down inside

force *f.* force, strength, might; **de toutes ses forces** with all his might
forêt *f.* forest
formidable dreadful, formidable
fort(e) *adj.* strong; **être fort en** be good at; **ça, c'est trop fort** that's too much
fort *adv.* very, greatly
fou, fol, folle mad, insane; **fou de** crazy about; **fou de joie** overcome with joy
fou *m.* lunatic
fouet *m.* whip
foule *f.* crowd
four *m.* oven
fraîcheur *f.* freshness, coolness
frais, fraîche fresh, cool
frais *m.pl.* expenditure, cost
franc, franche frank
franc *m.* franc (former French currency)
français(e) French
franchir to get over, cover
franchise *f.* frankness
frapper to hit, strike, knock; **frapper la vue** to strike one's eye; **frapper dans ses mains** to clap
fréquentation *f.* company
fréquenter to spend time with
frère *m.* brother
frissonner to shudder
froid *m.* cold; **avoir froid** to be cold; **il fait froid** it is cold
froid(e) cold
front *m.* forehead
frotter to rub
fuir (*pres. part.* **fuyant;** *p.p.* **fui;** *pres. ind.* **fuis, fuis, fuit, fuyons, fuyez, fuient;** *pres. subj.* **fuie, fuyions, fuient;** *imperf.* **fuyais;** *imper.* **fuis, fuyez, fuyons;** *fut.* **fuirai;** *p.s.* **fuis**) to flee, escape
fus, fut *p.s.* **être**
fût *imperf. subj.* **être**
gagner to win, gain, take possession of, reach, go; **gagner sa vie** to make a living
gaiement merrily
gaieté *f.* cheerfulness
garçon *m.* boy, waiter
garde *m.* guard, watchman, warden
garde *f.* watch, guard, attention, heed, care; **prendre garde** to heed, to be on one's guard
garder to keep, watch over, take care of
gardien *m.* keeper, warden
gare *f.* station (railway)
gâté(e) spoiled
gâter to spoil
gâteau *m.* cake
gauche *adj.* and *n. f.* left; **à gauche** on the left
gémissement *m.* whining, moaning
gendre *m.* son-in-law
genou *m.* knee; **se jeter à genoux** to go down on one's knees
gens *m.* and *f. pl.* people; **jeunes gens** young people; **gens de bien** rich people
gentil, gentille nice, kind
gentilhomme *m.* gentleman
geste *m.* gesture
gibier *m.* game
gilet *m.* vest
glace *f.* ice; mirror
glisser to slide along
gloire *f.* glory
gonflé(e) swollen
gorge *f.* throat
goût *m.* taste
goûter to taste
goûter *m.* snack
goutte *f.* drop
grâce *f.* grace, thanks, mercy; **grâce à** thanks to
grand(e) big, large, tall, great; **grand ouvert** wide open

grandeur *f.* size
grave grave, serious
gravemenent seriously
grimper to climb
gris(e) grey
gros, grosse big, stout, plump, fat, pregnant
grossesse *f.* pregnancy
guère hardly, scarcely (*with* **ne**)
gynécologue *m.* or *f.* gynecologist

habiller to dress; **s'habiller** to dress, get dressed
habit *m.* coat, clothing; *pl.* clothes
habitant *m.* inhabitant, dweller
habitation *f.* dwelling, house, residence
habiter to inhabit, live in, dwell in
habitude *f.* habit
habituer to accustom; **s'habituer** to get accustomed (used) to
haine *f.* hatred, hate
hanter to haunt
hasard *m.* chance
haut(e) high, tall, loud; *n.m.* top
hauteur *f.* height; **à la hauteur de** at the level of
hein! eh! what?
hélas! alas, unfortunately
herbe *f.* grass
héritage *m.* inheritance
heure *f.* hour, o'clock; **de bonne heure** early; **tout à l'heure** shortly, just now
heureusement fortunately, happily
heureux, heureuse happy, fortunate; **c'est heureux que** it is a good thing that
hier yesterday
histoire *f.* history, story
hiver *m.* winter
hôcher la tête to nod
homme *m.* man
honnête honest, honorable
honneur *m.* honor
honte *f.* shame; **avoir honte** to be ashamed
horaire *m.* timetable
hors (de) out of, without
horreur *f.* horror; **avoir en horreur** to loathe
huit eight
humide damp, wet
hurlement *m.* scream, howl
hurler to howl

ici here; **par ici** this way
idée *f.* idea
identique identical
île *f.* island
imiter to imitate
immobile motionless
impardonnable *adj.* unforgivable
importer to matter; **que m'importe?** what does it matter to me? **n'importe** no matter; **n'importe où** anywhere
impressionner to impress
inaperçu(e) unnoticed
inattendu(e) unexpected
inconnu(e) unknown; *n.m.* stranger
inconscient(e) unconscious, subconscious
indiquer to indicate
infini(e) infinite
infortune *f.* misfortune
ingrat(e) ungrateful
inquiétant(e) *adj.* disturbing, worrying
inquiéter to worry; **s'inquiéter** to become worried, worry
inquiétude *f.* uneasiness, worry
insaisissable elusive, imperceptible
inscrire (s') to register
instant *m.* instant, moment, minute; **à l'instant** instantly; **à l'instant même**

at this very moment; **par instants** now and then
instituteur *m.*, **institutrice** *f.* school teacher
instruit(e) educated
interdir to forbid
intéresser to interest; **s'intéresser** to become (be) interested
intérêt *m.* interest
interroger to question
interrompre to interrupt
inutile useless
invité *m.*, **invitée** *f.* guest
invraisemblable unlikely, improbable
irai, iras, ira *fut.* **aller**

jais *m.* jet (used in making beads)
jamais never, ever; **ne … jamais** never
jambe *f.* leg
jardin *m.* garden; **jardin d'enfant** kindergarten
jardinier *m.* gardener
jaune yellow
jeter to throw, hurl, cast, fling; **jeter les yeux** to glance; **jeter un cri** to utter a cry; **se jeter** to throw oneself
jeu *m.* game; **jeux** *m. pl.* games
jeune young
jeunesse *f.* youth
joie *f.* joy
joignit *p.s.* **joindre**
joindre to clasp, join
joint *p.p.* **joindre**
joli(e) pretty
joue *f.* cheek
jouer to play, gamble
jouet *m.* toy
jour *m.* day; **tous les jours** every day
journal *m.* newspaper, journal
journée *f.* day; **toute la journée** all day long
joyeux, joyeuse joyful, happy, merry
juge d'instruction *m.* judge, examining magistrate
jupe *f.* skirt
jurer to swear, curse
jusque until; **jusqu'à** until, as far as; **jusqu'à ce que** until; **jusqu'à minuit** to midnight
jusque-là until then
juste *m.* just (upright) person; *adj.* just, correct, fair

klaxonner to honk

la *art.* the; *pron.* her, it
là there; **-là** *distinguishes between "that" and "this"* **(-ci); ce matin-là** that morning
lâche coward
lâchement cowardly
lâcher to let go; to come out with
laid(e) ugly, plain, homely
laisser to let, leave, allow; **laisser dire** to let someone talk; **laisser tomber** to drop; **laisser voir** to show
lait *m.* milk
laitage *m.* milk, milk-based product
lancer to launch
langue *f.* tongue
lapin *m.* rabbit
large wide; **une large place** a large place
larme *f.* tear
laver to wash
le *art.* the; *pron.* him, it
lecture *f.* reading
léger, légère light
légume *m.* vegetable
lendemain *m.* next day, the day after
lent(e) slow

lenteur *f.* slowness
lequel, lesquels, laquelle, lesquelles *rel. pron.* who, whom, which, that; *inter. pron.* which one, who, whom
les *pron.* them; *art.* the
leur *pron.* them, to them; *adj.* their
lever to raise, lift; **se lever** to get up, rise
lèvre *f.* lip
libérer to free
liberté *f.* freedom; **rendre la liberté** to set free
libre free; **pas libre** the line is busy
lier to bind, tie
liesse *f.* jubilation
lieu *m.* place, spot; **au lieu de** instead of
ligne *f.* line, row
lingère *f.* linen maid
lire (*pres. part.* **lisant;** *p.p.* **lu;** *pres. ind.* **lis, lis, lit, lisons, lisez, lisent;** *pres. subj.* **lise, lisions, lisent;** *imperf.* **lisais;** *imper.* **lis, lisez, lisons;** *fut.* **lirai,** *p.s.* **lus**) to read
lisait *imperf.* **lire**
lit *pres. ind.* **lire**
lit *m.* bed
livre *m.* book
loin far, far away; **au loin** far off, in the distance; **de loin** from a distance; **loin de là** far from it
lointain *adj.* distant, far off
long, longue long; **le long de** along, the length of
longer to run along, to go along (a road, etc.)
longtemps long, a long time
longuement *adv.* for a long time, at length
longueur *f.* length
louche *adj.* suspicious
loup *m.* wolf
lourd(e) heavy
lourdement heavily
lui he, him, for him, to him, from him, for her, to her, from her; **lui-même** himself
lumière *f.* light
lune *f.* moon; **rayon de lune** moonbeam
lutte *f.* struggle, fight
lutter to struggle, fight

ma *see* **mon**
madame (Mme) *f.* ma'am, Mrs. + name
magasin *m.* store, shop
maigre thin, lean
maigrir to lose weight, get thinner
main *f.* hand; **à la main** in one's hand
maintenant now
maintenir (*for forms, see* **tenir**) to keep, maintain
mais but, however; **mais!** why!; **mais non!** of course not!
maison *f.* house, home, firm; **maison de fous, maison de santé** lunatic asylum
maître *m.*, **maîtresse** *f.* master, mistress, teacher; **maître d'hôtel** butler
mal *adv.* badly, ill, wrong, bad; **avoir mal à la gorge** to have a sore throat; **avoir du mal** to find it hard (difficult); **faire mal** injure, hurt; **pas mal** quite a lot, not bad
mal *m.* evil; **faire le mal** to do evil; **mal de mer** sea sickness
malade *adj.* ill, sick
maladie *f.* illness, sickness, disease
maladresse *f.* clumsiness
malaise *m.* discomfort, ill-being
malfaisant(e) *adj.* evil, wicked
malfaiteur *m.* criminal
malgré *prep.* despite

malheur *m.* misfortune, bad luck, unhappiness
malheureux, malheureuse unhappy, unfortunate
manche *m.* handle
manger to eat
manières *f. pl.* manners
manquer to lack, be wanting, be missing, fail; **vous me manquez** I miss you
manteau *m.* cloak, coat
marchand *m.* shopkeeper, merchant
marche *f.* motion, movement, walk, progress; **mettre en marche** to start; **se mettre en marche** to start out, set out
marché *m.* market
marcher to walk, go, advance, step, pace
mari *m.* husband
marier to marry, wed; **se marier** to get married
marraine *f.* godmother
marteler to hammer, hammer out
masque *m.* mask
masser to give a massage
massif, massive massive, solid; **argent massif** solid silver
maternelle *f.* nursery school
matin *m.* morning
maudire (*pres. part.* **maudissant;** *p.p.* **maudit;** *pres. ind.* **maudis, maudis, maudit, maudissons, maudissez, maudissent;** *pres. subj.* **maudisse, maudissions, maudissent;** *imperf.* **maudissais;** *imper.* **maudis, maudissez, maudissons;** *fut.* **maudirai;** *p.s.* **maudis**) to curse
maudit *p.p., pres. ind.*, and *p.s.* **maudire**
mauvais(e) bad, wretched
me me, to me, from me, myself, to myself
méchanceté *f.* nastiness
mécontent(e) displeased
médecin *m.* physician, doctor
médicament *m.* medicine
meilleur(e) better, best
mélange *m.* mixture
mêlé(e) mixed, mingled
même *adj.* same, very; *pron.* -self (**moi-même,** *etc.*); *adv.* even; **de même que** *conj.* as well as; **tout de même** just the same, even, same
mener to lead
mentir (*pres. part.* **mentant;** *p.p.* **menti;** *pres. ind.* **mens, mens, ment, mentons, mentez, mentent;** *pres. subj.* **mente, mentions, mentent;** *imperf.* **mentais;** *imper.* **mens, mentez, mentons;** *fut.* **mentirai,** *p.s.* **mentis**) to lie, tell a lie
mépriser to despise
mer *f.* sea
merci thanks, thank you
mère *f.* mother; **mère patrie** motherland
mériter to deserve
merveille *f.* wonder
mes *see* **mon**
messieurs *m. pl.* (*sing.* **monsieur**) gentlemen
métier *m.* trade, profession
mètre *m.* meter
mets *m.* dish, food
mettre (*pres. part.* **mettant;** *p.p.* **mis;** *pres. ind.* **mets, mets, met, mettons, mettez, mettent;** *pres. subj.* **mette, mettions, mettent;** *imperf.* **mettais;** *imper.* **mets, mettez, mettons;** *fut.* **mettrai;** *p.s.* **mis**) to put, put on, place, set; **mettre un couvert** to set a place, **mettre les pieds** to set foot; **se mettre** + *inf.* to begin (start) to + *inf.*; **se mettre au lit** to go to bed; **se mettre en route** to start out; **se mettre à table** to sit down to table
meuble *m.* piece of furniture

meublé(e) furnished
meunier *m.* miller
meurs *pres. ind.* and *imper.* **mourir**
meurent *pres. ind.* **mourir**
meurt *pres. ind.* **mourir**
midi *m. sing.* noon
mien, mienne mine
mieux better, best; **le mieux** *(n.m.)* the best; **faire de son mieux** to do one's best
milieu *m.* middle, midst, environment; **au milieu de** in he middle of
mille thousand
mine *f.* appearance, air; **mine de plomb** lead (metal)
minuit *m.* midnight
mis *p.p.* **mettre**
mis, mit, mirent *p.s.* **mettre**
misérable *adj.* wretched; *n.m.* wretch, scoundrel
misère *f.* misery, poverty, distress
mît *imperf. subj.* **mettre**
mode *f.* style, fashion; **à la mode** in style
moi I, me
moindre *adj.* less, least
moins *adv.* less, least; **au moins** at least; **de moins en moins** less and less
mois *m.* month
moite *adj.* moist
moitié *f.* half; **à moitié** partly, half
moment *m.* moment; **du moment que** seeing that
mon, ma, mes my
monde *m.* world, crowd; **tout le monde** everybody
monseigneur *m.* your or his Grace *(to a bishop)*
monsieur (M) *m.* sir, Mr. + name
monter to go up, rise, mount, ascend; **monter à bord** to board
montre *f.* watch
montrer to show, point out (at)
moquer (se) to make fun
morceau *m.* piece, morsel
mort *p.p.* **mourir**
mort *m.* dead man; **faire le mort** to pretend to be dead, play possum
mort *f.* death
mot *m.* word; **sans mot dire** without saying a word
mouchoir *m.* handkerchief
mouiller to wet, moisten, dampen
moulin *m.* mill
mourant *pres. part.* **mourir**
mourant *m.* dying person
mourir (*pres. part.* **mourant;** *p.p.* **mort;** *pres. ind.* **meurs, meurs, meurt, mourons, mourez, meurent;** *pres. subj.* **meure, mourions, meurent;** *imperf.* **mourais;** *imper.* **meurs, mourez, mourons;** *fut.* **mourrai;** *p.s.* **mourus**) to die
mourrai *fut.* **mourir**
mousseline *f.* muslin
moustachu *adj.* with a mustache
mouton *m.* sheep
moyen *m.* means, way, measure; **au moyen de** by means of
moyen, moyenne *adj.* average, middle
mur *m.* wall
muraille *f.* wall
murmurer to murmur, whisper
mystère *m.* mystery

nager to swim
naissance *f.* birth
naître to be born
nausée *f.* nausea
navire *m.* ship, boat
navrer to upset
ne: **ne… pas** no, not; **ne… jamais** never; **ne… plus** no more, no longer; **ne… que** only; **ne… pas non plus** not either; **ne… personne** no one, nobody; **ne… rien** nothing,

not anything; **ne… ni… ni** neither… nor; **ne… guère** scarcely, hardly, barely
né *p.p.* **naître**
néant *m.* nothingness
négligé(e) neglected
neige *f.* snow
neiger to snow
nettement clearly
nettoyer to clean
neuf nine
nez *m.* nose
ni or; **ne… ni… ni…** neither… nor
nier to deny
noir(e) black
nom *m.* name
nombreux, nombreuse numerous, many
nommer to call, name, appoint
non no
nord *m.* north
notre (*pl.* **nos**) *adj.* our
nôtre (le nôtre) *pron.* ours
nourrir to feed, nourish; **se nourrir** to feed (oneself)
nourriture *f.* food, nourishment
nous-mêmes ourselves
nouveau, nouvelle new; **de nouveau** again
nouveau-né *m.* newborn
nouvel *see* **nouveau**
nouvelle *f.* piece of news; **de leurs nouvelles** news of them
noyer: se noyer to drown
nu(e) naked
nuire to hurt, be harmful
nuit *f.* night
numéro *m.* number

obéir to obey
objet *m.* object, thing
obscur(e) obscure, dark
obstiner (s') to insist
obtenir (*for forms, see* **tenir**) to obtain, get, achieve
occuper to occupy; **s'occuper de** to occupy (busy, trouble) oneself with, take care of
odeur *f.* smell, odor
œil *m.* eye; **donner des coups d'œil** to look at
œuvre *f.* work
offert *p.p.* **offrir**
offrir (*for forms, see* **couvrir**) to offer
oiseau *m.* bird
ombre *f.* shade, shadow, darkness
on one, someone, we, you, they, people
ont *pres. ind.* **avoir**
onze eleven
or *m.* gold; **rouler sur l'or** to be rolling in money
or *conj.* now, and yet, but, whereas
orage *m.* storm
ordinaire ordinary, common, usual; **d'ordinaire** usually
oreille *f.* ear
orgueil *m.* pride
orné(e) decorated
oser to dare
ôter to remove, take away
ou or
où where, when; *rel. pron.* in (to) which, to which, whither; **d'où** from where
oublier to forget
oui yes
outré(e) outraged
ouvert *p.p.* **ouvrir**
ouvrir (*for forms, see* **couvrir**) to open

pain *m.* bread
paisible peaceful
paix *f.* peace

palais *m.* palace
papier *m.* paper
par by, through, in, on, out, of; **par jour** a day; **par la fenêtre** out of the window; **par là** that way; **par semaine** weekly
paraissait *imperf.* **paraître**
paraître (*pres. part.* **paraissant;** *p.p.* **paru;** *pres. ind.* **parais, parais, paraît, paraissons, paraissez, paraissent;** *pres. subj.* **paraisse, paraissions, paraissent;** *imperf.* **paraissais;** *imper.* **parais, paraissez, paraissons;** *fut.* **paraîtrai;** *p.s.* **parus**) to appear, seem; **il paraît que** apparently
parce que because
pardessus *m.* overcoat
pareil, pareille *adj.* such, like, similar, the same
pareillement *adv.* in the same way
parent *m.* **parente** *f.* parent, relative
paresseux, paresseuse lazy
parfait(e) perfect
parler to speak, talk
parmi among
parole *f.* word, speech; **reprendre la parole** to speak again
parrain *m.* godfather
part *f.* part, share; **à part** aside; **quelque part** somewhere
partager to share
parti: prendre son parti to make up one's mind
partie *f.* part, portion; **la plus grande partie** most
partir (*pres. part.* **partant;** *p.p.* **parti;** *pres. ind.* **pars, pars, part, partons, partez, partent;** *pres. subj.* **parte, partions, partent;** *imperf.* **partais;** *imper.* **pars, partez, partons;** *fut.* **partirai;** *p.s.* **partis;** *p.c. with auxiliary* **être**) to leave; **partir devant** to start ahead
partout everywhere
paru *p.p.* **paraître**
parure *f.* costume, jewelry
parut *p.s.* **paraître**
pas *m.* step, pace; **pas de la porte** doorstep
pas no, not; *see* **ne**
passé *m.* past
passer to pass, spend (time); **passer un examen** to take an exam; **se passer** to take place, happen; **se passer de** to do without; **passez votre chemin** go on your way
patois *m.* local dialect
patron *m.* boss
pauvre *adj.* poor, wretched; *n.m.* poor person, beggar
payant(e) *adj.* not free
payer to pay (for)
pays *m.* country
paysage *m.* landscape
paysan *m.* peasant
peau *f.* skin
pêche *f.* fishing
pêcher to fish
peine *f.* difficulty; **à peine** hardly, scarcely, barely; **faire de la peine** to hurt
pendant during, for; **pendant que** while
pendre (*pres. part.* **pendant;** *p.p.* **pendu;** *pres. ind.* **pends, pends, pend, pendons, pendez, pendent;** *pres. subj.* **pende, pendions, pendent;** *imperf.* **pendais;** *imper.* **pends, pendez, pendons;** *fut.* **pendrai;** *p.s.* **pendis**) to hang; **se pendre** to hang oneself
pénible painful, distressing
pensée *f.* thought
penser to think, reflect
pension alimentaire *f.* alimony
pénurie *f.* shortage

percer: se percer to pierce
perdre (*pres. part.* **perdant;** *p.p.* **perdu;** *pres. ind.* **perds, perds, perd, perdons, perdez, perdent;** *pres. subj.* **perde, perdions, perdent;** *imperf.* **perdais;** *imper.* **perds, perdez, perdons;** *fut.* **perdrai;** *p.s.* **perdis**) to lose, undo, ruin; **perdre de vue** to lose sight of; **se perdre** to get lost; **se perdre en** to waste time in
perdrix *f.* partridge
père *m.* father
périr to perish
perle *f.* pearl
permettre (*for forms, see* **mettre**) to allow
permis *p.p.* **permettre**
personne *f.* person; **ne… personne** nobody, no one
persuader to convince, persuade
perte *f.* loss
peser to weigh
pétarade *f.* crackling
petit(e) small, little
peu *adv.* little, few, not very
peur *f.* fear; **avoir peur** to be afraid; **faire peur** to frighten
peut-être perhaps, maybe
peux *pres. ind.* **pouvoir**
phrase *f.* sentence
pièce *f.* piece, coin, room; **pièce de théâtre** play
pied *m.* foot; **à pied** on foot
pierre *f.* stone
pincer to nab
pire *adj.* worse, worst
pis *adv.* worse, worst; **tant pis** too bad
pitié *f.* pity; **avoir pitié** to pity, have pity
place *f.* place, square, job; **en bonne place** well placed
plafond *m.* ceiling
plaignait *imperf.* **plaindre**
plaindre (*pres. part.* **plaignant;** *p.p.* **plaint;** *pres. ind.* **plains, plains, plaint, plaignons, plaignez, plaignent;** *pres. subj.* **plaigne, plaignions, plaignent;** *imperf.* **plaignais;** *imper.* **plains, plaignez, plaignons;** *fut.* **plaindrai;** *p.s.* **plaignis**) to pity; **se plaindre** to complain, groan
plaint *pres. ind.* and *p.p.* **plaindre**
plaire (*pres. part.* **plaisant;** *p.p.* **plu;** *pres. ind.* **plais, plais, plaît, plaisons, plaisez, plaisent;** *pres. subj.* **plaise, plaisions, plaisent;** *imperf.* **plaisais;** *imper.* **plais, plaisez, plaisons;** *fut.* **plairai;** *p.s.* **plus**) to please; **s'il vous plaît** (if you) please
plaise *pres. subj.* **plaire**
plaisir *m.* pleasure
plan: au premier plan in the foreground
planche *f.* board, plank
plancher *m.* floor
plateau *m.* tray
plein(e) full
pleur *m.* tear
pleurer to weep, cry
plongé(e) submerged
pluie *f.* rain
plupart: la plupart most
plus more; **le plus** most; **plus que** more than; **plus de** more than; **de plus, en plus** in addition, more, besides, moreover; **de plus en plus** more and more; **non plus** either, neither; **ne… plus** no longer, no more
plusieurs several
poche *f.* pocket
poids *m.* weight
poignet *m.* wrist
point *m.* point; **point du jour** *m.* daybreak

poisson *m.* fish
poitrine *f.* chest
pomme *f.* apple
porte *f.* door
porte-clefs *m.* turnkey, jailer
portefeuille *m.* wallet
porter to carry, bear, wear, bring; **porter le deuil** to go into mourning; **porter sur (se)** to fall on, be about
porteur *m.* bearer
portière *f.* door
poser to lay, put, place; **poser une question** to ask a question; **se poser** to land
posséder to possess
poudre *f.* powder
pour for, to, in order to; **pour que** in order that, so that
pourquoi why
pourrai *fut.* **pouvoir**
pourrais *cond.* **pouvoir**
poursuivre to pursue, continue
pourtant however
pousser to push, grow, drive; **pousser un cri** to scream, utter a cry
pouvoir (*pres. part.* **pouvant;** *p.p.* **pu;** *pres. ind.* **peux (puis), peux, peut, pouvons, pouvez, peuvent;** *pres. subj.* **puisse, puissions, puissent;** *imperf.* **pouvais;** *fut.* **pourrai;** *p.s.* **pus**) can, may, be able; **il se peut** it may be
pouvoir *m.* power, might
pratique practical
pré *m.* meadow
précédent(e) preceding, before
précis(e) precise, exact; **à six heures précises** at exactly six o'clock
précoce precocious, advanced for one's age
premier, première first
prenais *imperf.* **prendre**
prendre (*pres. part.* **prenant;** *p.p.* **pris;** *pres. ind.* **prends, prends, prend, prenons, prenez, prennent;** *pres. subj.* **prenne, prenions, prennent;** *imperf.* **prenais;** *imper.* **prends, prenez, prenons;** *fut.* **prendrai;** *p.s.* **pris**) to take (up, on), seize, catch, capture; **prendre garde** to take care, beware, heed; **prendre au mot** to take at one's word; **prendre au sérieux** to take seriously; **se prendre au sérieux** to take oneself seriously
prenne *pres. subj.* **prendre**
prénom *m.* first name
près near, nearly; **près de** near, almost, close
prescrire to prescribe
présenter to present, introduce; **se présenter** to introduce oneself
presque almost
pressé(e) in a hurry
presser to press, squeeze; **se presser** to hurry
prêt(e) ready
prétendre to claim, assert
preuve *f.* proof
prier to pray, beg, ask
prière *f.* prayer
pris *p.p.* **prendre**
prisonnier *m.* prisoner
prit *p.s.* **prendre**
privé(e) de deprived of
prix *m.* price, value; **à bas prix** at a low price, cheap
prochain(e) next
produire (*pres. part.* **produisant;** *p.p.* **produit;** *pres. ind.* **produis, produis, produit, produisons, produisez, produisent;** *pres. subj.* **produise, produisions, produisent;** *imperf.* **produisais;** *imper.* **produis, produisez, produisons;** *fut.* **produirai;** *p.s.* **produisis**) to produce, create, cause
produisit *p.s.* **produire**
profiter to take advantage

profond(e) deep, profound
profondeur *f.* depth
projet *m.* project
proliférér to proliferate
promenade *f.* walk, promenade; **faire une promenade** to take a walk
promener: se promener to take a walk
promesse *f.* promise
promettre (*for forms, see* **mettre**) to promise
promis, promit *p.s.* **promettre**
propos *m.* remarks, words
propre own (preceding *n.*); clean (following *n.*)
protéger to protect
pu *p.p.* **pouvoir**
puis then, after
puis *pres. ind.* **pouvoir**
puisque since
puissance *f.* power
puissant(e) powerful
puisse *pres. subj.* **pouvoir**
put *p.s.* **pouvoir**
pût *imperf. subj.* **pouvoir**

qu' = que
quand when; **quand même** anyway
quarante forty
quart *m.* quarter, one fourth
quartier *m.* district, quarter
quatorze fourteen
quatre four
quatrième fourth
que *rel. pron.* whom, which, that; *inter. pron.* what?; *adv.* how! what! *(in exclamations); conj.* that, than, as, whether, so, that; **ce que** what, that which, which; **ne… que** only
quel, quelle *adj.* what, which, what! what a…! *(in exclamations)*
quelque *adj.* some, a few, any
quelquefois sometimes
quelqu'un someone, somebody, anybody, anyone; **quelques-uns** *indef. pron.* some
qui *rel. pron.* who, whom, which, that; *inter. pron.* who?, whom? **ce qui** what, which, that which
quinze fifteen
quitter to leave
quoi *pron.* what, which; **quoi?** what?

rabattre (se) to fold down, to close
raconter to tell, relate
rage *f.* rage, fury, madness; **mettre en rage** to enrage, madden
raisin *m.* grape
raison *f.* reason; **avoir raison** to be right; **perdre la raison** to lose one's mind; become insane
râler to moan
ramasser to pick up
ramener to bring back
rang *m.* rank, row, line
rangée *f.* row, line
rappeler to recall, call back; **se rappeler** to remember
rapporter to bring in
raser (se) to shave
rassurer to reassure
rattraper to catch
ravi(e) delighted
ravissement *m.* rapture
rayon *m.* radius, ray; **rayon de lune** *m.* moonbeam
réapparaître (*for forms, see* **paraître**) to reappear
rebaptiser to rename
rebondir to bounce
récepteur *adj.* receiving; *n.m.* receiver (telephone)
recevoir (*pres. part.* **recevant;** *p.p.* **reçu;** *pres. ind.* **reçois, reçois, reçoit, recevons, recevez,**

reçoivent; *pres. subj.* **reçoive, recevions, reçoivent;** *imperf.* **recevais;** *imper.* **reçois, recevez, recevons;** *fut.* **recevrai;** *p.s.* **reçus**) to receive
recherche *f.* search
rechercher to search, seek
récit *m.* story
reçois, reçoit, reçoivent *pres. ind.* **recevoir**
recommencer to start again, begin again
récompense *f.* reward
récompenser to reward
reconnaissant(e) grateful
reconnaissent *pres. ind.* **reconnaître**
reconnaissiez *imperf.* and *pres. subj.* **reconnaître**
reconnaître (*for forms, see* **connaître**) to recognize, admit
reconnu *p.p.* **reconnaître**
reconnut *p.s.* **reconnaître**
recoucher (se) to go back to bed
recouvert *p.p.* **recouvrir**
recouvrir to cover
reçu *p.p.* **recevoir**
recueillir to pick up, collect
reculer to back up
reçut *p.s.* **recevoir**
redescendre to come (go) down again
redevenir (*for forms, see* **devenir**) to become again
redire (*for forms, see* **dire**) to repeat, say (tell) again
redoutable fearsome
redouter to dread
refermer to close again; **se refermer** to close up again
réfléchir to think about
reflet *m.* reflection
regagner to go back, regain, recover
regard *m.* look, glance
regarder to look, concern; **cela me regarde** that concerns me
régime *m.* diet
région *f.* region, area
regretter to regret, be sorry
reine *f.* queen
rejeté: rejeté en arrière swept back
réjouir: se réjouir to rejoice
relever to pick up again; **relever de ses fonctions** to relieve from one's duties; **se relever** to rise again
relire to reread, read again
remarquer to notice, remark; **se faire remarquer** to get noticed
remède *m.* remedy, medicine
remerciements *m.pl.* thanks
remercier to thank
remettre (*for forms, see* **mettre**) to put back again, replace, hand over; **remettre à l'endroit** put back on frontwards; **remettre en liberté** to set free
remis *p.p.* **remettre**
remit *p.s.* **remettre**
remonter to climb (up) again, go back up, come up again
remplacer to replace
rempli (de) filled (with)
remplir to fill
remuer to stir, move
renchérir to add something
rencontre *f.* meeting; **aller à la rencontre** to go to meet
rencontrer to meet, encounter, hit (an obstacle)
rendre to give back, return, render, make
renouveler to renew, replace
renseignement *m.* information
rentrée *f.* return
rentrer to go back in, come back, return, go back home
renverser (se) to tilt back
renvoyer to send back, dismiss
reparaître (*for forms, see* **paraître**) to reappear, appear again

répartir to distribute
reparu *p.p.* **reparaître**
repas *m.* meal
repasser to pass again, iron; **passer et repasser** to go back and forth
repêcher to rescue
répondre (*pres. part.* **répondant;** *p.p.* **répondu;** *pres. ind.* **réponds, réponds, répond, répondons, répondez, répondent;** *pres. subj.* **réponde, répondions, répondent;** *imperf.* **répondais;** *imper.* **réponds, répondez, répondons;** *fut.* **répondrai;** *p.s.* **répondis**) to answer, reply; **répondre de** to answer for
réponse *f.* answer, reply
repos *m.* rest
reposer to rest, lie; **se reposer** rest
reprendre (*for forms, see* **prendre**) to take back, take (up) again, seize again, recapture, go on, regain
reprirent *p.s.* **reprendre**
reprît *imperf. subj.* **reprendre**
résonner to resonate
respiration *f.* breathing
respirer to breathe
rester to remain, stay (*p.c.* with auxiliary **être**)
retenir (*for forms, see* **tenir**) to keep back, retain, hold back; **se retenir** to control oneself
retient *pres. ind.* **retenir**
retint *p.s.* **retenir**
retirer to withdraw; **se retirer** to withdraw
retomber to fall back, fall back again, fall again
retour *m.* return
retourner to return, turn (again), go back; **se retourner** to turn round
retrouver to find again, recover; **se retrouver** to be again, find oneself
réussir to succeed
rêve *m.* dream
réveil *m.* awakening
réveiller to awaken; **se réveiller** to awake, wake up
revenir (*for forms, see* **venir**) to come back, return
rêver to dream
reverrai *fut.* **revoir**
reviendrait *cond.* **revenir**
reviendriez *cond.* **revenir**
revient, reviennent *pres. ind.* **revenir**
revins, revint *p.s.* **revenir**
revoir (*for forms, see* **voir**) to see again; **au revoir** good-bye, see you
revu *p.p.* **revoir**
rez-de-chaussée *m.* first floor, ground floor
richesse *f.* wealth
rideau *m.* curtain, screen
rien nothing, anything; **ne… rien** nothing
rieur, rieuse smiling
rigolo, rigolote funny
rire (*pres. part.* **riant;** *p.p.* **ri;** *pres. ind.* **ris, ris, rit, rions, riez, rient;** *pres. subj.* **rie, riions, rient;** *imperf.* **riais;** *imper.* **ris, riez, rions;** *fut.* **rirai;** *p.s.* **ris**) to laugh; **rire de tout son cœur** to laugh heartily; *n.m.* laugh
rivaliser avec to compete with
robe *f.* dress, gown
roc *m.* rock
rocher *m.* rock
rôdeur *m.*, **rôdeuse** *f.* prowler
roi *m.* king
roman *m.* novel
romanesque *adj.* fabulous
rond(e) round
ronger to gnaw, eat away
rose pink
rose *f.* rose
rossignol *m.* nightingale

rôti(e) roasted; **poulet rôti** *m.* roasted chicken
rouge red
rougir to blush
rouler to roll
rouvrir (*for forms, see* **couvrir**) to open again
royaume *m.* kingdom
rue *f.* street
rugir to roar

sa *see* **son**
sac *m.* bag; knapsack
sachant *pres. part.* **savoir**
sache *pres. subj.* **savoir**
sain(e) healthy
sais *pres. ind.* **savoir**
saisir to seize
sale dirty
salle *f.* room, hall; **salle à manger** *f.* dining room; **salle de bain** *f.* bathroom
salon *m.* living room
saluer to greet
sang *m.* blood
sanglier *m.* boar
sans without; **sans que** without
santé *f.* health
satisfaire (*for forms, see* **faire**) to satisfy
satisfait *p.p.* **satisfaire**
sauf except
saura *fut.* **savoir**
sauter to jump
sauvage wild
sauver to save, rescue; **se sauver** to escape, run off
savant *m.* scientist
savant(e) *adj.* learned
savoir (*pres. part.* **sachant;** *p.p.* **su;** *pres. ind.* **sais, sais, sait, savons, savez, savent;** *pres, subj.* **sache, sachions, sachent;** *imperf.* **savais;** *imper.* **sache, sachez, sachons;** *fut.* **saurai;** *p.s.* **sus**) to know, know how, can, be able; **ne savoir que dire (faire)** not to know what to say (do); **faire savoir** to inform
scène *f.* stage
se himself, herself, itself, oneself, themselves, to himself, *etc.,* to each other, to one another
sec, sèche dry
sèchement curtly
sécher to dry; **se sécher** to dry oneself
secouer to shake
secours *m.* help; **au secours!** help!
séducteur *m.* seducer, womanizer
séduit(e) seduced
seigneur *m.* lord
seize sixteen
séjour *m.* stay, sojourn
sel *m.* salt
selon according to
semaine *f.* week
semblable similar, like; *n.m.* fellow creature
semblant *m.* semblance; **faire semblant** to pretend; **un semblant de théorie** a semblance of theory
sembler to seem
sentence *f.* verdict, sentence
sentiment *m.* feeling
sentir (*pres. part.* **sentant;** *p.p.* **senti;** *pres. ind.* **sens, sens, sent, sentons, sentez, sentent;** *pres. subj.* **sente, sentions, sentent;** *imperf.* **sentais;** *imper.* **sens, sentez, sentons;** *fut.* **sentirai;** *p.s.* **sentis**) to feel, smell
séparer to separate
sept seven
serai *fut.* **être**
serait *cond.* **être**
serment *m.* promise
sermon *m.* speech

serrer to clasp, press, squeeze, clutch; **serrer la main** to shake hands
serviette *f.* napkin, towel
servir (*pres. part.* **servant;** *p.p.* **servi;** *pres. ind.* **sers, sers, sert, servons, servez, servent;** *pres. subj.* **serve, servions, servent;** *imperf.* **servais;** *imper.* **sers, servez, servons;** *fut.* **servirai;** *p.s.* **servis**) to serve, be useful; **servir de** to serve as; **se servir** to help oneself; **se servir de** to use, make use of
serviteur *m.* servant
ses *see* **son**
seuil *m.* doorstep, threshold
seul(e) alone, single, only
seulement only, however, but
si if, whether, so
siècle *m.* century
siège *m.* seat; **siège du pouvoir** power headquarters
sien, sienne (**le sien, la sienne,** *etc.*) his, hers, its
sifflement *m.* hiss
sifflet *m.* whistle
silencieux, silencieuse silent, quiet
situé(e) situated, located
situer to situate, locate
sixième sixth
sœur *f.* sister
soif *f.* thirst; **avoir soif** to be thirsty
soigner to care for, look after, attend to
soigneusement carefully
soin *m.* care, attention
soir *m.* evening
soirée *f.* evening
sois *pres. subj.* and *imper.* **être**
soixante sixty
sol *m.* floor
soleil *m.* sun
solide strong, solid
sombre dark, somber, gloomy, dismal
sommeil *m.* sleep; **avoir sommeil** to be sleepy
sommes *pres. ind.* **être**
somnoler to doze
somptueux, somptueuse sumptuous
son, sa, ses his, hers, its
son *m.* sound
sonner to ring, strike, sound
sonnerie *f.* ringing, ring, sound of a bell
sonnette *f.* bell
sont *pres. ind.* **être**
sorte: en sorte que so that
sortie *f.* exit; when school gets out
sortir (*pres. part.* **sortant;** *p.p.* **sorti;** *pres. ind.* **sors, sors, sort, sortons, sortez, sortent;** *pres. subj.* **sorte, sortions, sortent;** *imperf.* **sortais;** *imper.* **sors, sortez, sortons;** *fut.* **sortirai;** *p.s.* **sortis;** *p.c. with auxiliary* **être**) to go out, come out, leave, issue
sot *m.* idiot
soucier: se soucier to care, worry about
soudain(e) *adj.* sudden
soudain *adv.* suddenly
souffle *m.* blow, breath of air
soin *m.* care
soulever to lift, raise up; **se soulever** to lift oneself up
souper *m.* supper
soupir *m.* sigh
soupirer to sigh
sourd(e) dull, muffled
sourire (*for forms, see* **rire**) to smile; *n.m.* smile
souris *f.* mouse
sous under
souvenir: se souvenir (*for forms, see* **venir**) to remember, recall
souvent often
soyez *imper.* and *pres. subj.* **être**
stupeur *f.* daze, amazement

su *p.p.* **savoir**
suffire (*pres. part.* **suffisant;** *p.p.* **suffi;** *pres. ind.* **suffis, suffis, suffit, suffisons, suffisez, suffisent;** *pres. subj.* **suffise, suffisions, suffisent;** *imperf.* **suffisais;** *imper.* **suffis, suffisez, suffisons;** *fut.* **suffirai;** *p.s.* **suffis**) to suffice, be sufficient
suis *pres. ind.* **être**
suis, suit *pres. ind.* **suivre**
suite *f.* succession; **tout de suite** at once, right away
suivant(e) following, according to
suivre (*pres. part.* **suivant;** *p.p.* **suivi;** *pres. ind.* **suis, suis, suit, suivons, suivez, suivent;** *pres. subj.* **suive, suivions, suivent;** *imperf.* **suivais;** *imper.* **suis, suivez, suivons;** *fut.* **suivrai;** *p.s.* **suivis**) to follow
sujet *m.* subject; **au sujet de** on the subject of, about, concerning
supérieur(e) higher, superior
supporter to stand
sur on, upon, over, above
sûr(e) sure
sûreté *f.* safety
surnaturel *m.* supernatural
surnaturel, supernaturelle supernatural, uncanny
surprendre (*for forms, see* **prendre**) to surprise
surpris *p.p.* **surprendre**
surtout above all, especially
surveillance *f.* watch (over)
survenir to occur
suspendre to hang on, from; *p.p.* **suspendu**
sut *p.s.* **savoir**
sût *imperf. subj.* **savoir**

ta *see* **ton**
tableau *m.* painting; blackboard
tablier *m.* apron
tache *f.* spot, stain
tant so much (many), so; **tant de** so many; **tant pis** too bad; **tant que** as long as
tapage *m.* racket
taper to type
tapisser to cover
tard late
tarder to delay
te you, to (for, from) you, yourself, to yourself
tel, telle, tels, telles as, such, so; **un tel** such a
téléphoniste *f.* operator
témoin *m.* witness
temps *m.* time, weather; **de temps en temps** from time to time; **à temps** in time; **il fait mauvais temps** the weather is bad; **en même temps** at the same time; **de mon temps** in my day
tendre (*for forms, see* **descendre**) to stretch, hold out, extend, spread; **tendre la main** to hold out one's hand
tendresse *f.* tenderness
tenir (*pres. part.* **tenant;** *p.p.* **tenu;** *pres. ind.* **tiens, tiens, tient, tenons, tenez, tiennent;** *pres. subj.* **tienne, tenions, tiennent;** *imperf.* **tenais;** *imper.* **tiens, tenez, tenons;** *fut.* **tiendrai;** *p.s.* **tins**) to hold, keep, have, remain; **tenir bon** to stand firm; **tenez!** look here! now look!; **tiens!** look here! now look!; **se tenir coi** to keep still; **se tenir (debout)** to stand (up); **se tenir tranquille** to stand still, keep quiet
tenter to attempt
terre *f.* land, ground, earth; **par/à terre** on the ground
tes *see* **ton**
testament *m.* will
tête *f.* head; **à la tête** at the head, at the front

tien, tienne (le tien, la tienne, les tiens, les tiennes) yours
tiendra *fut.* **tenir**
tiens *pres. ind.* and *imper.* **tenir**
tint *p.s.* **tenir**
tirer to draw, pull out, take out of, fire (gun); **se tirer** to escape, recover
toi you; **toi-même** yourself
toilette *f.* ablutions; **faire sa toilette** to wash (oneself)
toit *m.* roof
tomber to fall; **tomber sur** to come across, hit; **laisser tomber** to drop, let fall; **se laisser tomber** to drop (*p.c.* with auxiliary **être**)
ton, ta, tes your
torse *m.* torso, chest; **bomber le torse** to stick ones chest out
tort *m.* wrong; **avoir tort** to be wrong
tôt early
touffu(e) thick, bushy
toujours always; **toujours pas** still not; **pas toujours** not always
tour *m.* turn
tournant *pres. part.* **tourner**
tourner to turn; **se tourner** to turn around; **se tourner vers** to turn to; **tourner autour de** to hang around
tout, tous, toutes, toutes *adj.* and *pron.* all, the whole, every, everyone, everything; *adv.* very, quite, entirely, wholly; **rien du tout** nothing at all; **pas du tout** not at all; **tout à coup** suddenly; **tout à fait** quite, wholly, completely; **tout à la fois** all at once; **tout de même** just the same; **tout le monde** everybody; **tous les deux** both; **tout en** + *gerund* while + *gerund*
trahir to betray
traîner to drag, crawl, wander, pull
traiter to treat
trajet *m.* distance, route, journey
tranchant(e) *adj.* sharp, cutting
tranquille quiet, still; **soyez tranquille** don't worry
tranquillité *f.* quiet, peace
travail *m.* work
travailler to work
travers: à travers across, through
traverser to cross, go (come) through
treize thirteen
treizième thirteenth
trente thirty
très very, most
trésor *m.* treasure
trinquer to drink to
triste sad
trois three
trois-mâts *m.* three-master
troisième third
tromper to deceive; **se tromper** to be mistaken
trône *m.* throne
trop too much (many), too
trotter: se trotter to run
trottoir *m.* sidewalk
trou *m.* hole
trouble *adj.* murky
troubler to disturb
trouver to find, judge, think; **se trouver** to be found, be, happen to be; **se trouver mieux** to feel better
tuer to kill
tympan *m.* eardrum

un, une *art.* a, an; *adj.* one; **l'un l'autre** each other; **les uns les autres** each other, one another
unième first
utile useful

va *pres. ind.* and *imper.* **aller**
vais *pres. ind.* **aller**
valet de chambre *m.* servant, valet
valeureux, valeureuse valorous

valoir (*pres. part.* **valant;** *p.p.* **valu;** *pres. ind.* **vaux, vaux, vaut, valons, valez, valent;** *pres. subj.* **vaille, valions, vaillent;** *imperf.* **valais;** *fut.* **vaudrai;** *p.s.* **valus**) to be worth; **il vaut mieux** it is better, it is worth more
vaniteux, vaniteuse vain, conceited
vapeur *f.* steam
vase *m.* bowl, vase
vaudrait *cond.* **valoir**
vaut *pres. ind.* **valoir**
vécu *p.p.* **vivre**
vécut *p.s.* **vivre**
veille *f.* day (evening) before
vendre (*for forms, see* **descendre**) to sell
venger (se) to get revenge
venir (*pres. part.* **venant;** *p.p.* **venu;** *pres. ind.* **viens, viens, vient, venons, venez, viennent;** *pres. subj.* **vienne, venions, viennent;** *imperf.* **venais;** *imper.* **viens, venez, venons;** *fut.* **viendrai;** *p.s.* **vins;** *p.c.* with auxiliary **être**) to come; **venir de** + *inf.* to have just + *p.p.*
vent *m.* wind
ventre *m.* belly
venue *f.* coming, approach
vérité *f.* truth
verrai *fut.* **voir**
verre *m.* glass
vers toward, to, about
verser to shed
vert(e) green
vêtement *m.* garment; *pl.* clothes
vêtir to clothe, dress
vêtu(e) dressed
veuille *pres. subj.* and *imper.* **vouloir**
veux, veut *pres. ind.* **vouloir**
vide empty
vider to empty; **se vider** to empty
vie *f.* life; **en vie** alive
vieil *see* **vieux**
vieillesse *f.* old age
vieillir to get old
viendrai *fut.* **venir**
viendrais, viendrait *cond.* **venir**
vienne, viennes *pres. subj.* **venir**
vieux, vieil, vieille old; **mon vieux** old chap, pal
vif, vive alive, quick, lively
ville *f.* town, city
vin *m.* wine; **vin mousseux** sparkling wine
vingt twenty
vint *p.s.* **venir**
violemment violently
vis *imper.* **vivre**
vis, vit, virent *p.s.* **voir**
vis, vit, vivent *pres. ind.* **vivre**
visage *m.* face
vite quick, fast
vitesse *f.* speed; **à toute vitesse** at full speed; **à grande vitesse** at a great speed; **en vitesse** quickly
vitre *f.* pane of glass
vivant(e) *adj.* alive, living
vivement quickly
vivre (*pres. part.* **vivant;** *p.p.* **vécu;** *pres. ind.* **vis, vis, vit, vivons, vivez, vivent;** *pres. subj.* **vive, vivions, vivent;** *imperf.* **vivais;** *imper.* **vis, vivez, vivons;** *fut.* **vivrai;** *p.s.* **vécus**) to live, be alive
voici here is (are), that is, those are
voir (*pres. part.* **voyant;** *p.p.* **vu;** *pres. ind.* **vois, vois, voit, voyons, voyez, voient;** *pres. subj.* **voie, voyions, voient;** *imperf.* **voyais;** *imper.* **vois, voyez, voyons;** *fut.* **verrai;** *p.s.* **vis**) to see; **faire voir** to show
voire *adv.* even, indeed
voisin(e) next, near-by, neighboring; *n.m.* neighbor
voisinage *m.* neighborhood
voiture *f.* car, cart

voix *f.* voice; **à/d'une voix basse** in a low voice
vol *m.* theft
vol *m.* flight
voler to steal
voler to fly
volet *m.* shutter
voleter to flutter about
voleur *m.* thief
vomissement *m.* vomiting
vont *pres. ind.* **aller**
votre your
vôtre (le vôtre, la vôtre, les vôtres) yours
voudrai *fut.* **vouloir**
voudrais *cond.* **vouloir**
vouloir (*pres. part.* **voulant;** *p.p.* **voulu;** *pres. ind.* **veux, veux, veut, voulons, voulez, veulent;** *pres. subj.* **veuille, voulions, veuillent;** *imperf.* **voulais;** *imper.* **veuille, veuillez, veuillons;** *fut.* **voudrai;** *p.s.* **voulus**) to will, want, wish, like; **vouloir bien** to be willing; **vouloir dire** to mean; **je veux bien!** with pleasure!; **que voulez-vous!** what do you expect! what can you do!
voulut *p.s.* **vouloir**
vous you; **vous-même (vous-mêmes)** yourself (yourselves)
voyage *m.* trip, travel
voyageur *m.* traveler
voyant *pres. part.* **voir**
voyons *pres. ind.* **voir**
vrai(e) true, real
vu *p.p.* **voir**
vue *f.* view, sight; **frapper la vue** to strike the eye; **perdre de vue** to lose sight

y there, at it, in it, to it, at them, to them; **il y a** there is (are); **il y a deux mois** two months ago; **il y a deux mois que je suis ici** I have been here two months
yeux *m. pl.* (**œil** *sing.*) eyes; **jeter les yeux** to glance; **ouvrir de grands yeux** open one's eyes wide, stare in astonishment

zut! *(interjection)* darn!